停云馆头谡谡风

文徵明的子孙及追随者

林家治　林晓红　著

苏州大学出版社
Soochow University Press

图书在版编目(CIP)数据

停云馆头谡谡风：文徵明的子孙及追随者 / 林家治，林晓红著. —苏州：苏州大学出版社，2020.8
ISBN 978-7-5672-3293-8

Ⅰ.①停… Ⅱ.①林… ②林… Ⅲ.①文征明(1470-1559)-人物研究 Ⅳ.①K825.72

中国版本图书馆 CIP 数据核字(2020)第 151885 号

书　　　名：	停云馆头谡谡风——文徵明的子孙及追随者
著　　　者：	林家治　林晓红
责任编辑：	刘一霖
装帧设计：	吴　钰
出版发行：	苏州大学出版社（Soochow University Press）
社　　　址：	苏州市十梓街1号　邮编：215006
印　　　刷：	镇江文苑制版印刷有限责任公司
邮购热线：	0512-67480030
销售热线：	0512-67481020
开　　　本：	700 mm × 1 000 mm　1/16　印张：18　字数：268 千
版　　　次：	2020 年 8 月第 1 版
印　　　次：	2020 年 8 月第 1 次印刷
书　　　号：	ISBN 978-7-5672-3293-8
定　　　价：	96.00 元

苏州大学版图书若有印装错误，本社负责调换
苏州大学出版社营销部　电话：0512-67481020
苏州大学出版社网址　http：//www.sudapress.com
苏州大学出版社邮箱　sdcbs@suda.edu.cn

序

文徵明的绘画是传代的，据历史记载，先后传了十代，而且传代阵容可观，规模很大。这样的艺术传世现象，在中国绘画史上，甚至在世界艺术史上，都是极其罕见的。文徵明的夫人吴氏虽不会绘画，但善于理家政，帮助文徵明料理了许多家政事务，让文徵明能专注于书画事业。形成书画世家的原因很多，但最重要的原因是明代中后叶商品经济的加速发展，使绘画作品成为社会大量需要的商品，供不应求。像文徵明这样的书画大家的作品自然就成为抢手货。

探求文徵明绘画传代的原因具有重要的历史价值与现实意义。文徵明绘画传代大致有两种情况，一是文氏家传，二是弟子传派。而传代的原因主要有以下几种。

（1）亲缘关系和师生关系是维系文徵明绘画传代的主要方式，也是文氏画风得以流传和画家队伍不断扩大的途径。当文徵明在绘画艺术上确立了自己的画风时，由于他的名望极高，崇拜者、仿效者自然就非常多，其中有他的子孙，有他的学生，有他的好友，也有许多慕名者。这从客观上造就了一种声势，促进了本来属于个人风格的画风衍变成一种有倾向性的传派。因为那些在绘画上想要提高、想要成名的人总会受到某种时代风气的影响，就像文徵明受到沈周的影响，得益于名师的栽培与指点，所以文氏传派尽管看起来是一个结构松散的文人团体或家属团队，但作为流派，在画家人员的组合中仍有一些特点。文徵明及其子孙和追随者共同编织了文氏传派内部纵横交叉的网络。他们互相之间的切磋、交游对于发展文氏传派具有重要作用，如：文徵明与唐寅从小就在一起研讨画理；仇英经常出入文徵明家，与文氏父子以及文徵明的学生彭年、周天球、陆师道交往甚密；以书法著称的王宠与文徵明是忘年之交，与唐寅又是亲家；书法家祝允明被文徵明引为知己。此外，文学名士蔡羽、钱同爱、徐祯卿、何良俊、汤珍、王问等都与文氏一门有着友善亲密的诗文书画交谊。这些文学名士、书法家或身居显位的士大夫，他们的社会地位与声望，在客观上也提高了文氏传派的社会地位与知名度。

有如此多的追随者和崇拜者，实在也是文徵明的荣耀。如陈道复、陆治、孙枝、王穀祥、居节、陆师道、孙克弘、周之冕等人，他们都是有出色成就的画家、书法家，极大地丰富了文氏传派绘画艺术的内涵。文氏传派波澜壮阔的场景是由他们绘制出来的。特别是在花鸟画上，文徵明的弟子们更是有所独创。像陈道复、周之冕的写意花鸟画，在文人意趣与画风上对清代及近现代花鸟画产生了很大的影响。

（2）文徵明的社会影响深远。文徵明将绘画技巧传授给子女，不仅使文氏技法发扬光大，将传统传承下去，而且使子女们以书画为业，将书画业作为谋生之本。

文徵明的父亲文林乃进士出身，但因文林是一位比较廉洁的官员，所以在文林故世后，文徵明的家境是比较清贫的。而文徵明又是一位正直的文人，虽热衷于功名，但不肯委屈自己去求取，其耿介之性由此可见一斑。

文徵明放弃仕途，从京都返回故里后，就一心一意专注于书画艺术。在他声名鹊起，受到人们的普遍欢迎后，他便靠着自己的才华，以卖文、卖画来自食其力、养家糊口，促进了书画业的发展。由于商品经济的发展，社会生活崇尚儒雅，特别是商人、贩客往来于苏州，增加了社会对书画的需求量，而这远非文徵明那样的书画大家一人所能应付的，因此，请人代笔、出现大量的模仿者，也是城市商品经济发展的必然。

在这样的情况下，文徵明将书画技法传授给自己的子孙，便完全是合情合理的事了。一来可以使自己的技艺不致失传，二来也能使子孙们成就一技之长而在社会上立足。

作为文徵明的子孙，他们目睹了文徵明是如何练习书画，又是如何因为书画艺术而名声大噪的。他们学习书画，并以先辈的家学作为楷模，这是一条应该走也可以走的路子。在文氏家族中，见于书画史的就有20多人。文氏家族自文徵明始一直绵延到清代，可以算得上是中国历史上极有代表性的书画世家了。文徵明的子孙中，文彭、文嘉、文伯仁、文元肇、文从简、文震孟、文震亨、文俶、文果等是杰出代表。他们忠诚地继承了文氏画风，而且在此基础上都各有独创，在画史上都占有一席之地，这也是难能可贵的。

（3）文徵明造诣深厚，统领吴门画派的时间长久。子孙和追随者们从他那里不仅可以学到正统的文人画，也可以学到各种学派的优长。

子孙和追随者们追随文徵明并不是盲目的，而是因为看到了文徵明的绘画曾得益于他对前人绘画反复地学习与研究，看到了文徵明是一位名副其实的集大成者。"元四家"绘画中所流露出来的文人思想感情、强烈的艺术个性和极浓的文字趣味都是文徵明心摹手追的。而且，文徵明学习古人并不是就事论事，而是重在师其意而不拘泥于其迹。文徵明在沈周绘画思想的启发下，依着自己内心对艺术的感悟去阐释艺术的精神，从容不迫地探索属于自己的绘画风格。而且，文徵明的生活范围并不限于苏州地区。他自青少年时期开始就随父亲宦游，到过山东、安徽、浙江和江苏南京等地，后来又到北京生活了几年，饱览了祖国的大好河山。这些阅历丰富了他绘画的题材，也开阔了他的视野。因此，许多追随文徵明学画的人，都觉得学了文徵明，等于走了一条学习书画的捷径。

明末大家董其昌刚步入画坛时，就是以文徵明及其传派作为竞争对手。董其昌和文徵明都追求一种秀润的画法与韵味，与沈周力追苍劲有所不同。董其昌绘画风格的创造并不只是学习"元四家"和古代其他名家的结果，在很大程度上还得益于学习文徵明。文徵明在绘画上有一个基本的、重要的思想——"夺天工、夺造化"，通过巧妙的艺术创造去生动地画出自然的美景，这是董其昌十分钦佩的。

（4）经济的发展促进了当时文化的发展。明中叶时的苏州有手工业者5万多人。"文房四宝"的生产，无论在数量上还是在质量上都有所提高。由于外国商品的刺激，我国的颜料业和装裱业有了较大的发展。当时苏州的造纸业也有了相当大的发展，纸张可以着黄表、绿表、梅红等色，可以加工成金笺、玉版、海月等多种形式。这为文氏绘画传代提供了优良的物资条件。

与此同时，苏州的刺绣、纺织、玉刻、木雕等手工工艺和私家花园的发展，也促进了绘画艺术的改革与突破。明代著名缂丝艺人大多织沈周、文徵明、唐寅等人的画品。所以，吴门画家的作品促进了缂丝工艺的发展，而缂丝工艺的发展又呼唤着吴门画家们做出进一步改革。

目录

【上篇 文徵明的子孙们】

第一章　文氏家族由武转文的艺术初兴 / 003

第二章　文林，为官清廉，德高望重 / 006

第三章　文徵明，吴门画派之首领 / 012

第四章　文彭，一代篆刻宗师 / 040

第五章　文嘉，艺术鉴赏大家 / 052

第六章　文伯仁，为文派山水注入新活力 / 062

第七章　能诗擅文的文元肇 / 072

第八章　拥高士之风的文元发 / 078

第九章　文元善，书品第一，诗品第二 / 081

第十章　文震孟，文家第一位状元郎 / 085

第十一章　大明工匠文震亨 / 089

第十二章　文秉，文门史学家 / 098

第十三章　文从简，功力深厚的书画家 / 101

第十四章　文果，墨名儒行的出家人 / 108

第十五章　文枏，秉承祖法书画家 / 111

第十六章　文俶，写生花鸟女画家 / 115

第十七章　文点，以家传书画自娱 / 123

第十八章　文脉传承 / 127

【下篇　文徵明及其追随者们】

第一章　文徵明与仇英 / 131

第二章　文徵明与陈道复 / 152

第三章　文徵明与徐祯卿 / 170

第四章　文徵明与王宠 / 176

第五章　文徵明与陆治 / 192

第六章　文徵明与陆师道 / 203

第七章　文徵明与王穀祥 / 208

第八章　文徵明与彭年 / 213

第九章　文徵明与钱穀 / 217

第十章　文徵明与王稺登 / 222

第十一章　文徵明与居节 / 230

第十二章　文徵明与朱朗 / 238

第十三章　文徵明与周天球 / 242

第十四章　文徵明与项元汴 / 246

第十五章　文徵明与谢时臣 / 258

第十六章　文徵明与王世贞 / 265

第十七章　其他 / 272

主要参考文献 / 278

上篇　文徵明的子孙们

第一章

文氏家族由武转文的艺术初兴

据《文氏家谱》考,文徵明祖籍为湖南衡山。早在战火纷飞、狼烟滚滚的元代,文家便有人成为镇守湖广地区的将军,并屡建战功。由于文家追随朱元璋平汉有功,被就地封为荆州千户。

岁月悠悠,到了文徵明的祖父文洪时,文家便开始弃武从文。其原因十分复杂。此时的明朝形势相对稳定,朝野上下重文轻武习惯暗生。武将即便手握重兵也不被重视,甚至屡遭猜忌,而文官常常成为一方大员,一呼百应。文洪(1426—1479)就是在这样的情况下弃武从文的。文洪,字功大,号希素。作为一家之主,他为文家子孙后代着想,勉励自己必须学识渊博,走上仕途,为子孙后代树立榜样。为此,他奋发努力,期望从此使文家走上从文为官的道路。文洪好吟咏,善诗文,为人淡定谦逊。他敬慕陶渊明,其诗作浅易而不流俗,体现了文氏家族第一代读书人不事雕琢,以情意真挚取胜的创作特色,开文氏一脉风格。文林、文森和文徵明都是沿着这一路径走下去的。从善如流、广泛求友在家族初迁苏州、文化积淀又不深的情况下是必需的,这不仅使文洪找到了自己的读书人队伍,也为其子女的成长和家族在文化上的进一步发展创造了相应的外部环境。

然而,文洪的仕途屡遭挫折,十分坎坷。他逢试必考,却屡试屡败。多年之后,他以举人身份参加会试,得中副榜,被授以涞水教谕,做了一个小官。他认真充任,尽心尽力。他本性热爱自由,追逐清闲自适的生活。三年后他致仕回乡,操弄诗文书画,并将满腔希望

倪瓒《古木丛篁图》

寄托到儿辈身上。由于心性枯淡，加之在科举仕途上不甚成功，因此文洪颇有尘外之趣、隐逸之怀，其诗歌代表作《墅村杂咏》《归得园二十八咏》等组诗都深刻体现了这种心境。总之，美好的德行、旷逸的情怀是文洪留给文氏后代最宝贵的财富。从这两方面来衡量，他对文氏家族之后发展的影响是极其深远的。

文洪共有三子：长子文林，即文徵明之父，次子文森，三子文彬。文林与文森不负文洪之期望，都为进士出身，相继走上仕途，虽没有做上大官，但影响深远。三子文彬，字宗质，号贞山。他继承了祖风，能武，善骑射，以年资贡礼部，未仕而卒。

令人可喜的是，文洪的三个儿子都能诗文书画。文林从年轻时起，就酷爱书画，也热心于书画创作。《锡金识小录》中记载，文林本名梁，弱冠之时，有一天看到了父亲珍藏的元代著名画家倪瓒（即倪云林）的《秋山雪霁图》，十分喜欢，每日观赏研习不止。他佩服赞叹倪瓒的画艺，便将自己的名改为林。之后，他又和兄弟们共同建造了一座楼阁，取名为怀云阁，足见其对倪瓒崇敬羡慕之甚。后来文徵明极力推崇元代赵孟頫、倪瓒画风，并将之融入吴门画派特色之中。这一方面源自其对艺术的开拓创新，另一方面与其深受父亲影响密不可分。

由此可知，文氏家族实现从武官世家到文化世家的成功转变，真正的开拓者与缔造者是文洪。正如朱彝尊在《静志居诗话》中所说："长洲文氏，世载其德，希素先生实始之。"而文林、文森起着承上启下的作用。如果要谈文徵明，就不能不论述他的家庭环境，他的父亲、母亲及叔叔对他的影响。没有文洪的深远影响，没有文林、文森的熏陶、培养，就没有文徵明的光辉业绩。

文氏家族能够在弃武从文的第三代即文徵明时便声名显赫，与第二代的文林、文森兄弟双中进士密切相关，这也为文化巨匠文徵明的出现奠定了重要基础，为文徵明的成长提供了极为优厚的内外部条件。在家族内部，前辈对后人的影响不外乎两个方面，一是教育激励，二是带领，而文林、文森很好地承担了这两个任务，从而为文徵明的发展铺平了道路。

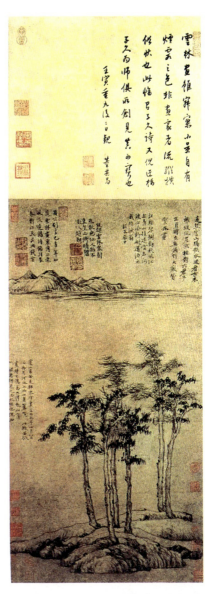

倪瓒《六君子图》

第二章
文林，为官清廉，德高望重

文林（1445—1499），字宗儒，吴门画派领袖人物文徵明之父，成化八年（1472）进士，曾知永嘉、博平两县，又升南京太仆寺丞，后因病归里。弘治十年（1497）被任命为温州知府。弘治十二年（1499）卒于任上。文林的著作有《文温州集》《文温州诗》《琅琊漫钞》等，至今尚存。文林交友甚广，生前与沈周、吴宽、王鏊、李东阳诸人为友，时有诗酒酬唱。殁后，柩归苏州，吊者纷然，沈周、唐寅、钱同爱、徐祯卿等皆具祭文来奠。徐祯卿又作《文温州诔》。杨循吉设水陆道场以荐。杨循吉、吴宽各撰墓志铭一篇。

自明代始，文氏子孙昌盛，有名望者极多，而文氏家族成为江南有名的文化世族实自文林始。纵观文林一生，个性疏直，心怀社稷，以为官清廉著称。

沈周《虎丘饯别图》

总的来说，文林之先世中，文天祥以忠信刚烈称著，文惠清高一世，尤其是文洪，其品节德望、学识素养对文林个性的形成及学识的增进实起了重大作用。文林出身于这样一个刚刚弃武从文的仕宦之家，从小就受到了儒学的熏陶，也担负起了振兴家族的重任。

文林有两弟一妹——文森、文彬、文玉清。文森小文林17岁，为成化二十三年（1487）进士。文林比三弟文彬长23岁。文林是家中首个进士及第的人物，并长期为官，因此他对家族交游圈的开拓作用是显而易见的。文氏族人由于他的带动而得以进入更高层次的社交群体。因与吴宽为同年进士，文林与之格外亲近。吴宽对苏东坡的诗文、书法极其偏爱，而文林的书法更近苏体，因而文徵明早年的"玉局笔意"大抵源于文林与吴宽。

沈周是文林的好友。弘治十一年（1498）春，文林赴任温州知府。吴中诸君为其饯别。沈周作《虎丘饯别图》并作饯别诗三首相赠，表达了两人之间的亲密感情。

由于吴宽是文林世交，故文林让其子文徵明乘此机会从吴宽学文。文嘉在《先君行略》中云："温州（文林）与吴文定公宽为同年进士。时文定居忧于家，温州使公（文徵明）往从之游。文定得公甚喜，因悉以古文法授之，且为延誉于公卿间。"

从史料中可看出，文林尤喜文徵明。尽管文徵明童年并不聪明伶俐，比起其兄文奎的爽朗俊慧，更显得有点愚拙，但文林十分喜欢这个儿子，认为他秉性聪慧，大器晚成，有远大前程，非长子所能及。文徵明自三岁起，就随父游宦永嘉、博平。十一岁时始能言语，并能日记数千言。弘治元年（1488），文林带文徵明游宦滁州。返回苏州后，经文林介绍，文徵明追随沈周学画，从吴宽学古文法，从李应祯学书。

文林为人率直，与父亲文洪一样喜好交友，更对奖掖后进不遗余力。唐寅、徐祯卿等人皆曾受其提携，而他们后来也成为文徵明的挚友。弘治十二年（1499），文林病卒于温州任上。文林为官清廉公正，留下许多美谈。

文林一生娶过两个妻子。第一任妻子祁守端（1445—1476）是文徵明之生母。据李东阳《文永嘉妻祁氏墓志铭》记载，祁守端出

文徵明《外舅父岳丈吴愈函》

生在商人家庭，为长洲祁旭之女。祁旭字彦和，曾在两都及闽广以贸易为生。祁守端十九岁受聘，二十二岁出阁，虽非大家闺秀，却十分明理。

祁守端颇有才华，工诗能画。端方《陶风楼藏书画目》著录《明祁守端女史花卉轴》：纸本，设色，款署"成化丁亥清和月写于永嘉令署之吟月弄书楼，吴郡祁守端制"。成化丁亥即成化二年（1466）。沈周称祁守端为"今之管夫人"。祁守端笔墨流传甚少，有《春雨修篁图》传世。该图竿挺叶茂，有钱载跋。

祁守端逝后，文林又娶继室吴氏。吴氏乃永康县学教谕吴清之女，能干有贤行，通《孝经》，娴于礼度，亦使文林无内顾之忧。

文林在文坛上也有着不可忽视的地位和影响。他的诗文自成一体，明畅而不蹈袭，对吴中派的创作与审美影响甚巨，同时也为明代中期诗文的发展做出了自己独有的贡献。但他的文论主张及文学创作缺乏形式上的统一性，多以奏议、公移、书、序、跋、墓志铭等形式被编入文集。而这些恰是文林政治活动的指导思想和创作的实绩。后世在谈到这一时期时，多对文林略而不论，这很可能是因为文林为儿子文徵明声名所掩。如果以文林为中心点展开研究，那么不仅能

祁守端《梅石图》

停云馆头谡谡风——文徵明的子孙及追随者

010

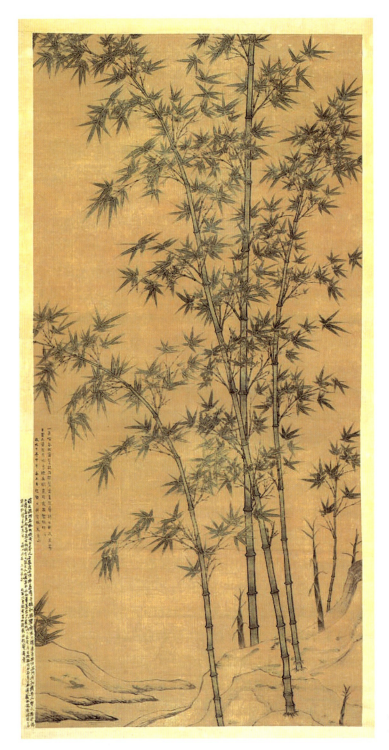

祁守端
《春雨修篁图》

全面认识文林，了解社会政治氛围和地域文化等因素对文人思想、创作的影响，还能了解明中叶的社会状况、文人士子面貌等社会情况。

文林半生坎坷，仕途不顺，但始终以民为本。在文学上，其诗文在遍学百家的基础上有所创新，成就甚为突出。其作品有感人的力量和较高的艺术性，具有独特的审美价值和文化意义。文林在弘治年间的文坛上是位承前启后的人物。

《文温州集》卷二收录了文林交游和往来诗歌166首。与其酬唱者既有当时执掌文坛的显宦李东阳，又有僚友李应祯、庄永、吴宽，还有知名隐士沈周等人。至文徵明稍长时，文林便开始有意让他接触这些朋友，并拜这些长辈为师。文徵明当然受益匪浅，并因此打下了扎实的基础。

文林书法墨浓体肥，似赵孟頫盛年之书法，结体饶有古意；学问渊博，尤精于易数，作诗文明畅而不蹈袭。其实，文林也能绘画。他于1475年所作《松风草堂图》近年在拍卖会上亮相。《松风草堂图》为设色绢本，立轴。款识：成化乙未春三月既望日，长洲文林写。钤印：文林。上有跋文二则，分别为沈周、文嘉所跋。

第三章
文徵明，吴门画派之首领

成化六年（1470）十一月初六日，文徵明生于苏州府长洲县德庆桥西北曹家巷。

文徵明肖像

文徵明生下来的时候，全家人欣喜若狂，因为文氏后代又添一位男丁。祖父文洪整天对着小徵明微微笑着。久不饮酒的他，几乎每餐都得打开家藏的美酒喝个痛快。父亲文林侧着头关注着刚出世的儿子，想听几声儿子的啼哭，却始终没有听到。他心想，或许儿子是个宁静之人，这倒是有利于从文的发展。母亲祁氏则整天抱着襁褓里的儿子，又是喂奶又是说着一连串只有自己才听得懂的知心话儿。

可是一年之后，文徵明既不会说话，也不会迈步。这可把全家人急坏了。祁氏将心中忧虑吐露给丈夫后，文林沉思良久，不赞成让乡里庸医为儿子看病。他委劝夫人道："我略懂易经阴阳之术，无论从面相上还是从骨骼上看，我儿面相清秀可爱，骨骼大度不俗，开蒙发达只是时日问题。到时我儿一定会为文家带来福喜之气。"

文林的话果然应验了。就在文徵明三岁时，他给父亲带来了仕途福气。成化八年（1472），文林高中进士，好友吴宽同中进士。文府与离文府不远的吴府顿时热闹非凡，车水马龙，鞭炮升腾，简直闹翻了天。

又过了三年，文徵明也悄悄给祖父带来了福音。成化十一年（1475），文洪中了举人，被授予易州涞水县教谕。虽说是任小官，但也是文洪仕途上的进展，他欣然上任。

就在文徵明长到七岁之时，他终于开始会走路了。全家人开心至极。可是，也就是在这一年，祁氏因操劳过度，患疾不治而去世了，留下几个稚嫩的孩子。这对少年文徵明来说是极大的打击。正在任上的文林顿时感到束手无策，一筹莫展。

幸好这时外祖母徐氏、母舅祁春和母姨祁守清站了出来，决定扶养这两子一女。后来，文徵明曾感激地回忆：外祖母、母舅及母姨对他们恩重如山；没有这些长辈的呵护，他们简直无法存活。

文徵明十岁时，祖父文洪因病去世。就在这一年，文徵明开始聪慧勃发。文林利用守丧时间，送文徵明到私塾读书。

在私塾读书自然读的是一些最基础的东西。文徵明读得十分认真，也毫不费力。回到家里，文林帮儿子温习功课、检查学业时，文徵明竟能对答如流，顺畅地将课文一字不错地背诵出来。这使文林十分诧异又惊喜，仿佛儿子一夜之间换了个人似的，他似乎想将过去显示出的笨拙与木讷全都抹去。文林大喜，但丝毫不敢放松对儿子的苛严。

也就是在这段时间，文徵明结识了唐寅、张灵与都穆。唐寅与文徵明同岁，但大几个月，活跃而敏慧，什么东西都一学就会。文林非常喜欢唐寅，鼓励儿子与唐寅交往。张灵比文徵明大几岁，十分聪明、懂事。都穆则比文徵明大12岁，是位饱学青年，诗词写得特别好，文徵明便潜心向都穆学写诗词。文徵明十分感激，他在笔记中曾回忆道："我少年时狂热地爱写诗词，但苦于无路途可进。好友都穆第一个教我作诗方法。我每写一首诗，都会让都穆指正。都穆也没有一次不为我尽心尽力、倾囊而授的。"

过了两年，文徵明随父去博平县上任。父亲希望文徵明能行万里路，饱览大好河山，开阔视野。博平是穷山恶水之地，但文林依然尽力尽职，努力做好每件事情，这让文徵明看在眼里，感动在心中。父亲不计个人得失，总为老百姓着想的言行，深深扎根在文徵明脑海之中。因为在伐梨事件中，文林总为百姓说话，得罪了朝廷，三年后赴京述职时，非但得不到提拔，反被任命为南京太仆寺丞。

次年，文徵明与兄文奎随文林赴任。虽说官职是南京太仆寺丞，但任职地在安徽滁州。对此，文林并不消沉，而是锐意改革，剔除积年弊端，将各项制度重新清理整顿，将有用的恢复使用，将无用的淘汰革除。同时，还用心读书，这也带动了两个儿子用功读书。

文徵明到了该上县学的年岁时，文林就及时地送儿子回苏州进入县学。县学有着严格的规定与要求，这使文徵明很不适应，但他也得好好学。

最让文徵明不快的有两件事：

一件事是必须写好八股文。明代中期历年会试必考八股文，这与当时朝廷并不缺少各级官员有关。考生写八股文自然比较困难，录取量也就减少。八股文是一种程式之文，按严格章程来写作，十分拘泥于文法，遵循章句，要求循规蹈矩、一丝不苟。文徵明表面上学得十分谨慎、谦恭，背地里却十分厌恶这种陈腐又没有个人见解的文章。他和唐寅一样，喜欢作"古文辞"，对史书和文集的钻研常有所得，又学着古代文人的语气与写法作些诗词与文章。多数同学对此不能理解，有的还嘲笑他不自量力，但文徵明对同学们的嘲笑与非议都不以为然，一笑了之。幸好文徵明的所为有人理解，如唐寅、祝允明、都穆等人都力推"古文辞"，连朝中大臣杨循吉也有同感，与文徵明、唐寅等相交。这在江南曾轰动一时，对学子学习"古文辞"具有显著的促进作用，但丝毫也改变不了学子考试必考八股文的惯例。文徵明因为鄙视八股文、不作或作不好八股文，多次尝试皆告失利。唐寅虽也瞧不起八股文，但能写得一手好八股文，这使他在各类考试中屡屡得手。文徵明并不服气，但毫无办法。

另一件事是在县学年终岁考时，宗师批评他的字写得太差，将他列为三等。当时县学往往将学生考试成绩分为六等。获第一和第二等的人会受到奖励，获第三等表示成绩平平，获第四等的人将受到责打，获第五等的人就得降级，获第六等的人将会被开除。而实际情况是，获第四、五、六等的人极少，所以，被列为三等就表示成绩很差了。

被列为三等的文徵明虽然不高兴，但并不气恼，因为自己的字确实写得不好，宗师批评得对。从那时起，文徵明开始注重写字，精研书法，大量临摹前辈的笔迹。

县学对学生们的学业抓得很紧。每天天色刚刚透亮，学生们便依次跨进学堂之门。中间除吃饭和稍做休息外，学生们要一直规规矩矩地坐到晚上掌灯时分才下课。一下课，学生们就各做各的事——饮酒消遣、对弈弹琴、高歌长啸，疏解一天紧张学习带来的疲劳。唯有文徵明不考虑休息，一人端坐在小屋里努力习字。由于天天坚持习字，他的书法有了很大的进步。

不久，父亲文林来信，要文徵明去滁州会面。文林的好友、同在滁州任上的大书法家李应祯也在此地。李应祯任太仆寺少卿一职，与文林朝夕相处。李应祯的官位不高，但其书法与气节闻名天下，书法以清古而著称。

文林将儿子文徵明拜托给李应祯，让儿子给李应祯恭敬地行弟子礼，希望儿子向李应祯学习书法和处世之道。

文徵明自然明白父亲的心意，便恭恭敬敬地拜李应祯为师。

经过数日打磨，慧眼识人的李应祯很快就看出文徵明在书法艺术上的巨大潜力，觉得文徵明学书法勤奋而刻苦，对《千字文》反复揣摩，百折不挠，抓住了要害，便决意扶携文徵明。他将几十年来学习书法的要诀传授给文徵明。他对文徵明说道："我学习书法四十年了，走了些弯路，到今天才稍有领悟，但光阴荏苒，我已老矣，不大可能在书法上有新的建树。希望在像你这样的年轻人身上。你应当把基础夯实打牢，成就事业。"

听了李应祯这一番鼓舞人心的话，文徵明自然兴奋不已。他对书法正在入迷之际，巴不得有高人指点一番。在滁州，李应祯以木代笔，以沙当纸，耐心而细致地指导文徵明。

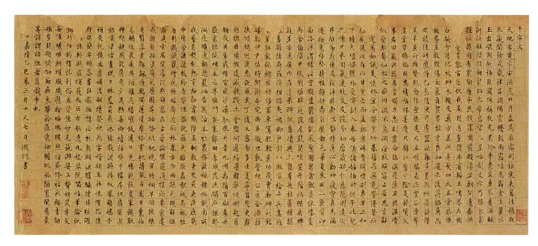

文徵明《千字文》书法

最使文徵明激动的是，李应祯常常书写他最喜欢的《魏府君碑》，在书写现场传授运指、凝思、吮毫、濡墨，还有笔画的起落、转换及大小、向背、长短疏密、高下疾徐等诸多法门。正是在李应祯的指教下，文徵明由以往的独自摸索、单纯临摹，走向了正规而严谨的道路。有一次，文徵明将自己十分满意的临摹王羲之的作品给李应祯指点，本以为会得到好评，谁知李应祯十分不快地说："这算什么东西，又不是你的东西，有什么好的？"李应祯继续严厉地说，"你就算写得同王羲之一模一样，那也不是你的，是王羲之的。你花费那么多功夫，难道就只是求一个模仿？那还有什么出息？记住，学别人是为了让自己的东西出彩！"

要有自己的东西，文徵明反复默念着这句话，仿佛要把它刻在自己心里。后来，文徵明成为书法大家，就是他博采众长并扬自身优长的结果。他篆体学李应祯，隶书学钟元常，草书兼学诸体，并以魏晋风度纵贯全貌。文徵明在行书、小楷上学"黄庭""乐毅"，温文纯粹，精绝苍润。中年后，文徵明便尽弃诸体，自成一家，以书法大师的面目独步一时。

大画家沈周也是文林的好友。文林曾带文徵明去沈周在苏州的寓舍好几次。

沈周有许多朋友在苏州。为方便与朋友们交往,与画友们相互切磋,他在苏州辟下寓居之地,那就是苏州宝幢寺的双娥精舍。双娥精舍静寂而精雅,很适合安居与绘画。就在此地,沈周创作了许多精品名作,也在此地会见了许多要好的朋友。沈周绘制的《长江万里图》就诞生于此地。沈周曾偶游四川,沿长江上溯至西陵峡。一路上万千气象的景色尽收眼底,沈周一直想用画笔描绘出来却缺乏勇气。那天,画艺上已炉火纯青的沈周躁动不安,跃跃欲试,终于打出了腹稿。于是,他便足不出户,十日画一山,五日画一水。经过半年的努力,巨作《长江万里图》终于完成。

文徵明从滁州回到苏州,因受父之托,即去双娥精舍探望沈周。在厅堂里,文徵明很快就发现了这幅挂在壁上的《长江万里图》。他凝视着这幅画,深深被其一泻千里的气势吸引。只见长江之水自天而来,冲破石门进入峡谷,浊浪滔天,奔腾不息,蕴含着生养万物的博大气魄,仿佛日月星汉都是从其间而出,浩瀚宇宙也以此为中心。文徵明顿觉满室生凉,四壁都听得到"哗啦、哗啦"的涛声。他完全被征服了。

突然间,文徵明双膝跪倒在沈周脚下,连声呼喊道:"沈先生,我要拜你为师。我要学画!我要学画!"

见此情状,沈周连忙扶起文徵明,道:"贤侄请起,快快请起!"接着又安抚道,"绘画只是技艺之活,全然比不上功名利禄。你父指望你早走仕途,你不能辜负他。"

"不妨事,"文徵明争辩道,"只要我喜欢,就一定要学,学出个东西南北来!"

沈周见文徵明态度坚决,便写信给文林,讲明学画极耗费时日,若文徵明因此耽误了前程,他担不起这个责任。谁知文林早就有意让儿子跟沈周学画,没想到儿子捷足先登了,十分高兴,便回信告诉沈周,希望沈周收下这个徒儿,让文徵明认真学画。

文徵明终于如愿以偿,成了沈周的学生。文徵明学画很是认真,一画就是大半天,有时干脆住在双娥精舍,跟沈周学画,听沈周讲评示范。

日子一长，沈周很快就感觉到，文徵明在绘画上极具天赋，丝毫也不比自己当年逊色，他对水墨层次的感悟、对布局的特有见解、对山水景致的洞察和去留远超其父文林。这使沈周异常欣慰。沈周意识到，姑苏城又一位大画家将横空出世！

对文徵明来讲，他丝毫也不感到满足。在沈周这样的大艺术家面前，他感到自己始终是个必须老老实实学习的学生。他常对朋友们说："石田先生绝不是凡人，而是从天上走来的神仙。像你我这样的人间凡人，对先生的文心和艺思，一辈子也揣摩不够。"他还说，"即使我学到百岁，也不敢奢望能赶上石田先生。"

正是这种谦逊、好学的态度使文徵明的画艺日益精进。

出于对文徵明优良品格及画才的叹服，沈周格外严格地要求文徵明，并反复告诫他：画法的真谛在于以意象的经营为主，而以气韵的生动流转为妙处。沈周常以王维画中对意象的传达为例，表示意象可普通可神奇，一般匠人也可触及与描绘，但气韵如何流动，大有奥妙，非文字可以传达，非高手莫能领会。

沈周的这番深刻教诲给文徵明留下刻骨印象，以至于他在七十七岁撰写《石田先生传略》时仍记忆犹新："石田先生日日以气象和气韵为画家之重。一次他在我所作的荆、关小幅上题诗云：'莫把荆、关论画法，文章胸次有江山。'这句诗，一方面是对我谬加褒奖，另一方面，也是寄寓了对我的期望。他以江山胸次要求我，让我放开眼光和胸襟，而我只达到了荆、关画法，依然追随前人，亦步亦趋，所以当时实在是惭愧。一晃五十年过去了，石田公去世已久。现在的人都异口同声地以为我善画，甚至可以上继石田公，然而这不过正是古人所说无佛处称尊罢了。石田先生仙逝已久，我才在意境和气象上稍有领悟。若论真正的会心其中三昧，我又哪里敢称呢？"

文徵明追随沈周学画三年，打下了扎实的根底。以后，文徵明继续学习沈周，也学各位名家，方自成一体。比如学沈周，文徵明只取其"细笔"手法，并加以造化；对于沈周之"粗笔"手法，文徵明认为"粗笔"颇有软弱无力、粗糙简略之嫌，故大致不用，只在文人画中略用一二。

不久,文林在太仆寺丞的职位上辞官回乡养病。这样,他就可以从容地办理早就盘算在心间的几件事情了。

首先,文林穷多年积蓄建造了一座"停云馆"。文林收录了不少倪瓒的绘画与书法作品。造这样一座书馆,正是为了纪念倪瓒。馆阁造好后,文林每日邀请好友们来到此地吟诗作画,一改官宦生活的千篇一律、枯燥无味,自由自在地生活,好不快活。他写诗《停云馆初成》云:"尽有功名都置却,酒杯诗卷送年华。"

停云馆的建成自然也使文徵明格外高兴,因为他与父亲一样喜爱倪瓒的艺术,并终身追求之。文林过世后,停云馆便成了文徵明绘画作诗、会见朋友之地。

其次,乘着在家养病,文林又为儿子文徵明找了两位老师。一位老师叫史鉴,吴江人。他隐居不仕,却于书无不读,尤熟于史。史称其博学博闻,肆力于文,究悉物情,练达时势,诗亦落落无俗,然成就逊于文。另一位老师叫赵宽。赵宽的文章雄浑秀整,诗歌则以俊雅名扬天下。他在士林中的影响力很大,早在任浙江提学副使之际,就以品鉴精敏受到士林敬重,以至于数年间,当地士风都为之一变。

文徵明有了这两位老师的指点,在作文章、写诗词上又减少了不少盲目行为,而多了许多规矩和方法。

最后一件事是文林早就关切在心,也会给文徵明生活带来重大影响的事,就是文徵明的婚姻大事。文徵明是文林最喜爱的儿子。文林希望儿子能娶一位像祁氏那样贤惠明理的妻子,将来文徵明入仕在外,其妻也能随身照护。可是,这样的媳妇到哪里去找呢?

文林眼前一亮,突然想到一个人,那就是吴愈。吴愈也是成化年间的进士和朝野闻名的清官。虽然文林、吴愈两人都各自在任上奔忙,但对对方的人品与才干都是心知肚明的。十余年间,两人见过数面,也有书信往还,相互倾心,成为神交挚友。

吴愈热心直率,任河南参政时办案公正,对当地民情了如指掌,对有后台的奸邪和强豪除恶务尽,毫不畏惧背后的强横势力。文林是很敬佩他的。

说来也巧，没过几天吴愈从任上下来探望文林。原来，吴愈因新近得罪了朝廷权势，不得不回乡"养病"。巧的是，吴愈无意间说起三女儿年纪虽小，但老成而要强，他自己又爱若掌珠，禁不住担忧女儿的终身将来托付给谁。

文林大喜，连忙推荐道："我为犬子徵明托个媒如何？"

吴愈自然满意，"徵明的才名和忠厚，乡里有目共睹，我也赞赏有加。文兄当真有此心愿？"

"儿女婚姻大事岂能随便乱说？"

"好！好！好！"吴愈连说三个好字，"这门亲事算是敲定了！"

当年秋末初冬时节，新媳妇吴氏过了门。让大家都满意的是，这对小夫妻十分恩爱。吴氏夫读妇伴，料理家务，都十分在行。

长子文彭出生时文徵明大喜，写下许多诗文，并四处张扬，遍告友人。在满月宴上，文徵明有诗云："三十相将始洗儿，百年回首即非迟。祖书敢谓今堪托，父道方惭我未知。愿鲁难凭苏子论，胜无聊有乐天诗。人间切事惟应此，对客那无酒一卮？"

诗中洋溢的喜悦之情，对于一向不大喜大怒的文徵明来说，也是极少有的。

过了两年，文徵明次子文嘉出生。文徵明喜上添喜，因为文嘉的长相与文徵明几乎一模一样。与文徵明不一样的是，文嘉一出生就号啕大哭，几个月后，活泼可爱，牙牙学语，又整天翻滚个不停。家人们都说，文嘉长大了必定是位家传的武将。其实不然，文嘉继承父亲衣钵，书画好，鉴赏能力更是好得出奇。

就在这段岁月，文家也出了不少事，生发了许多变化。

因为父亲的举荐，文徵明又拜吴宽为师。弘治八年（1495），文徵明便开始向吴宽学"古文辞"创作。吴宽与文林是同年进士。当时吴宽因继母去世在家守孝，见到天才少年文徵明，便与李应祯、沈周一样，毫无保留地将自己精通古文的作法传授给文徵明，还将他引荐给众位公卿大臣，极力宣扬文徵明的名声。这使文徵明感到惭愧，因为在这么多名师教诲下，自己还没有一点儿成绩。

弘治八年秋天，文徵明自感在吴宽教诲下，文章趋于精炼与老成，便赴南京参加应天府乡试。在南京，文徵明结识了王韦、陈沂、顾璘等人。但文徵明初试失利，便无心再滞留南京，回到了家中。

文徵明潜心研究书画艺术，并获飞快进步。就在此时，他的老师、六十三岁的史鉴突然病故。这使文徵明悲痛不已。深知老师心曲的文徵明写下了《哭西村夫子》，痛悼老师骤然离去，表达对这位至死都不改少年豪气的先师的敬仰："六十三年盖代豪，掀髯想见气横涛。乡里总识衣冠古，流俗空惊议论高。前辈似公何可少？英雄终老亦云遭。凄凉小雅新堂上，曾把文章勖我曹。"诗中洋溢着文徵明对先生怀才不遇的不平之气。史鉴对文徵明气质方面的影响巨大。文徵明一生谨慎，但喜同高古之士、倜傥之人、性情中人交往，足证他的内心埋藏着对雄豪的向往和对自由的追逐。在史鉴的丧礼上，文徵明结识了徐祯卿，唐寅、祝允明也在场。后来四人并称"吴中四才子"，友谊维系终身。

弘治十一年（1498）春，文林应朝廷令，赴温州上任。文林和所有人一样，不知这次赴任竟是他的最后一次官宦生涯，更没有想到他即将抵达人生的终点。

饯行地点就设在最有代表性的景点虎丘。春天的虎丘桃红柳绿，草长莺飞。沈周、韩襄、朱存理、唐寅、徐祯卿等纷纷前来。唐寅还专门写了洋洋千言的《送文温州序》，表达对长辈的感激之情。

文林离开苏州不久，应天府再次举行秋闱。文徵明与唐寅同赴南京应试。谁知发榜之后，唐寅高中解元，文徵明却依然名落孙山。文徵明心情不快，埋怨自己无用和不幸，但也无可奈何。

时隔一年，京城传来惊人消息，好友唐寅因受试题泄密案牵连，银铛入狱。这使文徵明焦急万分。他连连写信给唐寅，却毫无回音。后来，文徵明四处打听才知道是江阴才子徐经连累了唐寅，又有人举报，才使唐寅陷入困境。

唐寅回苏州后，一时无脸面对文徵明，写长信托人交于文徵明。读了这封血泪交织的剖心之作，文徵明既为唐寅如此信赖自己而感动，也为好友将来的前途忧心忡忡。想到此时的唐寅必然身无分文，文徵明连忙取了钱物赶到唐寅家中。谁知唐寅家早已破败不堪,唐寅也没了人影。

此时,温州传来急信,父亲文林病危,让文徵明急速前往温州。得此消息,文徵明心急如焚,连忙打点简单行装,还专门请了一位名医一同前往。谁知经过三天三夜急急赶路到了温州,文林已病逝三天了。当地官员、民众在接连不断地跪拜文林。文林为官清正廉洁,敢为百姓讲话办事,政绩显赫,为温州民众所敬仰。知道文太守之子来到温州,几天之内,当地的官吏和民众便筹措好几千两白银赠予文徵明以表谢意,但文徵明坚决拒收。他一方面做安抚工作,另一方面清理父亲遗物,之后将文林遗体运往苏州。

文徵明离开温州不久,温州民众为纪念文林,构筑了却金亭。

文林去世后,沈周含泪书写《沈石田祭文》,其中写道:"惟君之气,事适于义者,虽群猜不能沮其行,三军不能格其旧。惟君之情,亲知缓急之托,排救任怨而毅进。"寥寥数语,概括了文林一生铁骨正气的丰采。

弘治十二年(1499)腊月,文徵明埋父于吴县梅湾凤翔岗。这是文林生前选定的墓地。

文林的去世标志着文氏弃武从文第二代的衰落,但代之而起的是以文徵明为代表的文氏第三代的壮丽崛起。

正德三年(1508),已步入中年的文徵明,历经数次南京应试,都是屡战屡败。主要原因还在于他瞧不起八股文,不愿作此类文体的文章。

此年,文徵明结识了比他小二十多岁的王宠。当时王宠才十五岁,但书画诗词件件精彩,真可谓天才横溢。文徵明爱其早成,与之结为忘年交。文徵明、蔡羽与王宠经常在一起吟诗作画,四处游玩,十分得意。

正德四年(1509),书画艺术大家沈周去世。文徵明画法得到沈周指点最多。其在做人处事、美学趣味、诗品画评、技法布局诸多方面,无不得到沈周大师传授。想到从此再也见不到老师的音容笑貌,文徵明倍感悲伤。

沈周临终时嘱咐庶子沈复及独孙沈履,丧事由他们操办,而自己的图书、文稿、堆积如山的书画诗词则须交由文徵明整理。文徵明听到两位沈家后辈的转托,倍感先师对自己的信任。他当即将先师的珍贵遗物封存起来,待日后好好整理。

文徵明想起自己从少年到青年再到如今不惑之年,受业于李应祯、吴宽与沈周三位先师,感恩在心。如今,三位先师相继去世。他觉得自己只有和唐寅、祝允明、徐祯卿、蔡羽等后辈奋发努力,方可使东南文物、吴地之才盛极可继。他在《哭沈周诗》中云:"不堪惆怅失瞻依,手把图书梦已非。文物盛衰知数在,老成凋谢到公稀。石田秋色迷寒雨,竹墅风流自夕晖。未遂感恩酬死志,此生知己竟长违。"

正德七年(1512)十二月,病中的文徵明终于完成了对先师沈周遗物的整理,写就了《沈先生行状》,对沈周一生进行追怀,对沈周遗留的书画诗词做了整理校正。此时,已逝世三年的沈周也要正式落葬。应文徵明之邀,王鏊参照《沈先生行状》,写下《石田先生墓志铭》。

沈周是我国明代中期最杰出的书画艺术家之一,也是吴门画派的缔造者与领袖人物。继沈周之后,文徵明便成了吴门画派的领袖人物。

然而,此时的文徵明家境十分清苦,常常是吃了上顿没有下顿,甚至到了揭不开锅的境地。因为他没有功名,自然就享受不了朝廷俸禄。不善经营家务的文徵明单单靠为人家写点墓志铭、书信之类是无法维持正常的家庭生活的。当然,如果他能让书画作品进入市场出售,就另当别论了。可是,当时的文徵明不愿这样做,还给自己做了严格的规定。

由于家里没有多少米,孩子们到开饭时间没有饭吃,都饿得哭了起来。文徵明见此番情状,心如刀割,想来想去只能求助于好友。他想到了好友陈钥。此人家境好,人品也好,乐于助人。文徵明便写乞米诗给陈钥,云:"谋身肯信贫难忍,食指其如累不轻。"陈钥读后很难过:如此有才华之人,也会为贫困所累;文徵明想要有钱财又有何难，只是他不愿为之。想到这里，陈钥亲自装了一袋米为文家送去。文徵明千谢万谢，才收下了这袋米。

此事很快被负责苏杭诸府治水的御史俞谏知道了。俞谏本与文徵明叔叔文森是同科进士，与之关系相当不错，对文徵明这位名满江南的大才子早有耳闻。这位大才子虽有名却清苦贫困，俞谏十分同情。自己尽管并不富足，但很想接济文徵明。可想到如果就这样派人送粮送衣上门，文徵明断然不会接受，于是，俞谏派人让文徵明上俞府喝茶谈心。文徵明自然高兴，上门后，俞谏多次透露接济之意，都被文徵明转移话题。俞谏无奈，只得另行设法周济这位人穷志不穷的大才子。

尚未等到俞谏接济文徵明，文徵明听到家人前来通报，说江西宁王府派来特使要见文徵明。文徵明感到十分惊诧，觉得宁王派人来此，无非就是聘请自己出山，为宁王服务。对于宁王，文徵明虽然不甚了解，但他早从前辈那儿听过，宁王不是什么好角色。这次，宁王以重金聘请各路高士，无非是想让这些人为他服务，或许暗藏着什么阴谋。想到这儿，文徵明忙让家人前去应付，推说文徵明正生大病，不便出来接见，特使非要见面的话，就到卧室见面。

特使闻听文徵明正生大病，心里便凉了半截，迟疑了一会儿，对家人说："口说无凭。让文先生写张字条，说明原委，我们回去也好交差。"之后便怏怏然走了。

文徵明在三十四年中参加了十次科举考试，前九次都以失利告终。这对于他来说虽然是个沉重的打击，但也始终未使他丧失入仕报国的决心。他一边为参加下一次科举考试做准备，一边在等待各种可能出现的机会。

机会终于来了。在文徵明五十四岁那年，即嘉靖二年（1523），工部尚书李充嗣来到苏州。李充嗣曾是文徵明之父文林的同僚及好友，得知文徵明的才学和现状后，十分惋惜和同情，便全力荐举文徵明入朝。

文徵明欣然应允了。文徵明抵达京都后，经史部考核，很快被授予翰林院待诏的职务。

这次荐举成功的原因是多方面的。首先，虽然文徵明在科举中屡屡遭挫，但这并没有从根本上动摇他入仕为国的决心。其次，荐举人李充嗣是文徵明信得过的人，又在朝中担任要职，可以通过各种关系免去烦琐的考试，帮助文徵明实现为国家做点实事的理想。再次，文徵明的才学和书画影响已在苏州城广泛传播，是位举足轻重的人。最后，当时，明世宗刚刚上台，为显示其德政，自然要选用一些具有真才实学的人才。

对于这次荐举，文徵明是以一种不卑不亢的态度来接受的，表现出他确实是位正派而又自量的儒者。

到了翰林院，文徵明的具体工作是参与修订《武宗实录》。但他所做的其实是一些零散杂务，如校对章疏、文、史之类的事务。而所谓"待诏"，在明代文官九品制中秩从九品。文徵明在京都干了三年，觉得实在干不下去了，多次提出辞呈，想要回归故里。其原因主要有以下几点：

第一，文徵明觉得在翰林院干"打杂"的差事实在难以实现自己的抱负。文徵明认为自己不该为了一个虚名而受朝廷烦琐礼节的拘束，让自己碌碌无为。

第二，文徵明不满自己的工作环境。当时朝廷内礼仪制度繁复，但文徵明仍旧是"未尝一日不到"。后来他跌伤了左臂，前后有一个月的时间未能参加那种按部就班的礼仪，便遭到了一些同僚别有用心的嘲弄和攻击。这使"束发为文"的文徵明感到"何能强颜久居"于朝廷之门。再加上时常遭到一些同僚的排挤、非难，天长日久，他就将心中的郁闷转化成回归故里的愿望。

第三，文徵明不满当时朝廷的腐败。文徵明在京这三年，正好遇到了正德末、嘉靖初明朝宫廷内的一场重大斗争。这影响了文徵明怀抱的雄心壮志和政治抱负。加上自知自己并不是进士出身，留在京城也不可能有什么作为，他便下决心致仕返乡。

文徵明接连写了三次辞呈才被批准。在这期间，文徵明写了不少诗歌，表现自己的心境，如"上书无复志，把酒自多情。筹国诸公在，吾何耻圣明"，"一官贫薄仅三年，不计归囊肯计迁。笑杀当时离隐者，区区犹待买山钱"。这些诗充分反映了文徵明怀才不遇、壮志难酬，与当权者毫无共同语言的思想情绪。从这些诗句可以看出，文徵明在京城的心境是极其寂寞无聊的。文徵明从京城回归苏州，实际上是在他的政治抱负不能施展的现实情况下的一种无可奈何的归隐。他回归的原因包含了政治性与社会性两种因素。这是一种逃避时弊的隐居，既不是他原来热衷仕途而后失意的结果，也不是那种亲身经历了国破家亡后的归隐，而是借口"老归林下"，要身居闹市而又寄情于山水的"翰墨自娱"。

文徵明在进京的第四年，即嘉靖六年（1527）才回到苏州。

此时，文徵明已五十八岁。回家后的文徵明从此拒绝功名利禄，一心一意从事自己酷爱的书画艺术。正如王世贞所撰《文先生传》中所说："先生归，杜门不复与世事，以翰墨自娱。"文徵明在房舍的东边建起了玉磬山房。从文徵明所写诗中可以看出，这所山房只不过是一个比较简陋的"斗室"。

晚年的文徵明在许多诗文中都表示不愿提起旧事，特别是在京城这三年的事，但在诗中常常流露出怀念在京城结识的朋友的情意。

完全摆脱了仕途困扰的文徵明，在虽然不是很富余但悠闲的生活中，勤奋而认真地致力书画艺术，终于取得了非凡的成就。

文嘉在描述父亲文徵明的晚年状态时，说其"树两桐于庭，日徘徊啸咏其中，人望之若神仙焉"（文嘉《先君行略》）。姜绍书在记述文徵明晚年生活时说："居闲客过从，焚香煮茗，谈古书画彝鼎，品水石，道吴中耆旧，使人忘返，如是者余三十年。""年九十而卒。卒时犹为人书志石，停笔栩然若蝶化者，人以为仙去不死也。"（姜绍书《无声诗史》）

文徵明自北京回到故乡苏州后，对仕途淡漠了许多，一心专注于书画诗文艺术。他不仅将书画艺术传授给文彭、文嘉等子孙，也一手扶植了许多有为青年，如仇英、陈道复、陆治、朱朗、陆士仁、陆师道、王穀祥、彭年、周天球、钱穀、居节等。其中最有代表性的应是仇英，仇英最终成为吴门画派领袖人物之一，与文徵明的提携密不可分。

即便后来仇英到收藏家家中长期客居,文徵明及其子孙、弟子对仇英依然关怀备至,书画合作、题跋、友好往来比先前更加频繁。文徵明与仇英相识有三十多年时间。对于仇英来说,文徵明亦师亦友。他们经常联合创作,情谊之深非同一般。在画风上,文徵明笔法精细,风格优雅,确实和仇英的笔法极为接近。从这一点可以看出,文徵明在画风上深刻地影响了仇英。从文徵明对仇英作品的许许多多题跋中又可以看到,文徵明是真诚地欣赏和佩服仇英的绘画艺术的。据此,我们在考察仇英在吴派艺术历史上的地位与作用时,就可以抛弃单纯的师生关系,尽可能多地看到仇英一生的绘画实践。

文徵明既是诗人、书法家,又是画家。当然,他成就最大的还是绘画。在绘画上,文徵明将儒家的美学思想与道学、玄学、禅宗美学相结合,以体现造化之美与天然之趣;在笔墨技巧上,文徵明将"粗笔"与"细笔"相结合,并以"细笔"为主体,从而使他的绘画形成了简洁苍润、绵密工致、文厚富丽、笔墨放纵的艺术特色;在文人画方面,文徵明将诗、书、画融为一体,将我国文人画的发展推向一个新高潮。

文徵明在绘画艺术渊源、作品意境、笔墨、色彩、结构、装饰等方面都有独到之处。

◉ 文徵明绘画艺术的渊源

渊源指师承关系。中国绘画非常重视师承关系。每个画家绘画的情况与他的师承关系是密不可分的。

文徵明是位博学众长的画家,但就其师承关系来看,有两位画家是他曾悉心学习和研究的,那就是沈周和赵孟𫖯。

文徵明的绘画深受沈周影响,但他并不是一位单纯追逐沈氏的画家。他在对艺术境界的追求上与沈周不同,这也是文徵明之所以能够成为大家,并在沈周之后支撑吴门画派的主要原因。沈周比文徵明年长四十三岁,是明初大画家,开创了与当时浙派完全不同的新风格、新意境,成了"吴门画派"的开创者。但是,沈周的画也吸取借鉴了浙派推崇的"马夏"画法。沈周虽然也汲取"元四家"的画法,趋

文徵明《湘君湘夫人图》

向于含蓄蕴藉的诗情画意，但仍然具有水墨苍劲的刚健风格。虽然文徵明对此加以肯定，但这绝不是他要学习和追求的画风。文徵明所追求的是一种精工、秀润的画风。他对沈周早年仿古的精工之作、有秀润之意的作品大加赞赏，称之为"细笔"并认真学习；不喜欢沈周四十岁后所作大幅、足以显示沈周特有的水墨苍劲的刚健风格的作品，称之为"粗笔"。

这种对精工、精致、秀润、细润的推崇，不仅是文徵明个人的爱好，也反映了明中叶画坛的审美趣味。沈周作为"吴门画派"的开创者，留下了从明初向明中叶过渡的痕迹。文徵明是"吴门画派"特有的审美倾向在理论上和创作上最完美的实现者。

对文徵明绘画产生重大影响的另一位画家就是赵孟頫。从中国画的发展史来看,赵孟頫是在宋画演变为元画这一重大历史转变过程中起了关键性作用的人物。赵孟頫的绘画美学纲领从字面上看好像有复古的意思,其实赵孟頫是要打破为他所不取的宋代院画中琐细俗艳的作风,来开创绘画的新境界。文徵明学习赵孟頫主要是对赵孟頫的作品反复加以体会和揣摩。像文徵明的人物画名作《湘君湘夫人图》,极有元朝风味,是师法赵孟頫的《湘君》《湘夫人》而作。画中的女子一位稍稍回顾,一位昂首向前,但目光下垂,神情凄清,极具造化之美。而人像的描绘也很适合画的主题和人物的风度、情感,很明显是继承了赵孟頫"高古游丝描"的传统。技法风格简洁而秀挺,线和笔染富于微妙的浓淡变化,是在赵孟頫人物画风格的基础上的进一步创造。

当然,应当指出的是,文徵明以上面这两位前辈为师,并不意味着他就不学其他人了。文徵明对前代画家的师法是广泛的、多方面的。从文徵明的学画经历来看,他师事沈周,打下了绘画的深厚基础,由此又广泛学习,汲取各家所长。师事的众家中,最符合文徵明要求的便是赵孟頫。

● 设色画与小青绿

文徵明的作品从笔墨与色彩的形式来分析,大致可以分为粗笔与细笔两种。其突出的成就在细笔方面。其细笔作品通过设色画和小青绿画得以表现。

就设色画而言,文徵明成熟时期的细笔之作用墨有着突出的成就。他的粗笔承传吴镇、沈周湿笔直下,近于泼墨的画法。在细笔方面,文徵明的用墨深受倪瓒的影响,虽然文徵明多用中锋,极少侧笔,墨也很少,十分干淡。其技法看起来似与倪瓒的大不相同,但在"惜墨如金",重视取得一种尽可能简约、清新、润泽的效果上,是深受倪瓒影响的。文徵明灵活运用"云林墨法",再吸取赵孟頫等的墨法,创造出自己的墨法。这种墨法重视淡墨和较淡墨的应用,水分比"云林墨法"多,作细笔的皴纹极少,大片地方基本留白,并且只在十分重要的地方略施浓墨,造成墨白对比和凸凹效果。这种对比是十分柔和的,以淡墨和更淡墨的施用配置,使极浓处的墨产生幽深的效果。这种墨法既得"云林墨法"的精妙之处,又能体现滋润和立体的效果。

文徵明《临溪幽赏图》轴

文徵明这种墨法的特点,在他的细笔作品中处处可见。如《临溪幽赏图》轴就很有典型性。此作所画为正在蓬勃萌发枝芽的老树,墨法浓淡的层次变化十分丰富自然,并充满了生意。整幅画在墨色配置上既有"云林墨法"的妙处,也杂入了沈周粗笔画法的作风,显得细腻而丰富。又如文徵明仿倪瓒的《江南》,用笔惜墨如金,用逆行的枯笔渴墨线条与较少的渲染,展现了一派寂静旷远的天地。

从色墨融洽、皴线协调的意义上说,文徵明为中国的设色山水画开辟了一种新的格局。

在小青绿的着色方面,文徵明也下了很大的功夫。"元四家"都不太重视绘画色彩,少数着色的作品也多是浅绛色。文徵明不但重视应用和发展"元四家"的浅绛着色,不再只把它看作补笔墨之不足的很次要的东西,提高了色彩的地位,还深入研究了一般文人画家不喜用或很少用的唐寅青绿山水的着色法。他把这种主要适应宫廷贵族趣味的富丽浓艳的着色法称为小青绿。在文人画家中,文徵明是一位很重视色彩作用的画家,对发展、丰富中国画的着色做出了贡献。他在这方面所下的功夫,比老师沈周下的功夫更多。

小青绿着色不难于浓而难于淡,难于虽浓仍觉其淡,没有晦滞、混浊、俗艳等毛病。文徵明的小青绿着色有两种:一种是浓的或较浓的,另一种是较淡的。前一种如《春深高树图》轴、《仿赵伯骕后赤壁赋图卷》等,虽然赋色极浓,但仍有一种明丽的光彩,表现出山石苍翠欲滴的生意。后一种如《雨余春树图》轴等,赋色很淡,有一种透明、湿润、缥缈的感觉,适宜地表现出江南水乡的景色。

在墨与色的关系处理上,文徵明的着色之作,在笔的钩皴上都尽量简约,笔墨为敷色让路,并助成敷色的效果,而不是色为笔墨让路。这表现了文徵明对色的独立价值的重视。

《石湖清胜图》就比较典型地揭示了文徵明小青绿山水的特色:山石少皴,避色笔墨较实;轮廓或阴坡用枯笔线条及少许浓墨点缀;注重浅色渲染,显现出"含烟蓄雨"之状;取景开阔、疏朗,有远近相衬的空间关系。该图的远山全用墨青染出山形,以烘托湖景的空灵与秀丽。

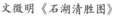

文徵明《石湖清胜图》

停云馆头谡谡风——文徵明的子孙及追随者

文徵明《松岩观瀑图》

文徵明的子孙及追随者较多地继承了这种小青绿的格调。他们中间的佼佼者又有不同程度的变化。如文嘉和陆治将文徵明的笔路由圆浑转向方直,由多点缀聚改作勾线兼枯笔,让墨色与青绿并举。再如文伯仁的深润茂密、居节的峻爽清逸,都在这小青绿的范畴内又各有特色。

● 诗、书、画的结合

诗、书、画的结合是与文人画同时兴起的。画家意犹未尽,于是就在画的恰当位置上赋诗题跋,使诗、书、画在同一件作品上竞相表现。后来被认为是文人画的绘画用诗词、书法来提携增趣,这不能不说是中国画发展的新境界。文人画在元明时代盛行有两个原因是不可忽视的:一是两代兼擅书画的士大夫,如高克恭、赵孟頫、夏昶、董其昌等人,虽位居显要,但实际并不深入管理朝政,有较多的闲情余暇吟诗作画。二是像"元四家"、陈汝秩、杜琼、沈周这样的人,他们寄情于山水,并题诗文入画,越发促进了诗、书、画结合的势头。

诗文与书法不仅在内容上补充和丰富了画面的意境,而且书法的行、草、楷、隶等各种字体的结构、风格，增加了画面的墨韵和线、点、面的节律交响。不少题诗和跋文还向人们提供了有关画的各种信息，有助于人们对作品的内涵进行更深层次的分析和研究。

诗、书、画的结合在吴门画派的大师手中，获得了前所未有的发展。在文徵明的文集中，题画的诗与跋文有百余篇。他不单吟诗作赋，还时常由画而起，书写自己的创作体会。

文徵明继承前代传统，很明确地主张诗、书、画的结合。他在《题石田先生画》中说："由来画品属诗人，何况王维发兴新。"在《题东坡画竹》中，文徵明又称赞苏轼以书法作画："眉山一代称文雄，落笔往往凌长虹。时将书法作画法，墨花洒出皆神工。"

尽管诗、书、画的结合前人早已提出并付诸实践，但文徵明不遗余力地倡导并发展，取得了引人瞩目的成就。这对于推动我国文人画的发展具有重要作用。

中国的绘画是十分讲究艺术的结构问题的。那么，文徵明在绘画的结构上关注了哪些问题呢？从他的作品中可以看到，他对绘制对象在大小、上下、前后、竖直、宽窄、粗细、方圆、疏密、浓淡、刚柔等方面都注重恰当的处理与安排。这种结构上的处理与安排，与书法结构的处理与安排是相通的。所谓"工画者多善书"，不仅指书画的用笔相通，也指结构的处理本领相通。文徵明是一位很有成就的书法家，他的小楷结构精密。他作为一位书法家，在长期实践中形成的结构意识，必然会影响他的绘画。

可以这样讲，文徵明的每一幅画都像一个结构很好的家，即使反复推敲和捉疵，也很难在其中找到不妥当、不满意的地方。比如我们从他对墨色浓淡的处理可以看出他在结构上的别具匠心。其每幅画中都会有一处墨色是最浓的，而这墨色最浓的地方往往对整幅画的结构起到一种安定的作用，或者突出所要表现的主体，是一个基础部分，其他较浓、次浓和较淡、次淡的部分则与之相呼应。文徵明八十岁时所作的《古木寒泉图》轴中，墨色最浓的部分就是位于前面的一棵古木的点叶。这些点叶既突出了主体，又镇定了全图，与其他浓淡不同的部分相配合、相映照，形成了有机统一的浓

文徵明《古木寒泉图》轴　　　　文徵明《品茶图》轴

淡变化的节律，体现出文徵明在墨色浓淡的结构处理上的精致与巧妙。

由于文徵明十分善于处理绘画的结构，他的作品表现出很强的形式感和装饰性。这是文徵明绘画的艺术特点之一。

文徵明的绘画作品既力求工细，又十分重视并着意于结构问题，使装饰性表露无遗。特别是他的青绿山水，也包括他的一系列着色作品，都表现出很强的装饰性。像文徵明所作《停云馆言别图》轴，就是浅着色且具有较强装饰性的代表作。而《品茶图》轴是水墨作品中有很强装饰性的代表作。

文徵明的书法艺术成就是大于他的诗词和古文成就的。他是一位杰出的书法大家，对后代有极深远的影响。文徵明书法的基本特色是端庄、秀润、工稳、精绝、含蓄而内敛。研究文徵明的书法艺术，对于深入认识文徵明及文徵明如何运用书法艺术发展文人画具有重要意义。

其实，文徵明从少年起就习字，但那时他写的字并不好。文徵明从父亲任职所在地滁州返回苏州后，参加了长洲县岁试，因书法不佳，被列为三等。从那时开始，文徵明才发愤练习书法。

当时，文徵明拜父亲的好友、书法家李应祯为师。李应祯对文徵明的要求极为严格，仔细地授之以笔法，并反复告诫文徵明要认真学习古人，但不要随古人的脚踵，而要在学习研究古人书法的基础上，独立地创造出自己的书法形式风格。

文徵明一生是遵循李应祯先生的教诲来学习与创造的。他广泛地学习并研究了历代杰出的书法家，如欧阳询、李阳冰、怀素、苏轼、黄庭坚、米芾、赵孟頫等。其中，苏轼的作品是文徵明在青年时代就喜欢临摹的。经过长时间对古代书法家的深入学习和研究，文徵明扬长避短，日益创造出具有个人独特风格的书法，取得了重要成就，成为我国书法史上的一家。

据古籍记载，文徵明自从岁试因书法失利后，就苦下功夫，每晚都写《千字文》。这几乎成了他的一种习惯、一种爱好。他一生不断地在写《千字文》。这实在是一种习字的好方法。如果《千字文》写得好，也可以成为传世之作。在我国书法史上，文徵明的《千字文》是独树一帜的。

文徵明的《千字文》的影响相当大，引发了许多文艺家的评点。其中，文徵明的学生王世贞的评点胜人一筹。王世贞说："于整栗遒劲中，不失虚和舒徐意致。"（《艺苑卮言》）虽然王世贞评点的是文徵明《千字文》的风格，但完全适用于文徵明的整个书法艺术。文徵明这一书法风格的形成，除了与他学习的历代书法家有关外，还主要与文徵明"和而介"的性格有关。"介"是指文徵明性格耿直刚正的一面，因此他的书法往往体现出刚劲锐利之感，多有顿挫，时露锋芒，不像赵孟頫的作品那样处处显示出轻柔圆浑的中锋。"和"是指文徵明思想性格的另一方面，即"温厚和平"，因此文徵明的书法没有苏轼的苍劲，没有黄庭坚的劲利，没有米芾的雄健，而是吸取"二王"、智永的"虚和舒徐"，求得一种婉和流利的风格。

以上便是文徵明书法的大致艺术特色了。

文徵明的诗文成就也是异常突出的。他的诗文常常和绘画密不可分，因此，熟识他的诗文艺术成就，对于进一步认识文徵明，认识他的绘画艺术，必不可少。

文徵明传世的诗文集有多种版本，但流传最广的是35卷本《甫天集》，所收诗词有756首。其实文徵明寿命长又笔墨不倦，集外佚作甚多。周道振先生所编撰的《文徵明集》搜集7种文本，其中汇集了诗词1280首、文163篇。之后，周先生又广搜京沪图书馆所藏稿本、抄本以及墨迹、题跋等汇成补辑，共收入文徵明诗词1464首、曲6套、书简205通、文及题跋253篇。

如果说沈周是吴门画派的开山祖的话，至文徵明时的吴门画派便更加壮大。尽管我们并不知道吴门画派起于何时，但是，我们将沈周的生年作为起点，将文徵明的卒年作为止点，计132年（《吴派绘画研究》）为吴门画派主要成员活动的年代。沈周逝世时文徵明才四十岁。文徵明对吴门画派发展的作用非常大，他成为文人画家们所普遍敬仰的宗师是理所当然的事。而且，在文徵明之后，文氏后代也产生了许多有影响的书画艺术家。文氏家族可以说是书画世家。其中比较杰出的有文彭、文嘉、文伯仁、文俶（女）、文震亨、文点等，他们严格地继承文徵明书画艺术的衣钵，并有所创新，创造了极其辉煌的成就，给现代人以深刻的启示和影响。

文徵明在思想上是一位真正的儒者，但他并不一味排斥道、玄、禅学。弄清这一点，对研究文徵明的绘画及吴门画派是极有帮助的。

说文徵明是位儒者，是因为他的美学思想源自儒家，这表现在他的山水画反映出的仍是孔子早就提倡过的"智者乐水，仁者乐山"的思想。

说文徵明是位儒者，还因为他在几十年里一直努力求取功名，期望自己对国家能有所作为。即使后来他辞去"待诏"一职，回归苏州从事书画事业，也一直很关心朝政，坚持儒家思想。

文徵明与董其昌并不生活在同一个时代，如果说明代中叶，以文徵明为代表的吴门画派在中国画坛上的贡献最大，那么到了明代后期，以董其昌为代表的松江派在中国画坛上的建树也不可忽视。

董其昌在中国画史上是屈指可数的书画大家、美术理论家。董其昌的绘画深受文徵明的影响，甚至可以这么说，没有文徵明就不会有董其昌。

据考，董其昌走上画坛学画是在二十二岁，即明代万历四年（1576），那时，文徵明在画坛上的影响仍然很大。尽管当时文徵明已去世十七年，但文氏画派还有很强的实力。

从董其昌的绘画作品来分析，他的画风更接近于文徵明，因为董其昌和文徵明都在同样追求"温厚中和"，追求一种秀润的画法与韵味，而这与沈周所追求的苍劲的画风显然是不同的。

文徵明对董其昌的影响是多方面的。文徵明的绘画代表了明代中叶对革新朝政具有积极态度的温和派文人的绘画。董其昌则在时代的逼迫下，汲取了文徵明的教训，对革新朝政已不关心并采取回避的态度。文徵明以儒家思想为主导，既有不满和失意感，又不放弃儒家思想。董其昌以禅宗思想为主导，基本上不关心政治现实。俩人都倡导文人画。文徵明使以儒家思想为主的文人画获得了充分的发展，董其昌则使以道家、禅宗思想为主的文人画获得了进一步的发展。

按理说，董其昌在"元四家"的基础上创造了自己独特的风格，这似乎与文徵明的画风关系不大，但为什么说董其昌学习了文徵明呢？他究竟向文徵明学习了什么呢？

我们知道，文徵明在绘画上一个重要的基本思想是"夺天工、夺造化"，也就是说，通过巧妙的绘画艺术生动地描绘出大自然的美景。他有时甚至感叹，再好的图画也难以赶上自然的美好。文徵明的这个重要思想也是吴门画派主要画家们所注重的。他们都非常重视亲自到大自然中去观赏、察看自然景物，重视对自然景物进行纪实性的描写，但这并不是纯客观的自然主义描写。他们的纪实性描写中包含了不少概括和创造。像虎丘、天平山、灵岩山、石湖，不知被文徵明和他的弟子们反反复复描绘过多少次。

而董其昌则不同，他从二十二岁开始学画之后，就越来越感到绘画要去描绘自然实景的美，并与这些自然实景竞赛，是十分困难的。于是董其昌认真地学习文徵明，在绘画时非常重视和善于处理形式结构，时有变化，并非常擅长用墨和处理墨色浓淡变化的配置组合。而这些方法正是董其昌在探索绘画的形式、趣味上十分需要的。事实上，董其昌在这些方面，都很虚心和认真地学习了文徵明。

只要我们将文徵明和董其昌的绘画作品放在一起进行比较研究，就很容易看出这俩人在墨法、结构以及树石的变化、变形处理等方面都有相似之处。可以这样讲，董其昌从文徵明那儿学到了对墨法和结构的处理方法后才去改造"元四家"的画法，最终形成了他自己的风格。这也是文徵明对后世的影响中最重要的一个方面。

到了晚年，特别是人生的最后几年，文徵明只在室内吟诗、作画、写字，很少外出旅游与活动了。

嘉靖三十三年（1554），八十五岁的文徵明经历了妻侄吴诗、三儿文台媳妇之死，白发人送黑发人。文徵明心痛不已。

然而，生活也不尽是悲哀，嘉靖三十五年（1556）传来的喜讯也令文徵明激动万分——长子文彭中了进士，贡于礼部。祖父弃武从文的心愿得以延续，这使文徵明十分宽慰。

文徵明在八十九岁时，遇到了一件十分棘手的事，那就是苏州知府温景葵前来停云馆拜访文徵明。原来奸相严嵩的寿诞日期就在眼前。温知府为讨好严嵩,来请文徵明写祝贺诗。

文徵明不置可否。祝寿诗他一生不知写了多少首,但他实在不愿为严嵩写,因为严嵩欺压百姓,为害忠良。文徵明打心眼里厌恶这个奸相。思前想后,他便写书信一封,委托好友王廷前去委婉谢绝,了却此事。

这一年,文徵明喜得玄孙,"五代同堂"之乐非人人皆有。他再一次写了《独乐园记》,同仇英的同题图卷合装一处。

嘉靖三十八年(1559)二月二十日,年届九十的文徵明在停云馆的床榻上靠着,喝着香茗。突然兴起,呼唤家人在书桌上备好笔墨。想起御史严杰嘱托为其母写墓志铭,他起床迈开小步,走近书桌,握起笔管,略做沉思,便一字一句地写开了。刚写了几句,感到笔墨沉重,双手颤抖起来,身子也坐不住了。一旁的家人急忙将他携扶上床。文徵明这才感到舒服一些,安详地闭上双眼,脸上展露出一丝微微的笑意。那淡淡的、庄重的神色,分明是在告诉人们:"我累了,该歇息了。我会在天上望着。你们一定会比我更好的……"

第四章
文彭，一代篆刻宗师

文徵明的去世，意味着吴门画派的四位领袖人物沈周、唐寅、仇英、文徵明都离开了书画艺术的表演舞台，但这并不表示吴门画派的终结。吴门画派的影响源远流长，绵延不绝。之后崛起的文氏家族的代表有文彭、文嘉、文伯仁、文仲义、文叔礼等人，其中，文彭、文嘉和文伯仁尤为突出，他们以优异的艺术成就撑起了文氏家族艺术的新天地，也进一步弘扬了吴门画派的优良画风。

文彭肖像

文彭（1497—1573）是文徵明长子，字寿承，号三桥，又号渔阳子、三桥居士。

文彭自小受到父亲文徵明及苏州著名书画家的熏陶与影响，书、画、诗、文无所不精。同时，受其家族弃武从文影响，努力步入仕途。他以明经廷试第一被授予秀水训导。不迷恋仕途的文彭考虑到父亲年事已高，便以乞近地以省养之理由，被授予嘉兴训导。文徵明过世后，文彭因才学高超，被授予国子监博士赴任于南京，故有"文国博""文博士"之称谓。

文彭承其家学。在书法方面，文彭篆、分、真、行、草五体并佳,尤其草书成就最高。

文彭的草书极具怀素之意,在章法上也多有怀素痕迹。

除怀素外,文彭草书还得益于祝允明。文彭曾从学于祝允明。詹景凤《詹氏小辨》中云:"寿承英英,几参祝步。"文彭对祝允明推崇备至,在其所跋《祝枝山书东坡记游卷》中云:"我朝善书者不可胜数,而人各一家,家各一意。惟祝京兆为集众长。盖其少时于书无所不学,学亦无所不精。"文彭草书得祝书放纵驰骋之意。

在绘画方面,文彭善写墨竹,"老笔纵横,直入文同之室"(《明画录》);亦工山水,所作类似父风,墨气苍郁。

文彭不仅继承了家族的艺术传统,同时亦延续了家族的文学传统。文彭善诗文,并有作品传世。现存可见的有《博士诗集》二卷,以及散见于各种书画录中的题画诗、书札、书画题跋,甚至有几首词作传世。而有记录但不可见的还有未刻诗文十六卷、《五经讲义》四卷等。

历来我们只闻文彭在篆刻以及书画方面的成就,而对其诗文给予的关注很少。当然,从现存文献资料来看,当时亦有数人对其诗做过评价。最先对其诗给予评价的是张凤翼。张凤翼认为他"心无城府,言无畦径,充乎陶韦之徒也。顾不习为苦吟,不多易稿,或对客立就,或散步率成,任性挥洒"。从这段话来看,张凤翼对文彭的人和诗都是持肯定态度的。其弟张献翼所论大致与之同,亦认为文彭为诗讲究自然而不刻意求工。但是,清初钱谦益在《列朝诗集》中则写道:"吴人张凤翼于国博、君博之作,谓之文家诗。今观寿承'妾家住近江淹宅,曾读销魂《别赋》来',休承'五百年来几摹本,翠禽犹在最高枝',亦各有致。可尽訾乎!"(《印人传》卷一)

从上述记载来看,张凤翼曾对文彭的诗有过微词。钱谦益则认为张凤翼所论失之偏颇,并指出了其偏颇之处。陈田在《明诗纪事》中则认为"博士七言,音节清亮"。这里只是单单对其七言诗给予了评价。

其实,上述几人对文彭诗的评价都是有可取之处的,但是所论过于简单,只是点到即止,并未给其诗以全面而详尽的评价。

文彭作诗，善描摹景物，往往能从细处着笔，以细腻的笔触描摹细致的景色。同时，他在摹景时还喜用色彩词。这些色彩词的运用，使其所摹之景生色不少。如《立春日同彭孔加过袁与之桃花别墅》中的"积雪留残白，垂杨试浅黄""翠桁依危峤，红桥度浅堤"句，白、黄、翠、红交相辉映，使所摹之景更加生动。另外，文彭还喜以动词入诗，使笔下的景物活灵活现。如《游鸳鸯湖示信项君》之"鸳鸯湖上浴鸳鸯""倒影楼台浸女墙""华桨夷犹冲菡萏，竹枝欸乃和沧浪"句之浴、浸、冲、和四个动词用得传神又贴切，使笔下的景似乎都活了起来。

文彭作诗多写景物，偶尔也会在诗中寄寓自身之感慨。如《送陆幼灵宰攸县》诗中便寄寓了其对青春易逝的伤感之情。同时，文彭也偶或在诗中抒发对现实、民生的关注。如《次韵董子元乱后见怀》中"频年兵燹何时已，此白烽烟讵忍看"句，便是抒发了对连年战乱的无奈和愁苦之情。这样关注现实的诗，在文彭的诗集中是较少见的。

另外，文彭还常常化前人之名句入己诗。如其《卧云室》诗之"一卧三十年，去来本无迹"便是化用了陶渊明《归园田居》之"误落尘网中，一去三十年"句。其《金陵杂歌》中的"南朝诸寺石南门，四百八十今谁存"句是由杜牧《江南春》之"南朝四百八十寺，多少楼台烟雨中"句而来。

文彭亦有词作传世，目前可见的有王昶《明词综》所收的《渔父词》《江南春》两种词牌，共12首。《渔父词》前有小序："余有别业在笠泽之上，常课耕于此。偶阅黄太史《渔父词》，喜而继作。"从这段小序可以看出，文彭写《渔父词》的目的是述渔父之乐，同时，亦寄寓了自己的钦羡之情。《江南春》词三首，均是和倪瓒原韵而作。其一摹写了初春江南的怡人景色，以及游人踏青郊游的情态。其二表达了在雨后游虎丘时对兴废之交替、春色难常在的无限感慨。其三表达了暮春交游时对"留春不住嗟何及"的感慨。比较而言，文彭所作的《渔父词》在语言、情态、格调上均高于《江南春》词。

诗词之外，文彭亦有书画题跋、信札等文字传世。所作大多是字帖的题跋，主要是为人鉴别真伪，并估量价值。为画所做之题跋数量较少，亦是为人鉴别真伪，估量价值。另外，文彭与友人来往的信札，内容大多是为人鉴别书画真伪，并估量价值的。当然，与题跋内容的不同之处在于，信札的内容更加生活化。无论书画题跋还是信札，都从不同侧面反映了文彭生活的场景。

当然，文彭最突出的成就是篆刻，这是他超出父辈、独具一格的成就。由于文彭对六书有深入的研究，他和何震主张篆刻必须精通六书，才能入印。他所用牙章，都由他亲自篆写，并请南京李石英镌刻。

文彭篆刻秀丽典雅，风格妍媚清新。他的朱文章法疏朗明快，在宋、元圆朱文的基础上加以变化，篆法略呈方势，显得质朴浑厚。他的另一种朱文纯用方折结构，可能是受汉印影响。由于他刻印讲究六法，篆文不涉怪诞，又能向秦、汉玺印汲取营养，因此他的印章在当时确使印坛面目为之一新。他独创的冻石印刻，更是令人刮目相看。他用冻石刻印，首创了印章边款。他的边款先在石面上书写行楷书，再依字迹用双刀刻成，改变了元代以来板滞纤弱的弊端，恢复了汉印传统。清代印人周亮工在《印人传》中云："印人一道，自国博开之，

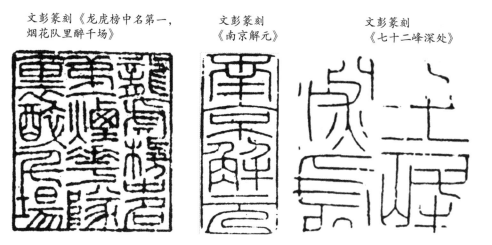

文彭篆刻《龙虎榜中名第一，烟花队里醉千场》

文彭篆刻《南京解元》

文彭篆刻《七十二峰深处》

文彭篆刻《琴罢倚松玩鹤》（边款）

文彭篆刻《徵仲复印》

后人奉为金科玉律，云礽遍天下。"在文彭、何震的倡导和影响下，一时篆刻之风大起，文人、书法家和画家都参加篆刻创作。文彭成为文人篆刻流派的领袖人物。苏州一带学习文彭的有陈万言、李流芳、归昌世、顾听等，后人称他们为"篆刻吴门派"。

据传，文彭在南京做国子监博士时，有一天外出，见一老人赶着一头驮着两筐沉甸甸石头的驴子，肩上还背着两筐石头，正与一做生意的市贾争执不休。文彭走上前询问其故。老人说："他说要买我这两筐石头。我好不容易赶着驴，背着石头来到这里，路远又费力，可他还要故意压价。"文彭走近仔细察看，这些石头像是做妇女装饰用的石料，顿时想到这石料大概也可用作印章，就说："你不用争了，都卖给我。我给你加倍的力资吧。"于是，文彭得到了这四筐不寻常的石头。

回到府中，文彭差人将这些石块一一解锯开来，成了一方方晶莹夺目的图章材料。其中，质优者，就是"灯光冻石"；稍差者，也就是当时的老坑矿石。从那时起，文彭开始自己动刀刻石。于是，冻石之名始见于世，名传四方。从此，文人学士逐渐改用石章，自篆自刻。石章的广泛使用，对篆刻艺术的发展起了极大的催化作用。明代著名篆刻家朱简描述："自三桥下，无不从斯籀，字字秦汉，猗欤盛哉！"可见，在文人流派篆刻艺术发展史上，文彭占有重要地位，堪称篆刻之鼻祖。

文彭篆刻力师秦汉，当然也受时代局限。当时文彭处于探索时期，印风只能讲偏重汉印趣味，以秀润圆劲、清丽俊雅的宋元风貌

文彭《文徵明潇湘八景诗》

见长，而印款以双刀为之，多行楷，笔势飞动，秀美而有逸趣。其印作传世极少，无专谱行世。

由于文彭名气太大，师其风格的人非常之多，伪作自然也多。明末清初的伪作印石放到今天可视为旧仿，镌刻细腻，仿制的程度也比较高，但只要将这些印章的边款、字迹、落款、布局乃至运刀方法与文彭真迹相比，就不难识别，因为文彭的书法根底浑厚，一般的书家刻手岂能望其项背。据史记载，文彭为防止有人假冒其作品，特做了防范，刻好印章后将几方印装在一木匣中，让书童拿在手中来回撞击使其留下痕印，于是这方印就有了明显的自然痕迹。清末、民国时期作伪者大多是商人，他们一般都先将青田石做旧（即在炭火中煨烤，使其表皮发黑，细裂纹累累），所仿文彭的边款多以单刀隶书出之。但是，实际上文彭在边款上从不作隶书，篆刻边款也不用单刀法。单刀法系何震所创。

文彭的交游范围也十分广泛。其父文徵明曾是这个圈子的核心人物，因此，文彭从小就可以活动于这一文人圈，且随着年龄的增长，他也一直在拓宽自己的交游范围。

从众多史料中可以看到，与文彭交往最多的是嘉兴的项元汴（1525—1590）。项元汴字子京，号墨林，是明代著名鉴赏家、书画家。项元汴家资富饶，广收法书名画，储藏之丰，甲于江南。文彭是著名书法家、晚明文人篆刻艺术的领袖人物，在书画鉴藏方面极有卓见。因此，文彭与项元汴之间的交游更多的是建立在共同的嗜好——书画鉴藏上。清代卞永誉撰《式古堂书画汇考》收录了文彭信札24则，其中19则是写给项元汴的，可见两人往来之密切；且其内容大多是鉴定及介绍书画作品的，又可见两人交往之大概。从信札中还可以发现，文彭不仅直接出售藏品给项元汴，而且还为项元汴介绍别人的藏品，充当买卖中介人。项元汴也经常请文彭为其所藏题跋，其主要目的是请文彭判断藏品的质量，同时，也是因为文彭在当时享有盛名，经其辨认过的藏品身价倍增。另外，董其昌亦说项元汴"所与游，皆风韵名流、翰墨时望，如文寿承、休承、陈淳父、彭孔嘉、丰道生辈……"同时，文彭同项元汴之兄项笃寿的关系也很好。

文彭与当时在文坛享有盛名的"后七子"中的王世贞、李攀龙、徐中行、梁有誉、吴国伦、宗臣六人均有诗文来往，而现有材料中未显示其和谢榛有交往。

文彭《读白雪楼诗却寄李于鳞》诗前有小序："余与徐子与、王元美见所谓五子诗者，既而，游京师见宗子相，虽不久，亦蒙知爱，兰汀已矣，惟不得见于鳞，偶读白雪楼集，怅然有怀，赋此寄之。"由此可以看出，他与徐中行、王世贞、宗臣、李攀龙均有交往。兰汀是指"后七子"中的梁有誉，因他著有《兰汀存稿》。

同时，文彭诗作中亦有其与"后七子"中另一成员吴国伦交往的文字见证。从他所作《冒雪访吴侍御时巡警方归寓善果寺》《送吴侍御出守太平》等诗可以看出，他与吴国伦交往颇密。且在诗篇之中，文彭将吴国伦称为"故人"，说明二人当有相当的交情。

王世贞在其《弇州山人四部稿》中作《悲七子篇》，写道："而六人者次第逝，并寿承（文彭）七矣。夫七人者，皆风雅士也。后先与余游好，乃不半岁而尽失之，能令后死者无戚戚也。"由此亦可见，文彭与王世贞亦交好。

在这些人中，文彭交往最多的当是徐中行。文彭作过多首与徐中行相关的诗，如《人日雪晴答徐相公》《喜徐太守子与至席上得阳字》《上巳韦园送徐子与得松字》等。而文彭在其诗中，也一再地称徐中行为知己、故人。由此可见，两人交往非同寻常。

文彭与"南园后五子"中的欧大任、黎民表亦有交往，且常常一起燕集交游，过从甚密。其所作《黎惟敬小集得霜字》《人日集顾氏桃花馆同集者黎惟敬休承弟顾汝和诸昆季也》《简黎惟敬直阁兼怀梁柱臣中翰》《岁暮承欧桢伯梁柱臣过有诗见赠因各次韵》《寒夜梁思伯小酌》《黎内翰惟敬梁中翰梁思伯携酒见过》等诗中已反映出他们交游燕集之频繁。同时与他们过从的还有梁思伯。梁思伯是晚明山水画家，且曾从游于文徵明门下，同时，他又和王世贞、黎民表、欧大任等人相友善。大概正是基于上述两个因素，他和文彭之间才有了较多的往来。

文彭和"唐宋派"的唐顺之亦有交往。虽然在文彭诗中与唐顺

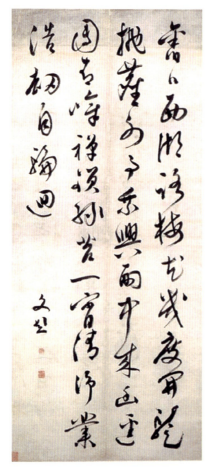

文彭行草五律诗

之有关的只有《访唐应德荆川别业》一首,但其中"久负论文约,相违频梦君"句足以说明两人相交之深,而且证明了文彭确曾去过唐顺之的荆川别业。

对何震而言,文彭是亦师亦友。何震,字主臣,又字长卿,号雪渔。师事文彭,后又与文彭并称"文何"。据周亮工《印人传》载,文彭精研六书,何震则常常从其讨论,每论则日夜不休。何震常住南京,与文彭交往,请教篆刻,他的印有受文彭影响的一面,但更多的是表现出个人的特色。同时,刘世教《吴元定印谱序》中亦曾记"主臣或言,故尝从文博士游,或言晚不及也"。在此,何震自己也说曾从文彭游,足以见得他们之间的师友关系。

文彭亦曾折节同张凤翼、张献翼兄弟相交。首先是张凤翼(字伯起)。据张凤翼自己说,他早岁曾游文徵明门下,后有幸蒙文彭、文嘉兄弟引为忘年交,而又与文彭之子文肇祉为莫逆之交。文彭诗集中有《伯起入山有怀》《走笔和张伯起郊园感怀》《次张伯起见怀韵》等诗。由此可见,张凤翼所言非虚。张献翼(字幼于)也说文彭为国子先生时,他方为太学生,与文彭有门生之谊。文彭曾作《次张幼于见怀韵》诗,可见张献翼所说亦非虚。

另外,同文彭交游的还有王宠、王履约、彭年、王绳武、袁邦正、袁尚之、袁补之、袁与之、徐霖、陈道复、华云、王世懋等人。其中,有的曾经从文徵明游,如王宠、彭年、陈道复等;有的是文徵明的相交好友，如顾璘。文彭作《侍顾华玉丈上方玩月》等诗，尊称顾璘为"丈"，足见文彭对这一长辈的尊敬；有的则被文徵明极为看中，且与文徵明有世交之情，如华夏。文彭在其《夏氏阁帖合璧诸跋》中曾这样写道："盖余与中甫忝为书画友。每一见必各出所得，所见辄相与较量，自谓不在浓岳、仲永、巨济之下。"可见两人的情谊是建立在共同的爱好之上的。文彭常常和这些友人相与，燕集高谈、登临唱和，每游则有诗记述，如《仲春履吉与之永之小集得草字》《同王绳武彭孔加王子卿袁氏四兄弟及嘉台二弟登上方》等。

近些年，市面上出现了一些文彭的作品。如文彭"五湖游侠"印一款，采用青田章料，质地温润。尺寸：纵3厘米，横3厘米，高5.4厘米。印文为"五湖游侠"，印顶边款亦刻此文，侧面边款为"嘉靖壬戌春三月十有七日，文公篆"。印文字虽平方，仍见圆润；笔势刚劲，刀痕明显。行书边款自然流利。

又如《白云红树图》轴。画面布局疏密有致，笔墨浓淡适宜，色调鲜丽沉着，意境雅致清幽。

再如文彭款"爱莲说"联文印十一件印章，原共盛于剔红漆盒内，石色各不同，均属青田石系。各以不同字体，联文为周敦颐"爱莲说"全文。边款各有与印文相同的行草文，又分刻"寿承氏印""文彭仿古""三桥学篆""三桥""文彭""文彭篆"等多个字样。

另如文彭寿山石老坑牛角冻印章一枚。石质温润呈半透明状，有明显的萝卜丝纹。尺寸：高4.8厘米，宽4厘米，厚2厘米。印文："听香读画，吃墨看茶。"这方印分别用朱白文刻成，边款苍劲有力，刀法炉火纯青，落款为"嘉靖丙辰二月有二日篆三桥"。丙辰年即嘉靖三十五年（1556）。这方印有明显的自然痕迹，正好和史料记载相符。文彭流传下来的作品凤毛麟角，因此这枚印章弥足珍贵。

文彭在篆刻方面取得了空前成就。他的作品在边框处理上率先借鉴汉古铜印，以破损残剥的形式来求取苍润古朴的效果。文彭在

停云馆头谡谡风——文徵明的子孙及追随者

050

文彭《白云红树图》轴

印章篆刻艺术上的突出贡献是创用双刀法刻制行书边款，集撰文、书法、刻制于一体，真正达到"意在笔先""刀到意到"的境界，使印章的艺术内涵获得了扩展，从而开创了文人自篆自刻与书法、绘画三足鼎立的局面。文彭创立了"三桥派"，掀起了学习篆刻的热潮。该派的主要人物还有陈万言、李流芳、归昌世、顾听等。

第五章
文嘉，艺术鉴赏大家

文嘉虽然与其兄文彭同样受父亲文林及许多前辈艺术家的提携与帮助，但其艺术发展目标与文彭的有所不同。文嘉的书画也很出色，但他更出色的、为文氏家族增光添色的是他非同寻常的艺术鉴赏水平。

文嘉（1499—1582）是文徵明次子，字休承，号文水；遵父之训步入仕途，做过地方官吏，归后，在虎丘构归来堂以奉养；尤善鉴古，工石刻，其鉴古之本领为有明一代之冠；也擅长诗书画，山水疏秀似倪瓒；小楷精劲，也善行书；著有《文和州诗》；所著《钤山堂书画记》影响深远。

文嘉肖像

《钤山堂书画记》封面

与兄文彭相比,文嘉在鉴古方面出类拔萃,在书法绘画方面亦有出色表现。他的山水继承父风,亦工花卉,又善诗。至于书法,大致也承父学,但不及其兄。王世贞在《吴中往哲像赞》中称:"其书不能如兄,而画得待诏一体。"文嘉小楷、行书皆传承其父笔法,但功力皆不及其父。詹景凤在《詹氏小辨》中云:"嘉小楷轻清劲爽,宛如瘦鹤,稍大便疏散不结束,径寸行书亦然,皆不逮父。"不过文嘉于书法还是毕其一生之力地练习。王世懋在《王奉常集》里云:"休承晚年书奇进,几不减京兆。"可见文嘉晚年书法颇受当时同行们的赞颂。

虽然文徵明传留给文彭、文嘉兄弟众多家藏,但在文徵明去世之后不久,部分家藏便被陆续转给了别的藏家,比如极珍贵的宋版本书二十四部等,有不少被转卖给了项元汴诸人。

文家的书画古籍等藏品流失规模相当惊人。最典型的是苏轼的《前赤壁赋》。这件名作一直藏于文家,文彭还代父补笔,补书前所缺36字。文徵明去世没有几年时光,文嘉奉命清点严嵩所藏书画时,即记载了这件作品:宋苏轼亲书《前赤壁赋》,纸白如雪,墨迹如新。

文嘉《读书图》

可见这件作品是在文徵明过世后,被兄弟二人出售,最终为严嵩所有的。这种家族藏品外流的直接原因还是经济利益的驱使。文彭兄弟的好友彭年曾云:"吴中自衡山翁绝后,绝无喜蓄书画者。"这句评价虽直指明末吴中的收藏风气,但恐怕也是对文彭、文嘉兄弟不能世守其业的批评。

文嘉极富文学才华,喜爱诗文。代表作为"三日歌",即《昨日歌》《今日歌》《明日歌》。

《昨日歌》:"昨日兮昨日,昨日何其好!昨日过去了,今日徒烦恼。世人但知悔昨日,不觉今日又过了。水去汩汩流,花落日日少。成事立业在今日,莫待明朝悔今朝。"

《今日歌》:"今日复今日,今日何其少!今日又不为,此事何时了?人生百年几今日,今日不为真可惜。若言姑待明朝至,明朝又有明朝事。为君聊赋今日诗,努力请从今日始。"

《明日歌》:"明日复明日,明日何其多!日日待明日,万事成蹉跎。世人皆被明日累,明日无穷老将至。晨昏滚滚水流东,今古悠悠日西坠。百年明日能几何?请君听我明日歌。"

上述三首诗写得通俗易懂,朗朗上口,并劝人珍惜时光,珍爱生命,掌握主动,多做贡献,极富积极的社会意义。

文嘉在鉴古方面的成就,集中体现在《钤山堂书画记》上。《钤山堂书画记》在古代书画著录中名声远播,影响巨大,原因主要有二:

一是它真实地记录了明代中期存世的许多重要的古代书画,记述其纸、墨、笔法特征,且对之一一加以评点。文嘉的文化艺术修养极高,眼光当然无可怀疑。《钤山堂书画记》所录入评点的书画名迹累累:书法有王献之的《鸭头丸帖》、索靖的《出师颂》、颜真卿的《朱巨川诰》《送刘太冲序》、孙过庭的《书谱》、怀素的《自叙帖》、苏轼的《前赤壁赋》、黄庭坚的《诸上座帖》《松风阁诗帖》《经伏波神祠诗卷》等;名画有展子虔的《游春图》、顾闳中的《韩熙载夜宴图》、张择端的《清明上河图》、李公麟的《西园雅集图》、王诜的《烟江叠嶂图》、马远的《孝经图》、马和之的《唐风图》、夏昶的

《巇谷清风图》等。

二是所录所评的这批书画并非是文嘉的家藏，而是文嘉于明嘉靖四十四年（1565）应地方官府所邀，参与清点遭官府籍没的高官严嵩所藏书画时做的笔记。这对于研究明代官僚阶层的书画收藏，是一份极具价值又有代表性的资料。严嵩官登一品，权倾朝野，是个大贪官。"钤山堂"并非文嘉的斋名，而是严嵩的斋名。

《钤山堂书画记》成书于隆庆二年（1568）。书中记录的每件书画均附有简要记述。通过此书，我们不仅可以了解严嵩父子收藏书画的情况，还可以从文嘉那些关于画史、收藏、题跋、品评方面的注语中了解书画作品的真实情况。比如有这样一条记载："欧阳询千文。楮纸楷书。每行间用刀微勒。盖古人藏书多置竹笥中，恐致折损字画，故预为之计，虑亦远矣。"文嘉不但指出这种做法由来已久，而且给出了原因。再如有关名画《清明上河图》的来龙去脉，文嘉亦阐述得一清二楚，足见他学识之渊博，考证、鉴别之认真。他指出，首告收藏《清明上河图》的是北宋宫廷。金灭宋后，该图并未入金朝皇宫，而是流传在民间。卷后最早的题跋是张著、张公药、郦权、王磵、张世积等留下的。他们缅怀故国，昔日繁华今成瓦砾，感慨系之，题诗以咏。但是此图为何人所有，他们在何处观看，谁都没有说明，以致今日难以查考。想当时金兵入城，一片混乱，有人趁火打劫，将宫中财宝藏匿、据为己有，是情理中的事情。《清明上河图》可能就是这样从皇宫中被偷盗出来，第一次流入民间的。

不难看出，《钤山堂书画记》极为珍贵，甚有价值。

文嘉生前结交了许多文人、艺术家。他们之间相互学习、切磋。文嘉还得到嘉兴大收藏家项元汴的指导与帮助。史书中记载，项元汴"善治产而富，喜蓄古籍，每遇宋刻，即邀文彭昆仲（指文彭、文嘉兄弟）鉴之"。万历五年（1577），文嘉在项元汴《冯承素摹兰亭帖》后的跋文云："子京好古博雅，精于鉴赏。嗜古人法书如嗜饮食。每得奇书不复论价，故东南名迹多归之。"文嘉在项氏收藏的许多书画作品上都有题跋、评点。文嘉在书画鉴定方面的成就远远超过其兄文彭。他所著录的《钤山堂书画记》一书完全可以证明这一点。今天，

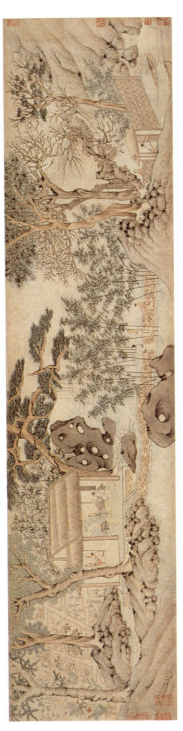

文嘉《药草山房图》卷

我们十分清楚地知道项元汴从文嘉手中购买过一些卷轴，比如唐代摹本《兰亭序》、元代赵雍的《沙苑图》等都是文嘉转卖给项元汴的。万历六年（1578），项元汴五十四岁生日之际，文嘉专门绘制了一幅《仿倪瓒山水图》送给项元汴。项元汴笔下的梅兰竹石画法明显受到文徵明、文嘉的影响。文嘉应该为他的绘画做过精心指导。

文嘉与好友们聚会、雅集，常常也会集体创作一些书画作品。当时出现的《药草山房图》卷就是一个很好的实例。该图为前图后诗，诗画合璧。这样一幅颇为独特的诗画合璧卷，深含艺术欣赏价值：第一，《药草山房图》卷从外观看，像是十五世纪横卷式诗画合璧的延续，但在制作方式上，回到了立轴式的诗画同在现场。在这幅画卷里，绘画不是雅集结束后附加上去的，而是在雅集的当时和诗画同时创作的，正如周天球在最后加赋的诗里所说"图咏一时偕"，是一种"实写"。在这样的作品里，绘画与文学是不分轩轾的。第二，《药草山房图》卷的诞生，也显示了画家在雅集场合与诗画合璧制作方面的地位有了提升。之前的合璧常常是诗词的雅集，图引是在最后作为诗词雅集的纪念品才出现。

而《药草山房图》卷绝不同。参与雅集的九位士绅中，至少有六位是画家。雅集开始于绘画，雅集上的联句赋诗也源自因画而起的灵感。第三，《药草山房图》卷这样的多人合作绘画与合作诗歌同聚一卷的作品才真正达到了诗画争胜，是雅集纪念物中第一次真正使诗画居于同等地位的合璧式创作。

文嘉还同苏州的"袁氏六俊"、张凤翼兄弟及王穉登等常来常往。在频繁的交往中，文嘉展现出了书画创作的才赋和在书画艺术评论方面的深厚功底。

文徵明在世时，在与这些人的交往中起着主导地位。文徵明去世后，文嘉取而代之，并将自己提升到更加卓越的位置。当时，吴门袁表、袁裘、袁褧、袁衮、袁袠、袁裳六兄弟不仅拥有财产，而且勤学博览。袁表的书屋"闻德桥"成为文人们聚会、作画之所。常来这里聚会的文人有文徵明、文彭、文嘉、蔡羽、王宠、彭年、杨季静、文伯仁等。嘉靖五年（1526），文伯仁创作《杨季静小像》（今藏于台北故宫博物院），而文嘉、袁表、袁褧均在画上题颂词。扇面《文徵明亲友题诗十首》上有文嘉、袁表、袁裘、袁褧、袁裳的书法。

文嘉《白云古寺图》

张凤翼有段时间卧病在床。文徵明即画《古柏图》，鼓励张凤翼振作起来。此画上有文嘉题诗。嘉靖三十四年（1555）人日，张献翼在家中举办了一次聚会。参加的人有文徵明、文嘉和陆治等。

嘉靖十六年（1537），文嘉从陈道复那里得知，有一本由杨妹子题字的十二开册页十分精彩。40年后，文嘉见此册页，写下了自己狂热、欣喜之情。写在文嘉之后的是张凤翼。张凤翼赞赏了册页内容的多样性，写道，见此画如亲睹吕梁龙门之水；接着指出，杨妹子的修养学识可以通过她高雅的书法气质表现出来，她的书法中缺少韩貌夫人（杨贵妃的姐姐）书法所具有的富有诱惑的魅力。文嘉的评论则注重谈论个人经历。又如对于周臣的《行乞图》，张凤翼与文嘉均有题跋。文嘉在简短总结了张凤翼的观点后，论述并同意唐寅对周臣这位天才画家非凡天赋的钦佩之言，断言这个画是真迹，且珍贵而有收藏价值。最后，文嘉强调这件意味深长的作品内涵的重要性已经超过了形态的逼真性。对作品真实性的确证也是文嘉评点的主题内容。

文嘉与王穉登的合作也很多。他们的关系随着王穉登的女儿嫁给文嘉之子文元善后，变得更加亲近。文嘉与王穉登曾共同评点文徵明的作品。隆庆六年（1572），文嘉对其父的《丹崖图》做了解释，王穉登则对该图的历史做了更深入的评论。对于文徵明的《湘君湘夫人图》，二人都称赞文徵明的优雅画风。文嘉通过陈述父亲创作这件作品时的年龄和作品所经历的时间，揭示了父亲的历史观念，王穉登则认为文徵明的天赋超过了以白描人物画闻名的仇英。王穉登也十分关注文嘉的创作。他在文嘉的《扬子江山水》上写道，文嘉已经意识到，对著名的、优美的风景地金山和焦山做出惊人的描绘。

文嘉与王穉登在郭熙《溪山秋霁图》和沈周的《山水诗画册》上都写了题跋。文嘉认为，郭熙的《溪山秋霁图》是真迹。接着，他提到作品的起源，指出最初的标注是由倪瓒写的，作品上盖有收藏人柯九思的印章。文嘉还评述郭熙和李成，评价他们在中国绘画史中的相对地位。

文嘉为项元汴跋唐摹《兰亭序》时说："唐摹《兰亭》，余见凡三本……其一藏吴中陈缉熙氏，当时已刻石传世。陈好钩摹，遂拓数本乱真，而又分散诸跋，为可惜耳……"足见文嘉知识之渊博。

沈周父子曾从越商手中购得钟繇的《荐季直表》，但对此作是否是钟繇真迹尚无定论。数十年后，文嘉在《钤山堂书画记》中对这件《荐季直表》的鉴定是"然非元常笔也"，态度十分明确。

文嘉对父亲的书画艺术也有许多公正、客观的评价。如他在《先君行略》中说到文徵明的学画方法时评点说："（公）性喜画，然不肯规规摹拟，遇古人妙迹，惟览观其意，而师心自诣，辄神会意解。至穷微造妙处，天真烂漫，不减古人。"这对我们正确认识文徵明是极有帮助的。

文嘉深厚的鉴赏本领也得益于他的见多识广。早在年轻时他已注重收藏。如今藏于台北故宫博物院的怀素绢本小草《千字文》卷上有"允明"朱文印。此卷即为文徵明家藏中的一本，为文嘉二十九岁时购得的。文嘉作长跋详述此卷的递传脉络，却完全未提祝允明。祝允明与文嘉交谊甚笃。若此卷曾为祝允明所收藏，文嘉不大可能只字不提。

文嘉的传世作品《松溪祝寿图》，绢本设色，是作于五十九岁的细笔山水。他创作该图十分精心，运用文氏风格中最典型的细笔设色技法。松树的勾斫笔势方秀、多棱角，工细中蕴含骨力，秀婉遒劲。柏树的勾斫较松疏，松柏树身藤萝缠绕。山峦和坡地的勾皴用简疏的披麻皴及细密点苔，也是取法于其父，较显放率。山石和树木敷染轻淡的石绿和赭石，色调清雅，风格近似其父小青绿山水。《松溪祝寿图》是一幅由文嘉绘图、六位著名书画家题诗的合璧之作，诗、书、画三艺并美，实为世上不可多得的罕见珍品。绘画风格高古深邃，意境超凡脱俗，颇耐人寻味。

今藏于北京故宫博物院的文嘉行书《七绝诗》轴，纸本，纵121.3厘米，横25.3厘米，诗云：

太湖石畔种芭蕉，色映轩窗碧雾摇。
瘦骨主人清似水，煮茶香透竹间桥。

文嘉《山水花卉图》册1

文嘉《山水花卉图》册2

山斋雨坐漫焚香，几净窗明竹树凉。

午睡起来无一事，自翻残墨写潇湘。

不到天平三十载，每于图画忆登临。

何时倚杖苍松侧，来看峰头万木林。

文嘉的传世作品还有《垂虹亭图》《寒林钟馗图》《江南春色图》《水亭觅句图》《设色山水图》《秋塘红藕图》《石湖小景图》《夏山高隐图》《琵琶行图》《溪山行旅图》《沧江渔笛图》《曲水园图》等。北京故宫博物院还收藏有文嘉亲手雕制的端砚一方。该砚石集石眼、焦叶白、青花、鱼脑、火捺、虫蛀皮于一身，极为难得。砚首部随形镌刻金鲤戏水深浮雕，虚实相间，形神俱佳。砚背面的刻款更是融诗、书、印、刻于一体，精彩完美。刻款内容："紫竹纤毫线扎成，如龙似虎伴书生。渴来玉砚池中饮，饱向花笺纸上行。"从这方端砚可以看出，文嘉运用诗歌、书法、绘画、雕刻的各种手法，将对文房四宝的深厚感情和文学艺术的深厚造诣熔铸在这方端溪佳石上，使得该砚具备了丰富的审美内涵，而文嘉多方面的艺术才华也由此得到了极生动难得的彰显。

第六章
文伯仁，为文派山水注入新活力

文伯仁肖像

文伯仁（1502—1575），字德承，号五峰山人，又号葆生、摄山老农，文徵明之侄。文伯仁秉质颖异，受家庭影响，遍览古文。年十五，补博士弟子员。文战屡蹶，退而耕于阳澄湖之上。后游太湖，旅杭州，晚居虎丘西麓。文法韩愈，诗法白居易，书法钟繇、王羲之，画法王蒙，笔力清劲，岩峦郁茂。传世著作有《栖霞寺志》《五峰山人集》等。

对于文伯仁的研究，美术史上极其缺失。在文彭、文嘉、文伯仁三人中，文伯仁在山水画方面独树一帜，是最突出的。他既继承了文门的优良传统，又兼收并蓄，形成了自己的独特画风，为许多艺术、收藏大家所赞赏。明代姜绍书在《无声诗史》中提到文伯仁，说他是"衡山之犹子也。画山水，名不在衡山下。少传家学，以巧思发之，横披大幅，颇负出蓝之誉"。

文伯仁交游广泛，早年与吴中文人交游密切。文伯仁后因仕途不顺曾到过北京与南京两地寻求功名，并以书画为媒介试图打开仕途之路，其间交游自然广泛。

嘉靖二十九年（1550）始，文伯仁去往北京，希望结交高官、大文豪王世贞。但从王世贞对文伯仁的评价"此君秽而好骂坐"来看,王世贞并不看好他的人品,因而有关文伯仁的描述很少出现于王世贞交游圈的文人诗文集中。在北京期间,文伯仁还结识了来自松江的文人何良俊。从文字记载看,二人关系甚密。何良俊在看过文伯仁用赵伯驹大设色笔法绘制的作品后,对文伯仁的绘画大加赞赏。

之后文伯仁来到南京,与南京文化圈中重要文人交往甚密,与以朱日藩为首的文人群体一起雅集结社,拓展了自己的交游圈。尽管文伯仁性格古怪,但是才华横溢,受到了人们的尊重,在画艺上得到了时人的肯定。

以后,史书上常能见到同时代或隔代文人对文伯仁绘画艺术的评价。如明代朱谋垔《画史会要》中对文伯仁的记载是:"山水笔力清劲,岩峦郁茂,擅名不在衡山之下。"明代王穉登在《吴郡丹青志》中评价文伯仁,说:"子嘉及犹子伯仁,并嗣其妙,嘉竹树扶疏,伯仁岩峦郁茂,若或未见其止,足当赤帜绘林。"清代徐沁在其所撰《明画录》中对文伯仁山水的评价是:"所作山水,笔力清劲,能传家法,而时发巧思,横批大幅,岩峦郁茂,不在衡山之下。"

以书画鉴赏而闻名的明末李日华的《味水轩笔记》中也有对文伯仁山水画风格的评价。万历三十七年(1609)十月三日,画商带着两幅山水画作品让李日华鉴定,两幅作品分别为文徵明的设色小景和文伯仁的《溪山飞雪图》。在鉴赏完之后李日华认为《溪山飞雪图》中有李成和王维绘画风格的体现。虽然《溪山飞雪图》今已不存,但是世人能在文伯仁的雪景图《初雪读书图》中看到王维的风格。李日华在鉴赏文伯仁的作品时,还将之与文徵明进行对比,说文伯仁画风不够成熟、略显青涩,将叔侄二人比作同样是叔侄关系的"大小阮",即竹林七贤中的阮籍和阮咸,对二人评价很高。李日华还在《味水轩笔记》中评论道,"文五峰小幅山水,皴法虽似黄鹤山樵,而树石布置全学唐人",指出文伯仁山水画中的皴法与王蒙的相似,但是树木、山石的布景方式则取法唐代画家。

文伯仁《四万山水图》

晚明嘉兴著名书画收藏书家汪砢玉在其撰写的《珊瑚网》中也有关于文伯仁多幅山水画作品的记载,其中包括《溪山仙馆图》《万壑松风图》《寄山图》等山水画作品。

文伯仁传世名作《四万山水图》包含四幅作品,依次命名为万竿烟雨、万壑松风、万顷晴波、万山飞雪,是根据春、夏、秋、冬四季的顺序进行排列的。董其昌在欣赏完《四万山水图》后,称赞这四幅立轴山水兼具诸家所长,面貌独特。董其昌评价第一幅描绘春天景色的《万竿烟雨》的题跋为"此图学董北苑尤见力量"。董其昌评价第二幅以描绘夏景为主的《万壑松风》的题跋为"此图仿倪云林,所谓士衡之文患于才多,盖力胜于倪,不能自割,已兼陆叔平之长技矣"。董其昌评价第三幅刻画秋景的《万顷晴波》的题跋为"此图学赵文敏有湖天空阔之势。吾家水村图正相类"。董其昌评价最后一幅摹写冬天雪景的《万山飞雪》的题跋是"此图学王右辖,亦不失作黄鹤山樵"。这四处题跋表明，文伯仁有意学习董源、倪瓒、赵孟頫、陆治、王维、王蒙等人的作画风格，以融合各家之长。

透过董其昌的题跋可以得知，文伯仁在创作山水画时，能将所学各家技法充分呈现于画作之中，既能得其精髓，又能独创新意。

文伯仁的扇面画《青溪放棹图》描绘了一幅山间美景。在群山环抱之中，有一两个人闲适地泛舟于平静的溪流上。连绵的青山浮现在层层云雾之间。两岸缓坡平缓延展，浸在水中，营造出蜿蜒曲折的水岸。溪水顺势流淌进入云山深处。文伯仁此图中用大面积厚重的云烟横贯画面，使远景与中景之间被烟雾覆盖，只露出两座高耸大山的山顶。云雾线条下笔柔和，再加以线条的粗细变化，塑造出云雾的体积感。此图与米芾《云山图》风格极其相似，极具米家山水之神韵。与米芾笔法不同的是，文伯仁的用笔较为细致，把米家山水风格中饱满的树木叶片转变为姿态丰富的修长形态。

纵观这一时期的文派山水，能传家法，又自成一家的主要是文彭、文嘉与文伯仁，而文伯仁是三人中的佼佼者。

文伯仁善于学习古人，画艺精湛，画技全面。他存世的作品中主要包括人物画和山水画，人物画较少见，以山水画闻名。其山水画作品受到文徵明和元代大家王蒙画风的影响，但文伯仁的山水画作品比文徵明的山水画作品多了几分个人意趣和世俗气息，少了王蒙作品中陡峭山峰的高不可攀。文徵明画风的影响体现在文伯仁的早期作品中。文伯仁在他的晚期作品中将王蒙的画风融入自身创作，打造出属于自己的独特的风貌。文伯仁的山水画大体可以分为三类：第一类是带有浓郁文人画气息的水墨及小青绿山水；第二类是精工细密的繁笔山水；第三类是师法赵伯驹等的重彩青绿山水。

第一类作品主要受文徵明画风影响，上探唐五代之古意，平实之中意蕴高古。如《泛太湖图》，画面清疏至极，富有抒情意味，描绘文人墨客在太湖泛舟之景，采用平远法构图。画中水面辽阔，将太湖的浩渺表露无遗，画面雅洁，意境清幽旷远。设色清淡雅致，笔墨秀润细腻，为文派山水的典型风貌，与文徵明《石湖清胜图》中的淡雅意趣相似。文伯仁在家族文学氛围的熏陶下，文学根基深厚，在绘

停云馆头谡谡风——文徵明的子孙及追随者

066

文伯仁《员峤书屋图》轴

画上多表现文人雅集和交游的场面,具有浓厚的文人意趣。

第二类作品是在文派山水的基础上,融入元代王蒙笔意,画风郁茂。文伯仁早年山水画作品中表现出了文氏画风,但文伯仁不甘于固守家风。在明代吴门画派崇尚元代文人画隐逸之风的影响下,文伯仁也取法"元四家",在画风上更多偏向于"元四家"之一的王蒙,画风缜密,给人密而不实之感,深得王蒙之真髓。如在文伯仁的《深山古寺图》中繁复的山体结构仍来源于文氏风格,但是在构图和笔墨上更倾向于文徵明所模仿的源头,即王蒙的笔墨和构图形式。作品采用了文伯仁一贯的繁复形式,不断堆叠山石、树木等造型元素,直到填满整合成精细复杂的整体,而此种画法源自文徵明。与此同时,画

文伯仁《春溪捕鱼图》

作具有鲜明的王蒙笔墨特色，用笔工致细密，笔力清劲。高大的松树相互掩映，相互重叠的松针根根见笔。山石运用牛毛皴和卷云皴反复皴擦，山体与山麓用短促的披麻皴塑造出脉络，令繁茂之景跃然纸上。

第三类作品师法"三赵"，即赵令穰、赵伯驹和赵孟𫖯，尤其是赵伯驹的重彩青绿山水。这类作品用笔工致细腻，灵动多变，设色浓艳又不失色调的统一性。细密的点染皴擦衬于色块之下，工整中见放逸。如文伯仁的《山水四屏》，整幅画作勾画细致，设色艳丽，布局严谨。树木虽然布局繁复，但是通过色彩的衬托显得明快清朗。树木兼用勾勒、渲染、夹叶、点缀法，工致精确又不显刻板。设色以石青、石绿为主的山川蔚然深秀，搭配朱、赭、白等色，色调明快和谐，突出了文人画的静雅。

文伯仁的绘画可谓博采众长，并不只受王蒙及文徵明影响，而是融合了诸家风格。将文伯仁的作品与同为文氏后裔的文彭、文嘉的作品进行对比，可以更加直观地看出文伯仁山水画的独特面貌。文彭与文嘉都擅长山水画创作，但文伯仁与文彭、文嘉二人师法的是不同的元代画家，促使三人的画作诠释出截然不同的文派山水面貌。文彭借鉴了吴镇的苍郁画风，笔下山水厚重纯朴，苍茫沉郁。文嘉师法倪瓒，山石多披麻皴，树木扶疏，下笔简率，意境平淡天真，形成了疏秀的画风。文伯仁师法王蒙，笔墨细密，用细劲线条勾画出山水的俊俏多姿，且皴法多变，用笔清劲，画面布局繁复，景物繁密，突出山川的岩峦郁茂之境，多表现山林的静谧幽致。

文伯仁取法宋元大家，追求文氏画风神韵的更高层次，创造出属于自己的笔墨细密清劲的郁茂画风。在细密中下笔落墨，以清劲笔法巧妙地塑造画面，于雅淡之中展现出文派家法与王蒙笔墨语言的有机结合。文伯仁的这种绘画风格，为当时比较单一的吴门画派画风注入了新的活力，为吴门后继者开辟了新的道路。文伯仁的山水画作在晚明绘画市场中有着不容小觑的地位。文伯仁的这种创新和发展，促进了吴门画风的拓展和吴门画派的不断延续。

文伯仁于隆庆六年（1572）创作的《金陵十八景》图册，无论在景点数目、画工精湛程度上，还是在作品的影响力上，都属上乘。《金陵十八景》每开图绘一景，依次为三山、草堂、雨花台、牛首山、长干里、白鹭洲、青溪、燕子矶、莫愁湖、摄山、凤凰台、新亭、石头城、太平堤、桃叶渡、白门、方山、新林浦，浓缩了金陵风光的精华。图册主要采用"三远法"构图布景，勾、勒、皴、擦等技法细密精致，又体现出个人的天真率性。除水墨表现外，《金陵十八景》多施以浅绛、石青、花青、花绿等色彩敷染、点厾。所作构图疏密开合，繁简有致，笔法遒劲清脱，墨色幽秀淡雅，意境清新隽永，富有小中见大之势。据《石渠宝笈续编》载，《金陵十八景》图册由文伯仁绘制于"宣德笺本"上，原先流传于民间，入清后归藏北京皇宫淳化轩，清亡后再度流传至民间，现藏于上海博物馆。当年乾隆皇帝非常喜爱此图册，不止一次留下御题，并为每开册页题诗。该册页原先钤有"淳化轩""淳化轩图书珍秘宝"等七枚赏藏印鉴。引首"烟云陈迹"为乾隆皇帝亲笔，足见其钟爱程度。文伯仁的《金陵十八景》图册为人们了解南京昔日的自然胜景和人文景致提供了形象鲜活的图画记忆。

文伯仁《泛太湖图》轴，纸本，设色，纵60.5厘米，横41.6厘米，作于隆庆三年（1569）。画面描绘了从胥口泛舟太湖所见风景。构图采用平远法。此幅画中平远的构图真实自然，侧重表现辽阔的水面，与文徵明经常使用的堆叠塞实的布局有所不同，突显了太湖的浩渺。此种构图方式极好地突出了主题，展现出清旷幽远的意境。该图轴设色淡雅，为文派绘画的典型风格。在笔墨表现方面，文伯仁以文徵明的细笔画为基底，上追王蒙。山石用干笔勾画、皴染，细劲周密，有很强的个人风格特点。

《南溪草堂图》卷，纸本，设色，纵34.8厘米，横713.5厘米，作于隆庆己巳年冬。在明代吴门地区的绘画中，以名人的室名、别号为题材或描写文人、官宦所居庄园、别墅景观的作品为数众多，而此图属于后一种。根据卷后王穉登所撰《重建南溪草堂记》，此图描绘的是江南望族顾氏的庄园"南溪草堂"重修后的景致。图中水道蜿蜒纵横，竹林、丛树、渔舟、小桥、草堂、庙宇等散布杂错，建筑与

文伯仁《松风高士图》

自然景物融为一体，自然和谐。图中虽有农田、药圃，但无农人艰辛劳作之状，表现的是江南文人泛舟读书的优雅闲适生活。图中庄园较之文雅精致的江南园林，另有一种田园野趣，别具一格。全画构图密而不乱，平坡、土石以干笔勾勒、皴染，树冠、枝叶多以极富变化的墨点画成，点染兼用，间或出以双勾，富于层次感。全图笔墨清劲简洁，风格柔和明秀，代表了文伯仁晚年的典型艺术风貌。

今藏于台北故宫博物院的文伯仁《杨季静小像》，是文伯仁存世最早的纪年画作，作于嘉靖五年（1526），也是文伯仁唯一的一张人物画。画中的主人翁杨季静是苏州有名的琴师，与文徵明等人友善。《杨季静小像》现虽裱为手卷，但原本应为一幅小立轴。

文伯仁《樵谷图》，纸本，设色，纵79.2厘米，横46.6厘米，描绘的是意境清远的山水景色。画面上古松葱郁，枝干遒劲，生意盎然。溪水蜿蜒从山中而出。溪边有一院落茅舍，后山头草木回春，烟气苍茫。整幅作品富有山村生活气息。墨笔细润、松秀，构图自然，毫无矫造而得野趣。

　　文伯仁《秋山游览图》，纸本，设色，纵29.7厘米，横280.3厘米。此图为长卷。青山高耸，俯临秋水。草木茂密，掩映楼阁。中景柳林婆娑，有一木桥似可望远。远处群峦起伏，云雾迷蒙。有归帆两艘遥遥驶来，似欲傍岸。桥上水畔游人闲行，颇得清秋游山观水之乐。

　　文伯仁《溪仙馆图》，纸本，设色，纵71厘米，横39厘米。从文伯仁的《溪仙馆图》可以看出，他确实已经参透王蒙画法，但又具新意。图中道路两旁斜坡夹峙，成行的树木泛青，山峦高耸，反映出了行客登程跋行的情景。文伯仁在这幅画中着意渲染金陵城仲春二月宜人的春色。此图为文伯仁晚年佳作，绘溪山胜景。图中峰峦重叠，溪水澈流，树木郁茂，山路曲折，馆舍隐露，木桥上人物停步顾应，意态悠然。此图笔墨工细精致，清劲流畅，绵密高雅；设色清淡，工丽拙雅，不脱文派风貌。

第七章
能诗擅文的文元肇

文徵明的孙儿辈也很好地弘扬了文徵明的艺术之风,这主要依靠文徵明及其儿辈们手把手的携扶,以及周围许多著名艺术家们影响。他们中的代表人物有文元肇、文元发、文元善、文元方等。

像文彭之长子文元肇,在书画艺术不断有所长进的基础上,喜好钻研学问,尤好研究史志,终于成为名响四方的史志家,也是文氏家族中的第一位史志家。

文元肇(1519—1587),初名元肇,后名肇祉,字基圣,号雁峰。文元肇继承家风,能诗善文,兼工书法,尤善草隶。《御定佩文斋书画谱》称其"诗文草隶,仿佛国博公。"

文元肇出身文氏世家,从小接受祖父文徵明、父亲文彭的艺术教育,耳濡目染,于舞勺之年便能"占对奇绝",因此亲人们自然对他钟爱有加,常携他参与文人雅集。文元肇受氛围熏陶,又能自我修行,进步自然不小。家族长辈们对他的影响,不仅体现在家族艺术之风的继承上,也渗透进他的思想。王穉登为文元肇所作《文录事诗序》中说文元肇"神情萧散,外温为朗"。文元肇继承了祖父"和而介"、温柔敦厚的秉性。官上林苑录事这一闲职时,虽事杂言薄,却依然坦然接受。当有王公贵戚欲迁其官时,文元肇则直言拒绝。

文元肇好隐透、爱田园的生活情趣,也是文氏家族的一贯风格。而这一主题,在他的诗文中有一再表述。文元肇的一生几乎都在家居游冶中度过,即便在任上林苑录事的两年间,亦过着静谧闲适的田园生活。这与他职闲,官舍又远离都市有关。辞官归家后,文元肇更是倾心于山林之间。如果之前曾对入仕充满渴望,无法专注于山林田野,那么辞官归家后的文元肇从心理上彻底地放松了,真正地弄情于山林田野。煮茶弄酒、奇文共赏、论道交游是他的生活常态,其心也终在归老于田园后得到了真正的释怀。

其父文彭十分喜爱文元肇,即便在文元肇赴试期间,也写信勉励文元肇。后世藏家所藏七通书信均是文彭写给文元肇的。在信中,文彭不仅教导儿子如何处理人事关系,还谈及家中近来所发生的事情。

与祖父一样,文元肇是个具有报国雄心之人,希望自己可以蟾宫折桂,金榜题名。正因如此,文元肇才一次次奔向科举之场。文元肇共十试有司,蹉跎场屋三十余年,均未获一第。文元肇怕辱没家声,辜负了长辈们对自己的期望。"三百年来忠孝在,慎言毋溃旧家声。"祖父教导的言语,他始终牢记心头,并将这一传统传递给自己的子孙。当其子文从龙会试礼部时,文元肇这样叮嘱道:"家声好继书香在,形色须知道路难。圣主好文方尚少,万言拟合上金銮。"

屡试不第,文元肇模仿同样不第的唐人的四怨三愁五情诗,愁得是"东风未到发已雪",暗指自己有才难抒,急待伯乐。万历十二年(1584),文元肇谒选春官,得授上林苑录事之职。此时,文元肇已年岁渐老,发白齿衰。而上林苑录事为闲职,事杂而碎,文元肇就职近两年便有归意。文元肇一生平淡,仕途不达,却较好地继承了文家文学艺术之风,也取得了好名声,享誉公卿之间。

文元肇好交游。与之关系比较密切的有罗洪先、胡汝嘉、张凤翼、姚元白、杜与言、黄子旋、王师等人。

罗洪先(1504—1564),字达夫,号念庵,江西吉水人,嘉靖八年(1529)进士第一名,被授予翰林院修撰,迁左春房赞善。后罢归,著书以终。文元肇对其人品、艺品很是推崇。

张凤翼、张献翼、张燕翼兄弟与文家是世交,与文徵明、文彭、文嘉常来常往。他们与文元肇为同辈。张凤翼与文元肇过往最密。文元肇为张凤翼所作诗篇有《张伯起畜鸳鸯数十于池客来呼之即至》《立秋逢七夕和张伯起韵》《张伯起同王玄静吴恭先携榼过塔影园》

《伯起有诗次韵》等，足见两人情谊之深厚。文元肇与张家另两位兄弟也常有往来。《江上怀张幼于》是文元肇所作的怀念友人张献翼（字幼于）的诗。再如《秋宵月下怀张叔诒》是文元肇秋夜怀念张燕翼（字叔诒）的诗。诗中文元肇称张燕翼为故人。

文元肇与姚元白也多往来，他写《姚元白官舍侍家君夜集因写小图纪兴》《姚元白市隐园借榻》诗，记同姚元白相聚的快乐情谊。姚元白亦有和诗，在诗中称文元肇为上客。

申时行（1535—1614）字汝默，号瑶泉。嘉靖四十一年（1562）壬戌科状元。文元肇在诗中都尊称其为"申政府"。两人关系甚好，又有同乡之谊。两人有诗文酬赠。如在《申相公过访》诗中，文元肇说自己志坚却难一展，深感惭愧，申时行亦有和诗，劝文元肇"射策公孙休恨晚，平津犹及拜恩年"。文元肇辞官归乡时，申时行有诗相赠，送别友人，文元肇亦有诗回赠。文元肇归老于吴中后，对申时行充满怀念。《寄申相公》诗中"知己平生独有公"句表现出两人情感非同寻常。

文元肇还与一些长辈交好。如对王宠，文元肇有诗《侍大夫过王二丈履吉越溪庄》；对陈道复，文元肇有诗《过陈丈白阳田舍留集浩歌亭》；对彭年，文元肇有诗《过孔嘉丈蕉露馆》；对黎民表，文元肇有诗《岭南黎惟敬寄书至》；对周天球，文元肇有诗《过周公瑕支硎山房》；对顾鼎臣，文元肇有诗《集顾文康公园亭》。

与文元肇有交往的还有王穉登、汪子声、吴国伦、杨成、钱青子、王子木、薛用传、施安卿、陈子白、王玄静等人。

文元肇工诗能文，博览群书，才高八斗，特喜史志类书，尤擅史志编纂，有《文录事诗集》传世。另据《文氏族谱续集》记载，文元肇还有《虎丘山志》，但只见书名，不见其书。文元肇在辞官归故里后，辑录文洪、文林、文森、文徵明、文彭、文嘉、其弟文元发及自己之诗集为《文氏家藏诗集》。

用文元肇自己的话说，其诗只是托物寄兴而已。就内容而言，其诗大致有以下四类：

● 即景诗

文元肇诗中多摹景，且多写春景，似乎对春天有着特殊的喜爱。笔下的春天总是欣欣向荣、其乐融融，《春》《玉河春色》《绿牡丹》等诗便是代表作。秋天在文元肇笔下，不是萧瑟的，亦没有悲愁，而是无比幽静和闲适，《林堂独坐》便是代表作。夏天带给文元肇的多是伤感愁绪。《新夏》诗中"刚思无计留春住"句点明了在夏天感伤的缘由。而寒冷的冬天加重了文元肇的愁绪，雨雪飘飞的冬夜，引起了文元肇的孤寂感。

● 仕宦诗

文元肇十次赴应天府乡试均不第。万历十二年（1584），文元肇以诸生获选上林苑录事。上林苑录事乃闲职。文元肇虽入仕，但觉此与理想中得官展抱负相差甚远，故做官不久便时时想归。文元肇一再作诗对衰年通仕籍表示愧疚，如《上林斋宿》《秋日早朝值传罗有感》等就表达了此意。文元肇还作古体诗，来歌颂国初的升平及君王的伟绩。这些诗都取自乐府旧题，从句式到意旨都承袭乐府传统。

● 羁旅诗

文元肇一生的大部分时间是在家居中度过的，在外游历的时间并不多。离家时间虽不长，但每次离家他都会用诗歌来抒发自己的离情别绪。"不为琵琶泣，青衫泪自流"句，借用白居易《琵琶行》来抒发仕途不顺的抑郁悲戚之情。《泊枫桥用大父韵》则表达了搏功名而远离家乡的依依情怀。他的羁旅诗，大多是在十赴应天府乡试途中所作。

● 酬赠诗

酬赠诗是文元肇与友人之间的诗篇酬答、次韵唱和之作。《和杜子庸春雪诗》《刘锦衣宅与莫廷韩梅容生李世延得还字》等就是这一类诗。在唱和中，文元肇往往寄寓自己的感慨，其感慨或是"空怀鸿鹄志千里，暂假鹪鹩栖一枝"，或是"何时觅取归舟去，笠泽溪头理韵丝"。也有一部分送别友人之作，表达对友人的深深怀念，如《汪学士子声丈过访话别》，借用李白和汪伦之间的深情厚谊来比拟自己与友人的感情。也有对友人美好前程给予祝福之作，如《送虞部杨汝大奉召南征也》等。

文徵明十分欣赏张继的《枫桥夜泊》诗，曾书写过这首诗的条幅，可见文徵明与寒山寺很有缘。他的长孙文元肇与寒山寺也有善缘，曾写过一首吟别诗《泊枫桥用大父韵》：

辞亲远别动离情，满幅风帆带雨行。
水长关河无阻道，春深柳陌尚闻莺。
轻抛故国三千里，细数遐征第一程。
此夜维舟不成寐，寒山依旧起钟声。

江南最美的春景离不开春风、春雨、绿水、弱柳、啼莺。即将离别家乡苏州的文元肇对这样迷人的景色无限留恋。文元肇的这首七律

文元肇行书致世闻书札一通

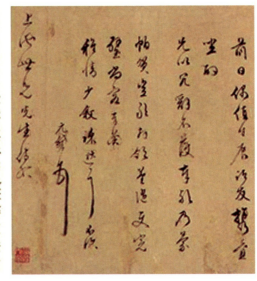

诗，让久居苏州的人们感到特别亲切，入情入理。

文元肇传世作品记载较少。市面上曾出现过朱朗的《春燕图》。图画左侧有文元肇题诗一首，诗云：

> 江南新燕尽乌衣，独尔翩然空雪归。
> 不厌同群将祉至，旨奇霜羽傍人飞。
> 受风斜处霓裳舞，带月来时玉剪辉。
> 莫向雕架频尖舌，方言二路有珠玑。

诗写得清丽俊雅，卓有其父风。

文元肇书法得晋人遗风，每悬笔以中锋取胜，惜真迹传世甚稀。近些年，市面上出现了文元肇行书书札一通，极为珍贵。

第八章
拥高士之风的文元发

文元发（1529—1602），字子悱，号湘南，晚岁更号清凉居士。文元发为文彭次子，文徵明仲孙，文震孟之父。他自小用功读书，终于步入仕途，为隆庆二年贡士，由贡生官浦江知县，多异政，迁卫辉府同知，不就而归。回到家乡苏州后，文元发治一室名为"学圃斋"，徜徉吟啸，并建衡山草堂，以诗书自乐，有高士之风，谥号端靖先生。

文元发真性至孝。母钱氏多病，而其父文彭不事生产。文元发年五岁即知求祖母煮粥以供其母。母殁，文元发则守其陵，三日夜不离左右。母殁后，文元发孤苦伶仃，失学若干年，年十五，方从当时大儒鲁子大习春秋章句。未几，其父文彭、叔文嘉宦游他乡。文元发遂代父承欢祖父文徵明膝下，侍其饮食起居。每有宾客临门，文徵明均嘱文元发接待。同时，文元发侍其兄文元肇若父，侍其嫂若母。文元肇、文元发兄弟都致仕归吴中后，更是日相往来，朝夕相对，徜徉于山壑之间。

文元发仕途不畅，于弱冠之年入学，屡试不第。隆庆二年（1568），因新帝初上，诏选贡士，不论资历，经郡守蔡臣也推荐，文元发得恩贡，终于万历五年（1577）谒选浙江浦江知县。其在任时有贤声。《浦江县志》有载："听断数语尽得其情，凡上官疑难之牍，必以委焉。有所条议，颁布各郡邑，邻民俱受其赐，六房吏弊洗刷无遗。"但文元发性耿直，不能与时俯仰，故辞官归老。

晚年居家的文元发葺旧居，筑小楼，日课童子，间以诗自娱。不轻易与人交接，不能容人之过，又不与富人相往来。平生最轻浮夸狂妄、轻诺寡信之辈。当然，文元发亦结交三两好友，数日一会，结社论文，颇为融洽。申时行便是其中一位。

文元发能诗亦善文。其为诗不求甚工，聊以自慰而已。据《文氏族谱续集》载，文元发有《兰雪斋诗集》《清凉居士集》《文奉议集》以及《学圃斋随笔》及续笔。

钱榖所绘《秦淮冶游图》册上有文元发等人题跋，其中文元发在《雨花台行》中，由衷地道出了该图册所记众人煦游雅集的情形：金陵文士袁郎、文元发数人在农历三月三日那天，携同董新英等秦淮青楼歌姬，赴南郊胜地雨花台一带踏青徜徉。文元发提及的金陵歌姬董新英享有"乐部初傅第一人"赞誉，相貌才气名冠一时。保定市古莲花池北碑廊偏西处有个巨砚轩，轩内北壁所嵌即《客座私祝》碑。《客座私祝》墨迹是明代教育家王守仁的手笔。王守仁写《客座私祝》，意在嘱外来讲学者以正道教训子弟，勿以劣行诱惑，不要成为"远良士而近凶人"的"逆子"。《客座私祝》几经更转，传到福州陈氏手中。陈氏以之为宝，特意请求以文才闻名的文元发题写跋语。文元发欣然为之。此跋是欣赏文元发书法及文才的好材料。

近些年，市面上曾出现文元发、张凤翼等题跋的赵文敏书札卷。钤印：文印元发、子悱、张伯起、张凤翼、登青羊君。此卷为万历十三年（1585）手写本。可惜原卷惨遭割裂，赵文敏书札下落不明，而尾部文元发、张凤翼、王穉登三跋独存，弥足珍贵。

钱穀《秦淮冶游图》册

第九章
文元善，书品第一，诗品第二

文元善（1554—1589），字子长，号虎丘。文元善为文嘉之子，文徵明之孙，自小聪颖绝顶，深受父辈影响。能诗，擅书画，擅画龙，其山水木石多异品，尤善博物鉴古。他曾修《停云馆帖》，于古今经典书法传播颇有裨益，著作有《虎丘诗存》。其岳父王穉登为他写墓志铭，称其"书品第一，诗品第二"。《文氏族谱续集》等上均有其简要记载。

文元善像

文元善坦率好施，又极其孝顺长辈，曾为其父母筑"归来室"以娱亲。他的书画风格直逼其父文嘉。《停云馆帖》是嘉靖十六年（1537）至三十九年（1560），由文徵明集晋、唐、宋、元及当时的名人与文人自书，其子文彭、文嘉摹勒，温恕、章简甫镌刻而成的。初刻仅4卷，后增至10卷、12卷。在此基础上，文元善对《停云馆帖》进行修正完善，特别是剔除其中伪帖，花费了不少工夫。故而，经文氏数代人整理，《停云馆帖》走向完美，伪帖极少，又经名手摹刻，无不纤微克肖。文元善的传世作品有《墨龙图》等。

停云馆头谡谡风——文徵明的子孙及追随者

文元善《墨龙图》

文元善传世的各类作品甚少。《嵩龄拱祝图》为绢本，立轴。钤印一：元善。鉴藏宝玺：嘉庆御览之宝、宣统御览之宝。

北京故宫博物院专家张淑芬曾鉴定过一方完美无缺、镌刻着"大明万历十二年秋文元善志"的端石长方砚。长40厘米、宽29.4厘米、厚7.5厘米的砚面上雕刻着明月东升、月下双龙戏珠纹饰。此砚以明月为砚堂。砚堂右侧以坚劲有力的浮雕手法雕刻着佛教七大罗汉及海水佛事通景，手法娴熟圆润。砚侧四周以浅浮雕与阴线刀法雕刻海水及水族动物嬉水通景，雕工精巧细腻，画面人与

尤求《春夜宴桃李园图》

物的神韵栩栩如生。砚面四周均刻以卷草纹为饰线，且每条刻线粗细不足一毫米。砚的背面凸雕着巨龙戏水。游龙四周的海浪之间以浅浮雕手法雕刻着八仙法器，画面极其生动。张淑芬认为，像这样出神入化、精妙绝伦的作品，应系顶级大师所为。据张淑芬考证，该端砚是文元善生前所用的墨砚。此砚具有极高的审美、艺术和科研价值。

尤求《春夜宴桃李园图》上有文元善题识《春夜宴桃李园序》，云："夫天地者，万物之逆旅。光阴者，百代之过客。而浮生若梦，为欢几何？古人秉烛夜游，良有以也。况阳春召我以烟景，大块假我以文章。会桃李之芳园，序天伦之乐事。群季俊秀，皆为惠连。吾人咏歌，独惭康乐。幽赏未已，高谈转清……戊子三月十又九日。同里子长文元善题。"如此从容漫长之题识足可见文元善神融笔畅之书法了。

第十章

文震孟，文家第一位状元郎

文震孟（1574—1636），字文起，号湘南，别号湛持，文徵明之曾孙，文元发之长子。其自小熟读古籍名典，才学非凡。天启二年（1622）登进士，时年已四十九岁。获殿试第一（状元），被授予修撰。传世著作有《姑苏名贤小记》、奏疏等。

值得一提的是，文震孟四十九岁中状元，竟成为轰动全国上下的一件大事。这是自明朝洪武开科以来，从未有过的事。究其原因：其一，文震孟中状元的时机好。在古代人眼里，出状元是太平盛世的表示。文震孟是明熹宗改元"天启"后第一个状元。皇帝对此科考特别重视。当时的人们迫切期望出现太平盛世，所以文震孟中状元可谓是"应期名世"。其二，文震孟的家族威望高。文氏家族自文洪始在苏州建家，弃武从文，成为苏州享有盛名的书香门第。文震孟的曾祖文徵明为吴门画派领袖人物，祖父文彭是吴派篆刻之"鼻祖"，父亲文元发具高士之风，著作等身，政绩也突出。正如徐枋所云："文氏最盛于吴，称天下之甲族。"其三，文震孟少好学，擅长诗文。他在《春秋》的研习上下过一番功夫，精于此书。他年纪轻轻，便以文才、品行闻名海内。

文震孟肖像

万历二十二年（1594），文震孟考中乡试，但在来年品会试中，文震孟落第了。这对少年时便负盛名的文震孟的打击十分巨大，但他并不气馁，他一次次地上京城赶考，到万历四十七年（1619），他已9次涉足礼部贡院考场，但都榜上无名。天启二年（1622），文震孟第十次参加礼部会试。三场考试下来，文震孟榜上有名。十进礼部贡院考场，历时27年，文震孟终于成了一名贡士。新科贡士参加殿试，朝廷概不黜落，仅确定名次先后。文震孟一举夺魁。

文震孟中状元后按惯例入翰林院修撰，掌修国史。然而，当时魏忠贤把持朝政，挟势弄权，为所欲为。

文震孟因得罪权臣被贬出京后，便径直回了长洲老家，闭门谢客，打算终老在家。文震孟在家度过了平静的几年。天启六年（1626）冬，因受"阉党"牵连，文震孟被夺宦籍，贬为平民。

天启七年（1627）八月二十二日，熹宗结束了他短暂的一生。崇祯皇帝继位后试图挽狂澜于既倒，所做的第一件大事，便是铲除"阉党"。

崇祯五年（1632），崇祯皇帝任命文震孟为东宫右春坊长官右庶子。文震孟不得不从命。

崇祯皇帝觉得文震孟是个人才，遂未经考选，特擢文震孟为礼部左侍郎兼东阁大学士，入阁参与机务。文震孟两次上疏辞谢，然崇祯皇帝不允。文震孟成了一位内阁大臣。

崇祯八年（1635），文震孟遭奸人算计，从此结束了他的仕途生涯。

文震孟为人刚直清正，疾恶如仇，敢于弹劾，直言无忌，也因此得罪了权臣，两次被迫引退，一次被革职。文震孟被革职后，回到老家长洲。半年后，外甥姚希孟病死。文震孟与姚希孟的感情极深，二人曾在一块读书，后又同殿为臣。姚希孟死后，文震孟悲痛万分，竟病倒了，最后不治而亡。

在文氏家族中，文徵明以人品、才艺名动当时，文震孟则以德行气节名噪一时。

在文氏后代中，文震孟首先是一位出类拔萃的政治家。据载，他生来相貌奇伟,目光慑人。文震孟身居高官,忠心耿耿,刚方贞介,被推为"东林党"领袖,史称"有古大臣风"。文震孟品行端庄,疾恶如仇,没有半点虚伪,没有丝毫圆滑。在古人心目中只有真正的大臣才能具备的优秀品质,文震孟竟然集于一身,实在是难得。

文震孟从小懂事。7岁时丧母,他哀痛哭泣感动旁人,被称为"孝童"。后来父亲去世时,他更是悲痛欲绝。

文震孟聪明颖异,8岁就会写文章。他博通经史,尤长《春秋》。传世著作有《姑苏名贤小记》等。文震孟擅写文章,他写的《邢布衣传》描述了布衣邢量淡泊自如的生活和孤傲不群的个性,还描写了邢量的学生朱存理和孙子邢参深受邢量风范影响的情况,更衬托出邢量不同寻常之处,表达了对"幽人隐士"的情操由衷的赞许。其《洞庭游记序》是一篇绝佳的游记性散文,短小精悍,言简意赅,文字优美,让人百读不厌。

文震孟又是一位造园艺术家。他在苏州的故居——一座藏身深巷的精巧园林,就是艺圃。2000年,艺圃被列入《世界文化遗产名录》,成为苏州园林的典范之一。

艺圃门口像

艺圃最初为明代学宪袁祖庚所建，名为"醉颖堂"。

万历末年，文震孟居醉颖堂，建了世纶堂、青瑶屿等，在宅园中写诗、作画、栽种药草，并将园名改为"药圃"。文震孟屡试不中，很需要一个疗养身心的地方，所以把宅第取名为"药圃"。古语中"药"有香草之意。他是用香草来喻示品性高洁。

自明代初建后，这处宅园历经数百年的风霜，几经兴废。文震孟所建造的住宅前厅世纶堂，如今是三开间建筑，硬山式，哺鸡梁，主梁由轩梁、月梁组成，线条流畅简洁。堂内两根立柱与大梁的交接处装饰有两对花板，雕刻着花开富贵的图案。因为这几块花板的形状像古代的乌纱帽，所以有这种装饰的厅堂也被叫作纱帽厅。堂内陈设多用明式家具，呈现古拙淡雅的风貌。世纶堂南面有18扇落地长窗，窗外有廊与小天井相隔。世纶堂北面则用16扇白漆屏门来分隔空间。

文震孟曾在苏州的这处宅园里读书、写字、作画、会友等。今天，艺圃这样的古典园林已成为我们了解、亲近传统文化的一个窗口、一方天地。

文震孟书法成就以行书为最大。他对书法的布局、结构、用笔有着独到的体会，要求"稳不俗、险不怪、老不枯、润不肥"，即强调在统一中力求变化，在变化中达到统一，把裹与藏、肥与瘦、疏与密、简与繁等对立因素融合起来，也就是"骨筋、皮肉、脂泽、风神俱全，犹如一佳士也"。文震孟所书小行楷俊朗秀拔，倒有几分董其昌书法的清隽。

第十一章
大明工匠文震亨

文震亨(1585—1645),字启美,号木鸡生,文徵明之曾孙,文元发之三子,文震孟之弟。文震亨早年用功读书,为天启五年(1625)贡生,官武英殿中书舍人,给事武英殿。工诗,风姿韵秀;擅长书法、绘画,皆有家风。明亡后,文震亨忧愤发病,先投河自尽未遂,后绝粒而亡。其著作甚多,有《香草诗选》《岱宗琐录》《金门稿》《一叶集》《长物志》《土室集》《陶诗注》

文震亨肖像

《琴谱》《前车野语》等。其中《长物志》最具价值,影响深远。《明史》《列朝诗集小传》《文氏族谱续集》《苏州府志》等中均有文震亨小传。

文震亨聪颖过人,广读博览,自幼诗文书画都能得其家传,令他"翰墨风流,奔走天下"。他少为诸生,但屡屡受挫,便放弃了科举。天启元年(1621)以诸生卒业于南雍(即南京国子监)。此后,他便寄居于白下地区(今南京市),到处搜选歌伎且与丝竹相伴,每日游山玩水,好不自得。

文震亨的书法与琴艺都很精到,且名震皇宫。崇祯皇帝制颂琴两千张,令文震亨为它们一一命名。由于文震亨出色地完成了任务,崇祯皇帝很高兴，就授其中书舍人一职。中书舍人的职责为缮写文书，校正书籍等。崇祯皇帝又让文震亨监制御用屏风。此时的文震亨真可谓"交游赠处，倾动一时"。然而好景不长。文震亨因偕杨廷枢等力保当时被"阉党"追捕的周顺昌不成，乃激民变，被认为是事变之首，多亏东阁大学士顾秉谦的门客从中斡旋才得以解脱。文震亨做了三年中书舍人，之后因其友黄道周屡次建言得罪了皇帝，被牵连下狱，两年后才获复职。崇祯十五年（1642），他奉命到蓟州劳军，之后朝廷给假让他回苏州省亲。他本打算于崇祯十七年（1644）到京复职，但因李自成起义大军进京，崇祯皇帝自缢身亡而未能如愿。朱由崧在南京即位，诏文震亨复职。文震亨随即写了《福王登基实录》以表其志。但很快清兵攻陷了南京，又攻占了苏州。文震亨只好到阳澄湖一带去避乱。他听说清兵下了剃发令后，即投河自尽，虽被家人救起，但他绝食6天后呕血而亡。时至清代，乾隆皇帝有感于他的气节，下令赐谥号"节愍"。

　　文震亨出身簪缨世族，家学渊源及他的广博阅历造就了他多方面的才能。他可谓诗文书画无所不精，对于琴学及园林建造的研究已达炉火纯青的境界。他著作等身，其中最出名的是《长物志》。该书是文震亨对于晚明文房清居生活方式的总结，集中体现了那个时代士大夫的审美趣味，堪称晚明士大夫生活的"百科全书"，是研究晚明经济、文化、思想的重要资料。卷首有文震亨自述，简译如下："一个人能居住于山水之间当然最佳，但我不是古代的隐士，无缘此景。不过，即使居住在都市，也要力求居室雅致，屋舍清丽。栽些树木，品味书画，人沉浸其间，永不觉老。如果一味追求豪宅，那就如戴脚镣、手铐，居于鸟笼、兽圈了。"文震亨的意思是说，每个人居住条件不同，但只要讲究生活品位，把寓所整理得雅致，生活在其间，也就很快乐，大可不必追求豪华奢侈的条件。

　　所谓长物，是指多余的东西，系身外之物。文震亨以"长物"为题，一方面透露出他身处乱世，淡看身外之物的意思；另一方面也是在提示读者书中所写之物皆是些"寒不可衣，饥不可食"的东西，是文人清赏把玩之物。就文震亨而言，"长物"是他借以抒情，反映理想人格的载体，是一介文人书生身处乱世时心灵得以慰藉的精神家园。如居室、花木、水石、禽鱼、家具、书画、器具、衣饰、茶果之类，虽说是人的身外之物，但人须臾也离不开这些"长物"。《长物志》共分"室庐""花木""水石""禽鱼""书画""几榻""器具""衣饰""舟车""位置""蔬果""香茗"12卷，囊括衣、食、住、行、用、出游、鉴赏等各种文化。其中"室庐""花木""水石""禽鱼""蔬果"五卷是中国古代园林艺术的基本构建依据，"书画""几榻""器具""衣饰""舟车""位置""香茗"七卷则叙述了古代世家居宅生活所用器物的制式及摆放品位。

文震亨在这本书中，对如何挑选家具，如何营造艺术氛围，如何栽花养鱼，如何品茗饮食，皆有独到见解。对家具他大有研究，如：床"以宋元断纹小漆床为第一"；对于天然几，"以文木如花梨、铁梨、香楠等木为之，第以阔大为贵"。文震亨特别指出，天然几万万不可雕刻龙凤花纹、花草图案，"近时所制，狭而长者，最可厌"。对于卧室打扮，文震亨主张不要"绚丽"，认为"精洁雅素"就好，且地平、天花板不可彩绘、油漆。

究竟应当如何评价《长物志》？

《长物志》对文震亨平生所酷爱的造园事业，既从理论上进行了探讨，又从实践经验上进行了总结，在造园的论述上是极有见地的。根据以往评述，《长物志》的特点大致有以下几个：

第一，内容广泛，论述全面。《长物志》全书共有十二卷，论述范围极广，是同类著作中最有代表性、最杰出的一部。正如现代园林艺术家陈从周先生所评："盖文氏之志长物，范围极广，自园林兴建，旁及花草树木、鸟兽虫鱼、金石书画、服饰器皿，识别名物，通彻雅俗。"该书从造园建筑到一切设备，从室内到室外，从花木到鸟兽等涉及多门学科和艺术门类，是科学与艺术的结合。编撰这样一部著作绝非易事。《四库全书总目提要》说该书"凡闲适玩好之事，纤悉毕具，大致远以赵希鹄《洞天清录》为渊源，近以屠隆《考槃余事》为参佐。明季山人墨客，多以是相夸，所谓清供者是也"。这说明编撰该书，搜罗查阅大量文献资料，颇费苦心，因而该书受到时人及后世的推崇与赞扬。

第二，诸般景物，各有所宜。古人造园强调因地制宜，合理布局，各得其所。《长物志》卷十"位置"中就有专门论述："位置之法，繁简不同，寒暑各异，高堂广榭，曲房奥室，各有所宜，即如图书鼎彝之属，亦须安设得所，方如图画。"要求室庐、器具、花木、水石、禽鱼等的设置或陈列，各有所宜，不能杂乱无章。造园时，花草树木是必不可少的。《长物志》卷二"花木"中提出："草木不可繁杂，随处植之，取其四时不断，皆入图画。又如桃、李不可植于庭除，似宜远望；红梅、绛桃，俱借以点缀林中，不宜多植。梅生山中，有苔藓者，移植药栏，最古。""牡丹称花王，芍药称花相，俱花中贵裔。栽植赏玩，不可毫涉酸气。用文石为栏，参差数级，以次列种。""别有一种曰'秋海棠'，性喜阴湿，宜种背阴阶砌。秋花中此为最艳，亦宜多植。""芙蓉宜植池岸，临水为佳。若他处植之，绝无丰致。"总之，文震亨认为，园林的一切屋宇、器物、花木的位置、式样、色彩等的安排都应因地制宜，使长住者忘老，暂居者忘归，游览者忘倦。

第三，利用自然，巧夺天工。古人营造园林善于利用自然环境，并加以人工雕琢，在自然的基础上叠石理水，栽树移花，凿石引泉，从而造成人间天上的美景。《长物志》"水石"卷中提出"石令人古，水令人远。园林水石，最不可无。要须回环峭拔，安插得宜。一峰则太华千寻，一勺则江湖万里。……苍崖碧涧，奔泉泚流，如入深岩绝壑之中，乃为名区胜地。"架桥也有讲究："广池巨浸，须用文石为桥，雕镂云物，极其精工，不可入俗。小溪曲涧，用石子砌者佳，四旁可种绣墩草。"园林中的小船也要点缀好："长丈余，阔三尺许，置于池塘中，或时鼓枻（即划船）中流，或时系于柳阴曲岸，执竿把钓，弄月吟风……"如此桥船布置格局，既动静调和，又别见风味，使你如同进入图画中。该书还介绍了花木蔬果的品种、形态、特点以及种植、保护方法等。

第四，总结经验，传播技艺。《长物志》从理论与实践的结合上总结了造园经验和各种技艺。对于在园林中建水池，卷三"水石"

中提出:"阶前石畔凿一小池,必须湖石四围,泉清可见底。中畜朱鱼、翠藻,游泳可玩。四周树野藤、细竹,能掘地稍深,引泉脉者更佳,忌方圆八角诸式。"对于种竹,卷二"花木"中介绍了种竹的疏种、密种、浅种、深种四种方法。疏种:"三四尺地方种一窠,欲其土虚行鞭。"密种:"竹种虽疏,然每窠却种四五竿,欲其根密。"浅种:"种时入土不深。"深种:"入土虽不深,上以田泥壅之。"园林中还有各色观赏动物如鹤。卷四"禽鱼"中指出:"空林野墅,白石青松,唯此君最宜。"鹤的选择标准:"相鹤但取标格奇俊,唳声清亮,颈欲细而长,足欲瘦而节,身欲人立,背欲直削。"对鹤的饲养:"当筑广台,或高冈土垅之上,居以茅庵,邻以池沼,饲以鱼谷。"对鹤的训练:"欲教其舞,俟其饥,置食于空野,使童子拊掌顿足以诱之。习之既熟,一闻拊掌,即便起舞,谓之'食化'。"关于书画的收藏,卷五"书画"中提出:"藏画以杉、杪木为匣,匣内切勿油漆糊纸,恐惹霉湿,四、五月,先将画幅幅展看,微见日色,收起入匣,去地丈余,庶免霉白。平时张挂,须三五日一易,则不厌观,不惹尘湿,收起时,先拂去两面尘垢,则质地不损。"这些都是极为宝贵的经验之谈,应予珍视。

《长物志》问世到现在,共出版有十余种版本。伍绍棠在《长物志·跋》中评价说:"若启美此书,亦庶几卓卓可传者。盖贵介风流,雅人深致,均于此见之。"《长物志》与同类书比确有众多独到之处,是极有影响、富有指导意义的教科书籍。

家具是造物设计中的一个重要品类。文震亨的《长物志》以相当大的篇幅陈述明式家具的设计与制造,深具工匠精神。家具在满足实用功能的同时,还具有一种特殊的精神功能,即通过形象性、直觉性来满足人的情感需要,以愉悦精神为目的,这是一种审美的功能。明式家具的造型形式体现了中国传统艺术中以线为主的风格特征,而中国传统的绘画、书法艺术中,无不显示出线条美的魅力。

文震亨在《长物志》中叙述:"几榻有度,器具有式,位置有定,贵其精而便,简而裁,巧而自然也。"几榻作为明式家具的经典代表,按文震亨的要求,应具有严密的比例关系和适宜的尺度。外形轮廓应当流畅、舒展。局部线条应服从整体，让外形的比例尺度与功能完美结合，达到形式上的和谐统一。造物的美是依存的美，它依附于器物的实用目的，但其美的形式也具有社会内涵。文震亨特别强调家具尺度比例的"度"，认为适宜的尺度与人体工学的科学性结合，才能增强美感。

文震亨交游范围很广。在他所著《文生小草》诗集中，十之七八为交游唱酬之作。其中，与阮大铖之间的唱酬最多。文震亨《文生小草》中所收录的与阮大铖唱和的诗有《阮集之光禄见示诸刻》《阮集之先生招集对菊》等。从这些唱和之诗来看，文、阮二人交情匪浅。文震亨给予了阮曲至高的评价，赞赏之情溢于言表。此时的文、阮感情较好。但后来，阮大铖当权，开始疯狂排除异己，且欲把文震亨下狱。至此，两人彻底决裂。

经常和文震亨、阮大铖一起宴集的还有范景文、方震孺、俞彦、范凤翼、茅元仪等人。文震亨《寒夜同容白孩未集之三先生集太蒙先生斋中次集之韵》诗便记载了高会的情形，即围炉饮酒，鼓琴论古、品茶博弈。一句"不虚良宴会，高馆代登临"则道出了文震亨对宴会的重视。

文震亨还常与顾梦游、葛一龙、刘象先、邹典、杨补等人集会。《早冬顾与治社兄同葛震甫刘今度邹满字杨无补社集小阁看黄叶香橙对菊》诗便记载了他们社集的情形。而此番聚会，使诗人的羁旅之感、乡关之思顿释。

受明代社会风气影响，从现有资料看，文震亨主要与眉生、范双玉等名妓有过往。

眉生，原名顾媚，字眉生，又名眉。余怀将其列入了"秦淮八艳"。在文震亨《看眉生画兰》四首中，前两首对眉生画兰给予了高度评价，后两首对其姿容、媚态做了描绘，赞赏之情流露无疑。文震亨同友人泛舟秦淮，亦常常邀眉生作陪。

范双玉，原名范王玉，字双玉。虽名不如眉生，但亦是当时名妓。文震亨同友人泛舟秦淮，也有范双玉作陪。文震亨作《秦淮女郎范双玉善书画索诗》诗两首，赞扬了其不施粉黛、不喜铅华的性格。

与文震亨交好的还有吴伟业。他们交游的证据虽在文震亨文集中并未发现，在《吴梅村集》中却有记载。文集中有吴伟业《赠文园公》诗一首，而文园公是文震亨之子文果。在诗中，吴伟业自称与文果之父为旧好。由此可知，文震亨与吴伟业两人是旧相知。

文震亨对诗文书画艺术十分精通。他的小楷清劲挺秀，刚健质朴，一如其人。他曾任中书舍人，小楷当是常用之体。其传世的小楷作品既有家风，又融入欧体，自成一家。《明画录》说文震亨"画山水兼宗宋元诸家，格韵兼胜"。《历代画史汇传》也说他"书画咸有家风"。《长物志》有关书画的论述集中在第五卷，卷首有小引，概述珍惜书画和善识的重要性。其下又分论书、论画、书画价等二十六目。就是单讲器具的卷七，也有很多论及书画的内容。另外卷十"位置"一章中有讲室内悬挂书画的问题，也对书画装裱工艺进行了详尽说明。装裱的款式、色彩、定式、裱轴、裱锦等都是书画本身的组成部分，而装裱质量的好坏是书画能否得以流传的关键。文震亨认为中国书画以富有弹性且柔性十足的毛笔为工具，以特制的极具渗化、浸润效果的绢或宣纸为材料，加上可分五彩的墨色的变化，矿物质或植物做成的颜料的使用，使绘画本身变成一件雅事，具有极高的文化品位。文震亨把中国书画承载的文化内涵，通过精妙的论述表现出来，从内容到形式展现了中国书画的独特魅力和精良的装裱工艺。

今藏于无锡市博物馆的文震亨《白岳游图》为浅绛山水，平远构图，所画为白岳即著名道教名山之一安徽齐云山。图中山重水复，林秀草丰，道路通于山巅，屋舍、楼观隐于林间；江渚之上帆船远映；屋宇楼阁皆规制有度，结构严谨；天水以淡墨略事渲染，透明清澈。此画显然受宋代长卷山水构思周密、用笔严谨的绘画风格的影响，并结合了文家的细笔技法，把白岳这座道教名山的山奇、水秀、石怪、洞幽的景象通过温润的笔墨展现在人们面前。

苏州相对自由的政治氛围、繁荣富庶的经济生活，以及深厚的家学底蕴，造就了文震亨宁静典雅、蕴藉风流的艺术特点。他的画崇尚高洁儒雅的艺术格调，通过营造闲、静、幽、雅、文、逸的意境，传

文震亨《白岳游图》

达出超凡脱俗的精神气质。今藏于北京故宫博物院的《武夷玉女峰图》轴是文震亨从福建武夷山归来之后为人祝寿的应酬之作。虽是为应酬而作，但文震亨丝毫没有应付之意。该图继承了吴派画家传统的绘画风格，和沈周的《幽居图》、文徵明的《绿荫草堂图》有异曲同工之妙。

除了气势磅礴的大幅山水外，文震亨还擅长画扇面和册页类小品。《仿唐寅看松听泉图》《磐谷图》《山水图》等，用笔皆以文家常

文震亨山水书法扇面

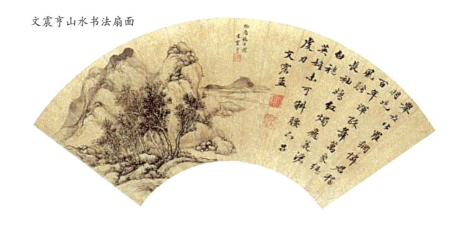

用的细笔为主，构图严谨缜密，画面温雅沉静、萧条淡泊、笔简萧疏、秀润文雅。今藏于北京故宫博物院的《唐人诗意图》册页是一组注重画面意境的营造，笔简意赅、韵味无穷的作品，计十二帧。该册页以唐诗为题，一册一画，营造出一种"老屋疏林，意象萧然"的艺术氛围；构图简洁，平中求奇，用笔明快，简中带繁，具有极强的装饰意味。每幅画面之上皆画有一高士，或临岸观水，或立于疏林，或隐于修竹……这反映了文震亨远离尘世、优游林下、孤高傲岸、落落寡合的生活态度，也流露出他以诗文书画自娱，逃避现实生活的心境。

第十二章
文秉，文门史学家

文秉（1609—1669），字孙符，号大若山人，文震孟长子，承荫庇为官生。对阮大铖等祸国殃民的行为极端痛恨。崇祯十一年（1638），文秉曾与黄宗羲等人联名上书《留都防乱公揭》，历数阮大铖等的种种罪行，向他们发出声讨。明亡后，文秉自号竺坞遗民、天若遗民，以明朝遗民自居，终身不仕清朝，隐居竺坞之丙舍，闭门著书终其生。他善著史书，其主要著作有《定陵注略》《先拨志始》《烈皇小识》《甲乙事案》《先朝遗事》《姑苏名贤续记》《前星野语》

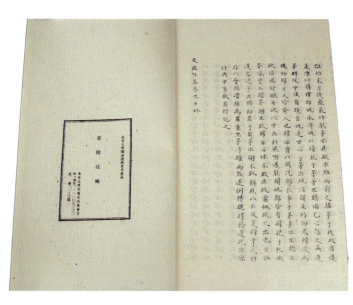

文秉《定陵注略》内页

等，其中，前四本可见。

《先拨志始》记录了万历至崇祯二年之历史事迹，尽为详述。是书言辞恳切，且时时穿插个人见解。《先拨志始》一书中记载的史实资料，对于研究晚明时期的历史具有非常重要的参考价值，对于还原当时的历史真相具有不可替代的作用。

《烈皇小识》记录了崇祯皇帝事迹。文秉搜集烈皇行事，历时十七年之久，故所记颇为详尽，可补正史之差。诚如文秉所言："备修史者之采择，亦未必无小助也。"在文秉看来，明朝覆灭之因，非帝不勤，实乃大臣不足以信，不足以任。

《甲乙事案》专记南明弘光朝事略。文秉于其家偶见《弘光事略》一册，但见"其间邪说充塞，黑白倒置"，又"恐以讹传讹，误当年之见闻者小，而淆千古之是非者大"，因此，文秉愤而作《甲乙事案》。所记翔实，且在每条史料之后，都有自己的主观评述。而评述亦成为本书的亮点。因文秉情感强烈，内心不平，满腔热情跃然纸上。

《定陵注略》为纪事本末体，以事为经，而以年代先后编制。北京大学图书馆据文秉抄本影印的《定陵注略》共10卷，内容如下：

卷一：圣明天纵、慈圣壸范、寿宫始末、新政去国、江陵擅政、江陵夺情、江陵覆车、科场贪缘。

卷二：建言诸臣，大臣党比。

卷三：癸巳大计、虞山绝婚、锡山谴逐、特旨处分、乙未外计、乙巳大计。

卷四：矿税诸使、内库进奉。

卷五：忤奄诸臣、地方激变。

卷六：楚狱始末、代府易储、福王之国。

卷七：杭州兵变民变、郧阳兵变、南京妖民、太仓儒变、安陇始末、武定献印、湖州民变、吴门坑儒、昆山民变、松江民变。

卷八：晋江爰立、太仓密揭、丁未考选、会稽附。

卷九：淮抚始末、锡山附、辛亥大计、庚戌科场、荆熊分袒。

卷十：门户分争、丙辰假元、丁巳大计。

本书主要记录了万历一朝的几个重大问题：一是朝廷之上，官员结为朋党，相互纷争。二是矿监税使，横行地方。

《定陵注略》所记四十多条目，每个事件的过程记述颇详。这部书为研究明代的政治史提供了许多宝贵的资料。

综上所述，文秉忠君爱国，痛恨门户之争，更有着史学家秉笔直书之心。国亡后，文秉一直隐居，著史书以终其生，足见其高尚气节及渊博的文史知识。

第十三章
文从简，功力深厚的书画家

文从简（1574—1648），字彦可，号枕烟老人，文徵明曾孙，文嘉孙，文元善子。文从简端方有品，事母至孝，四举乡饮大宾，崇祯十三年（1640）庭试贡士，不就选而归，是年尝书《重修府学碑记》。清军入关后，文从简退居林下不仕，隐于寒山之麓，并以书画自娱。文从简书画兼能，诗文兼修，但未见有诗文集传世。目前仅有少量诗、跋、书札散见在其他古籍之中。从

文从简肖像

仅有资料来看，他所作书跋较多，而画跋较少。且其跋注重分析书画之特点，兼定其优劣，志其传承。诗仅有一首，即《题明人便面集锦一册》，且诗前有小序，叙其题诗之缘由。文从简女文俶嫁给赵宧光子赵均。文从简的亲家赵宧光（1559—1625），字凡夫，宋太宗赵炅第八子赵元俨的后代。其妻陆卿子是文门弟子陆师道的女儿，能诗善书，是当时著名的才女。《明史》《苏州府志》《吴越所见书画录》《文氏族谱续集》等中有文从简之简要记述。

文从简山水画似文徵明、文嘉，能传家法，笔墨简淡，略带荒率之致，但较少变化。用水墨居多，思致清朗，布局安详，境界空

灵，气韵浑厚。文从简兼学王蒙、倪瓒，喜用枯笔皴斫，拟写方从义笔法亦佳。他的书法遵从李邕，得其神韵。文从简亦能藏书，有"开云楼"。其书写的《重修白公堤记》被镌于白公堤石幢上。白公堤石幢位于山塘街五人墓旁，为苏州山塘街名迹。山塘街为唐代诗人白居易出任苏州刺史时所筑。后人为纪念白居易，又称山塘街为白公堤。《重修白公堤记》于万历三十九年十二月（1612年1月）由王穉登撰文，文从简以正楷撰写。数百文字至今犹可一一辨认。

苏州现代作家徐卓人所著《赵宧光传》中记述了一段有关文从简为其女儿文俶择婿之事，十分有趣，摘录如下，供读者参考：

十几年前赵宧光来到寒山。文从简是第一个前来造访的姑苏文人。那时的寒山尚在荒芜之际。赵宧光正在劈山筑路。文从简感动万分。不久，他就带来了两幅图，一幅是他收藏的曾祖父文徵明的《兰花图》，一幅是他本人临摹元代赵雍的《人马图》。

铺开两幅图，两人欣赏过后，正待收卷，岂料文从简说："从简既然将画带来，是以此相赠的，凡夫兄收藏便是。"

赵宧光惊讶万分，说什么也不敢接受。他说："如此珍贵的画作，宧光一介书生，能目睹到，已属万幸，哪敢存半点私心妄想！"

文从简说："凡夫兄此言差矣，兄虽不仕不官，然而气节高尚，造诣精深，是难得的高士。这两幅画用笔都是水墨，且都无背景，简洁潇洒，如寒山蔓草。从简以此相赠，也算是寓意深长啊！"

赵宧光不安地说："宧光自到吴郡，埋入深山，平日里讨扰人居多，却不能给全家带来什么，心中常常不安，因此实在不敢无功受禄。"

文从简却说："凡夫兄此言又差矣！对凡夫兄，从简也早已仰慕，此前只是无缘相识。现在你来吴郡，倾力于吴郡西部这片山岭，将这荒芜之地辟成胜景，这是吴郡之大幸。如说功德，这便是最大的功德！"

文从简《嵩龄图》

停云馆头谡谡风——文徵明的子孙及追随者

104

文从简《郑州景物图》

赵宧光再不能推辞，便收下了这两幅画。后来，文从简经常来访，并看中了宧光之子赵均。赵均长得一表人才，待人接物知书达礼。他跟着父亲过着极其简朴的生活，却潜心治学。文从简看在眼里，喜欢在心里，竭力撮合，促成了这门亲事。

文从简的传世之作甚多。代表作有：今藏于首都博物馆的《长林徙倚图》册页，作于万历三十二年（1604）；今藏于北京故宫博物院的《郑州景物图》，作于崇祯十三年（1640）；今藏于中国美术馆的《潇湘八景图》册（八页），作于崇祯十六年（1643）；今藏于天津市艺术博物馆的《松江高士图》卷；《望云图》卷，作于崇祯十六年（1643），图录于《中国绘画史图录》下册；今藏于日本大阪市立美术馆的《江山平远图》，作于万历四十二年（1614）；今藏于辽宁省博物馆的《幡溪通兴图》，作于崇祯十六年（1643）；今藏于上海博物馆的《介石书院图》卷；《寒山寺图》卷，著录于《石渠宝笈续编》，作于清顺治三年（1646）；等等。

今藏于北京故宫博物院的文从简《郑州景物图》，纸本，墨笔，纵98.2厘米，横38.2厘米。此画构图十分疏简，坡岸仅以干笔勾勒，几无皴染。整个画面由于有大片空白而显得十分空阔，但并不空洞。这幅画的笔墨师法元人，又得文氏家传，具家法而有变化，是一幅笔简意丰的佳作。

今藏于台北故宫博物院的宋代缂丝名家朱克柔的作品《山茶蛱蝶图》册页上有文从简题跋："朱克柔，云间人，宋思陵时以女红行世。人物、树石、花鸟，精巧疑鬼工，品价高一时，流传至今，尤成罕购。"从这段题跋中可以看出，以朱克柔作品为代表的精品缂丝，早在文从简之时，就是罕见的收藏品。

王宠行草书《千字文》卷题跋后幅有文从简小楷题记："高山流水，长松古柏，望之令人色变……予阅先生之书投契，在展玩之余思而不释，妙技入人性灵，岂可与肉眼道。后学文从简敬题于野筑。"从题记中足见，文从简对王宠的书法十分喜欢，钦佩之至。

停云馆头谡谡风——文徵明的子孙及追随者

106

文从简《松下听泉图》

文徵明《渔梁红叶图》

　　文从简亦善鉴赏。文徵明作于正德十六年（1521）的《渔梁红叶图》，纸本，设色，纵27厘米，横89厘米。文徵明与收藏家王信是同乡好友，交情很深。此画曾转赠予王信，后经王信之子转给了袁安节。袁安节对该作品珍爱有加。文从简对这段经过在图的拖尾有详细记载，并经过认真鉴赏，确认作品无误。到了清朝，金俊明又对此图做了考证。金氏工诗、古文，兼善书画。他的考证与文从简一致，佐证了作品的正确性。后吴湖帆过目题签，确定为"衡翁五十二岁真迹卷"。

第十四章

文果，墨名儒行的出家人

文果（1631—?），字园公，号轮庵，出家后僧名为超揆，有"超揆和尚"之称。文果为文徵明之玄孙，文震亨次子。其父文震亨是大明著名工匠，以《长物志》名扬天下。文震亨绝粒殉国那年，文果年仅14岁。面对"父殁家落"的困境，文果选择了和其他终身甘为遗民的明末忠烈之子们不同的人生道路，北上京师谋生。后投入清军将领桑格帐下，协助平定吴三桂之乱，立下了军功。清廷曾授其官职，但他拒绝不受。

文果继承文门传统，工诗善画，经常和当时的文人学士做诗画唱和。一些著名文人是他座上客，如著名文学家吴梅村、黄宗羲等人。吴梅村有《赠文园公》诗留传，黄宗羲还曾以世交的身份为文果的语录作序。沈德潜认为文果的诗"皆人伦日用盛衰兴废之感"，并对文果作了"墨名儒行"的评价。文果的著作有《洱海丛谈》《轮庵语录》《湘云草》《芒鞋草》《寒溪集》等，可惜大多都没有流传下来。《七十二峰足征集》卷八十三收文果诗二十余首。文果的传世画作有《杜牧之诗意图》《携琴访友图》等，均由北京故宫博物院收藏。

文果为什么要出家，什么时候出家的，史志中没有明确记载。文果出家时，已有妻室翁氏，并生养了两个儿子文轼与文辙。他出家的原因恐怕与当时的形势相关。文果离别妻子与儿子后，在湖北的洪山寺出家为僧，僧名超揆，继而又拜苏州灵岩山高僧弘储和尚为师。

出家后，超揆精研佛典，"参学了悟，机锋四出，芒鞋竹杖，四方云游"。不仅将五岳游历殆遍,而且还曾"西至耆阇崛,涉伽毗黎河,访迦叶遗迹"。所到之处,均有诗记其"山河诡异,风物动植之奇"。这些游历也开阔了他的视野,提高了他的绘画水平。《吴县志》称其"工画山水,写生平游历之名山,异境独开生面,不落时蹊"。

在四处游历期间,超揆和尚曾先后主持浙江绍兴大能仁寺、云南大理文殊寺、成都昭觉寺等。后来,超揆驻锡苏州城西的浒墅关广福庵。康熙二十三年(1684),康熙皇帝首次南巡,曾驻跸浒墅关。超揆和尚献《梅花百咏》诗于御前,深得康熙皇

文果《携琴访友图》

帝赏识。康熙皇帝特赐银子重修广福庵。回銮时,康熙皇帝召超揆和尚入京,先住玉泉山普陀寺,后迁澄心园古华严寺。康熙皇帝经常召超揆侍从于畅春园,专门应制作诗,有时还命其"随驾畿甸",对其"恩赉优渥"。超揆校阅的佛教典籍《五灯全书》在康熙三十二年(1693)成书后,有幸进呈御览,得到康熙帝好评,亲自为其作序,

并"颁内府梨板刊行"。

但后来康熙皇帝对超揆颇有些看法。据徐珂《清稗类钞·考试类》"和尚之孙应举"条记载，因为康熙对超揆"宠眷殊厚"，超揆就有些忘乎所以了。有一天，超揆带其进京赶考的孙子入宫觐见。康熙问："何事来此？"超揆回答说："来此应举。"康熙皇帝一直都担心这些受自己宠爱的臣子会借此为家人牟利，因此颇为不悦地说："应举即不应来见。"超揆便带着孙子离开了。

此事给康熙皇帝留下了十分恶劣的印象，不久就令超揆回乡，并令其宠臣李煦，不要与超撰来往。超揆不久即离京回苏州，驻锡洞庭东山翠峰寺。

虽然认为超揆"不守分"，并令其宠臣李煦和超揆"绝其往来"，但自超揆离京后，康熙皇帝对其念念不忘。康熙三十八年（1699）第三次南巡到苏州时，康熙皇帝之所以破例特意乘舟越太湖驾临东山，按《七十二峰足征集》的说法就是"以师（超揆）故也"。到东山后康熙皇帝召见超揆，可能还打算到翠峰寺看看，所以问超揆住在哪里。超揆回答说："此去还有三里路。"估计是因为嫌三里路有些远，康熙皇帝才打消了这个念头。在东山时，超揆一直侍从在康熙皇帝身边，当康熙皇帝乘轿子时，就"步行轿前先驱"。回程过太湖时，康熙皇帝还特意命超揆站在御舟船头向导。这次东山之行，康熙皇帝又念起了超揆的好，回京时又命超揆随行，仍住玉泉寺，时蒙召见。

超揆在玉泉寺又住了多年，七十多岁病重时，康熙皇帝亲自派遣太医调治，关怀备至。超揆圆寂前，康熙皇帝派遣侍卫来探视。超揆圆寂后，康熙皇帝赐塔玉泉寺，并赠以"文觉禅师"的谥号。

第十五章

文枬，秉承祖法书画家

文枬（1596—1667），字曲辕，号溉庵，一作慨庵，文徵明重孙，文从简之子，能诗，工书画，小楷得文徵明法，山水一禀祖法，构图巧妙，笔法工细、简练，设色淡雅有致。崇祯十七年（1644）后奉亲隐居寒山，居赵宧光别业，耕樵以终，大江以南称"文章节义士"。著有《青毡杂志》《溉庵诗选》《天变录》《缉雁门家乘》等。

文枬像

文枬擅书善画，并以此为生，是当时著名的职业书画家。山水、花鸟、梅竹无一不精，而以山水为著名。其画近师沈周、文徵明，远师黄公望、吴仲圭，致力模仿宋元诸家。文枬能融合"马夏"及"浙派"功力，又入南宗董源，并传承"吴派"画法，线条粗犷劈砍，落笔顿挫刚健，造型尖新峻峭，时有陆治之风。

新发现蓝瑛没骨青绿重彩法代表作《讲帏桃李图》，画的就是文枬讲帷之事。明代人所说的讲帷，就是今天所说的课堂之意。《讲帏桃李图》画的正是文枬授课授徒时的情景。

文枬也喜作诗。文震孟在宅园药圃中养鹤。文枬作《药圃孤鹤》诗："临流一顾步，瘦影恨分明。月白不双照，霜清常独鸣。羁离望霄汉，寂寞傍轩楹。不觉怀俦侣，因之伤我情。"

文枏《赏梅图》卷

文枏的传世代表作品有：今藏于北京故宫博物院的《山水人物图》扇页，乃文枏于康熙三年（1664）为其子剡（字宾日，号古香，善书画，承家学）所作；今藏于南京博物院的《岁寒三友图》轴，为康熙五年（1666）文枏与金传、金俊明合作完成的，文枏补松并题绝句。

日本私人收藏的文枏《寒江渔隐图》为立轴，水墨，设色。尺寸：纵209厘米，横55.7厘米。此画构图严谨缜密，境界幽雅清旷，用笔精细苍秀、沉稳文静。

文枏的各类作品近年来也时有显现：

《松芝图》，立轴，设色，绢本，纵144厘米，横70厘米。

《文枏、方夏、金俊明、顾苓、杨补七言诗文选》，水墨洒金纸本，纵17.5厘米，横54.5厘米，上有文枏题识诗云："上方啼乌绿阴成，落日登临宿雨晴。春事蹉跎三月尽，碧天浮动五湖明。山连越垒人何在，水绕长洲草自生。未遂扁舟从此去，眼中无限白鸥情。"

《荷塘清暑图》，立轴，设色纸本，纵87厘米，横39厘米。印鉴：文枏之印，溉庵。

《松芝图》，立轴，设色，绢本，纵144厘米，横70厘米。

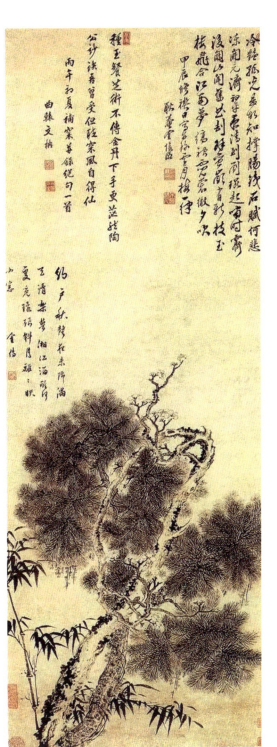

《岁寒三友图》轴

晚明画家《刘元稷画册》后纸有文枏题识云："子谷兄天才逸韵超出世外，深藏若虚，相对穆然，其得力于道深矣。绘虽小技，从静中来，自觉变化无穷。今观此册，若写生，若山水，出入唐宋元及唐沈诸名家，能事已尽。世有曲意摹古，仅同粉本者，岂能脱去蹊径，洒然笔墨之表，如我子谷哉？直当北面事之。雁门文枏书于北郊野筑。"读此题识，既可赏其清丽古雅的书法，又可见其博大精深的鉴赏能力。

《山静允峦层图》（八开），册页，设色纸本，纵29.5厘米，横26厘米。

《喜漾轻舟》，立轴，绢本，纵109厘米，横43厘米。印鉴：文枏之印（白）、溉庵（白）。

《溪山晓云图》，册页，纸本，设色，纵33厘米，横52厘米。

第十六章

文俶，写生花鸟女画家

文俶（1595—1634），字端容，文徵明之玄孙女，文从简之女儿，文柟之妹，吴中高士赵均之妻，性明慧，善画花卉虫草，对幽花异卉、小虫怪蝶，皆能抚写性情。《无声诗史》谓其"深得迎风浥露之态，溪花汀草，不可名状者，皆能缀其生趣"。文俶亦画苍松、巨石，运笔老劲有神。兼绘仕女人物，《湘君捣素图》《惜花美人图》等皆精妙绝伦。

文俶一生以画花卉为主，侧重于表现萱草、兰、梅等。文俶育有一女，自然希望能再生男孩延续香火。因为萱草也叫宜男，所以文俶对萱草可谓情有独钟。她将自己的这种美好愿望全都融进绘制的作品中。花、叶、兰、石、蝴蝶等细节描写生动细致，表现出她深厚的艺术功力和高雅的审美情趣。钱谦益给予文俶的艺术极高

文俶像

的评价："点染写生，自出新意，画家以为本朝独绝。"

看看文俶的家世，再看看她的作品，便可以知道她是一位文化修养深厚、极有才华的女性。花鸟画画出这样的高度，足证文俶才华横溢。

作为文徵明的玄孙女，文俶极好地继承了文徵明隽秀洒脱的笔法，偏重于传承"细文"遗风，又加入了女性特有的温婉亲切，自有一种能让人长时间驻足流连的魅力。她的《花卉图》册设色典雅清丽，构图考究。在婚后的隐居岁月里，文俶孜孜不倦地研习花卉画创作，曾用4年时间悉心描摹内府收藏的李时珍《本草纲目》中的插图，并对照所居寒山中自然界的花卉虫草写生，绘有《寒山草木昆虫状》，计上千幅。清代张庚在《国朝画征续录》中称赞文俶道："吴中闺秀工丹青者，三百年来推文俶为独绝。"

文俶绘画承其家学。其夫赵均说："余内子文俶，自其家待诏公，累传以评鉴翰墨，研精素，世其家学。"同时文俶还工绘山水，在承袭文氏家学的基础上，兼学元人王蒙、倪瓒笔法，脱尽时人蹊径，书法李邕，最得其神。文俶出阁前，便在父亲文从简指导下刻苦研习绘画。出阁后，文俶与丈夫一同从事绘画创作，琴瑟和鸣，情投意合。文俶之夫赵均，承六书之学，精习梵学，家学深厚：其父赵宧光以读书与著述为娱事，精于金石文字学，工刻印，善篆书，著述甚多，如《说文长笺》《寒山帚谈》等；其母陆卿子是文人画家陆师道之女，以诗文知名于时。文俶嫁入夫家后，生活境遇发生了变化，这为她绘画水平的提高提供了先决条件。

有关文俶的资料大多来源于钱谦益的《赵灵均墓志铭》。

文俶虽然只有近四十年生命历程，却始终处在一种浓郁的文人的生活氛围之中。前二十年在父母家，文化艺术氛围浓郁，家学渊源丰厚，因此文俶自幼便耳濡目染，得其家法自不必说。后二十年，她在夫家也感受到了极浓厚的文化氛围。赵宧光为实现其父葬青山之遗愿，在万历二十二年（1594）披榛莽，得宅兆于距吴县十里的幽僻空谷地，名此地为"寒山"，并倾其家资精心营建达三四年之久。这使文俶有许多机会目睹各种花卉虫草，为创作《金石昆虫草木状》

创造了极为有利的条件。

《金石昆虫草木状》是文俶二十三岁至二十六岁完成的一部图册，为彩绘稿本，计12册27卷：金石3卷、草9卷、木6卷、兽1卷、禽1卷、虫2卷、果1卷、米谷1卷、菜1卷、外草1卷和外木蔓1卷。册首有文从简朱书标题"金石昆虫草木状"，有赵均于万历四十八年（1620）撰并书于寒山兰闺的《金石昆虫草木状叙》，还有张凤翼、杨廷枢、徐沨的题跋。

据赵均在叙文中说，文俶以古籍图典《内府本草图汇秘籍》为底本对其中的诸物图像进行师摹，但并非完全照搬，而是在鉴别的基础上有所取舍，还图写了自己居住的寒山之中的草木虫鱼状若干卷附于册末作为补充。文俶为什么要追摹《内府本草图汇秘籍》？此类图书会广泛收集各地物产，让人足不出户得到博物之识。在赵均看来，这类书虽好，但光有文字却无图，有的有图却不全不精。《金石昆虫草木状》则是文俶鉴于上述缺憾与不足，综合利用自身有利条件绘制的成果。此外，当时市场对本草类书籍的需求也是文俶决定绘制《金石昆虫草木状》的重要原因。

绘制此部图册对文俶绘画艺术的影响十分深远。从图像绘制的形式看，每种方物的图像都比较注重物象外形的真实性，因为这种图像的主要功能是便于人们通过图像来辨认实物，按图索骥。有时同种类的东西由于产地不同可能会有不同的形状，因此这样的绘制会对文俶的细致观察和把握能力提出更高的要求，同时，这样的绘制也必然会使她在运用笔墨的工细描绘和造型上得到持续的训练和提高。

《金石昆虫草木状》这件作品应是文俶的成名作。此图册在当时就很有市场。杨廷枢在题跋中云："灵均夫人画《金石昆虫草木状》甫毕，四方求观者，寒山之中若市，名公钜卿咸愿以多金易之，灵均一概不许。"此图册在钱谦益所撰《赵灵均墓志铭》中也被提及。传文在记述文俶绘画天才时明确指出了"寒山草木昆虫状"及"摹内府本草千种，千日而就之事"。后人时常提到《金石昆虫草木状》图册，并以见不到该图册而深感遗憾。这部作品的不同寻常，使文俶的画名远播四方。

中国文化遗产研究院研究员赫俊红对文俶画品做过统计，从明天启末年到崇祯六年（1627—1633），也就是在文俶生命的最后七八年间，其花卉作品较以前明显增多。从幅面上说，册、轴、卷、扇面各种形制都有，但这些作品在取景、构图和笔墨技法上是基本一致的。

从题材上看，文俶所描绘的并非是一般花卉画中比较常见的园林景物，而是偏重选取一些人们知晓但又不常被画家纳入笔端的花草，以及一些人们难以名状的虫蝶。在取景上，每组花草往往仅选两三枝，比较单纯，有时佐以山石或虫蝶来突出幽静的氛围。在构图与笔墨表现上，文俶欲使观览者明晰每组花卉中包括枝条、叶子和花朵各个部分的姿形特点。文俶独辟蹊径的花卉画在当时深有影响，并深受市场青睐。

我们还可以从文俶的作品中深切感悟到写生之美。从绘画上讲，写生是画家面对实物采用组合、取舍、嫁接等方法进行描绘。写生能帮助画家将对象生命特征转化为艺术，是画家感悟自然、贴近生活，将物质演绎为精神的前提。中国画的写生是从寻找对象生活、生存状态开始的，把要传达的"情""境"以艺术的形式呈现出来。文俶与夫君隐逸山林，为的是以自然的心境绘画，抒发心绪，达到自我满足。画界当时非常盛行泥古、崇古，为了规避政治因素等原因强加给绘画许多其他的概念和禁忌，使绘画原本单纯的需求离人们越来越远，越来越伪化。为了不使绘画丧失它原本的目的性，也为了给人类灵性空间留出一份憩息地，文俶抛弃杂念，远离闹市，用心灵去感受事物和生活，从而进行创作。

文俶始终孜孜不倦地进行花鸟画创作。笔下的花鸟虫蝶准确生动，枝枝叶叶动态各异，惟妙惟肖。无论草木的形貌、昆虫的形态还是山石的形状，均显露出其笔墨的细秀精妙和风格的隽丽老劲，极具神韵。文俶的大多数花鸟画作品都具有唐宋遗风，勾勒精细，着色妍丽，颇显装饰味。她对花鸟虫蝶的表现程度，无不显现出她对花鸟画的独到见解和深厚的写生功力。

文俶绘画以写生为重，其笔下的动植物充满生机，而求画者踏破门槛，致使在同时期就出现大量的仿作。为此，文俶与赵均曾有防伪之法。伪者之作在写生功力和隽秀书法上与文俶的真迹相差甚远。

文俶流传至今的作品有：今藏于北京故宫博物院的《金色萱花图》扇面、《萱石图》轴、《花卉图》册、《萱石图》扇面、《兰石画》扇面、《墨梅图》扇面、《罂粟蛱蝶图》扇面；今藏于台北故宫博物院的《春蚕食叶图》轴；今藏于上海博物馆的《写生花蝶图》卷、《石榴花图》扇面；今藏于辽宁省博物馆的《花蝶图》；作于崇祯六年（1633）的《墨梅图》轴；等等。

文俶熟谙笔墨性能，能信手渲染，根据不同的物象施用不同的表现手法。如《墨梅图》扇面中枯健虬曲的老干，墨色浓重，用笔方硬，以苍健遒劲衬托出淡墨青枝的生机，配以没骨梅花的丽质，生动地表达了梅花清逸静穆的情韵。

在构图上，文俶注重布陈安排，有的以险破稳，有的

文俶《萱石图》轴

文俶《写生花蝶图》卷

以稳扶险,最后达到总体上的端庄平稳。如在《罂粟蛱蝶图》扇面中,文俶把一朵罂粟花大胆地画在扇面中央,以它为中线将扇面分成左右相等的两部分,这很容易造成构图上的呆板僵死。为了破其稳,文俶在花的左下方和右上方分别添上摇曳的花叶和飞舞的蛱蝶,立刻使画面动静相生。

在审美情调上,她常常以与世无争、平和淡泊的心绪轻描淡写闲花静草、小虫惠蝶。其作品不给观者以情绪上的大喜大悲,宛如清雅娟美的小诗。

在题材上,她以女子特有的细腻精微的眼光,选取大千世界中最平凡、最常见的花草虫蝶,捕捉其中的细微情趣,偶尔也作少量人物画。

在选用材料上,她根据小题材的特点,多使用较小的纸、绢和扇面,很少有高头大卷之作。《吴越所见书画录》载,文俶所绘《梅兰草》袖珍册页含兰7幅、梅2幅、芝1幅,每幅尺寸长仅四寸八分,阔七寸六分。

在用色上,文俶很少采用强烈的原色,而喜加少量的粉,使花朵更显娇柔,彩蝶更富活力。

在落款上,文俶的画多落年款或名款,如:"庚午仲夏廿又九日天水赵氏文俶画""己巳夏文俶画""天水赵氏文俶画"等。钤印如"端容""赵文俶印""文端容氏""寒山兰闺画史""兰仪玉度""端操有踢幽闲有容""兰闺"等。

当然,文俶绘画也有其局限性。封闭性的家庭造成她生活范围的狭窄,只能专学家法,画风一成不变,画业专精一面。文俶极少有机会去饱览名山大川,因而极少有创作山水巨图的可能。在诗文修养方面文俶也略逊一筹。她没有诗文集，在画上也极少有自题诗词。她几乎没有题诗作文、借物言志的作品。

目前国内各博物馆收藏的文俶作品在女画家作品中应是比较多的。文俶出身名门，很早就有画名，所以收藏她作品的藏家较多，作品流传下来的也较多。据赫俊红统计，历代著录及国内外公私机构藏文俶作品有46件。这些作品主要藏于国内博物馆，其中以故宫博物院、台北故宫博物院、上海博物馆为主。

广州艺术博物院所藏《花卉图》中虞美人造型与文俶的画风非常接近，署款的笔迹与文俶的真迹相当接近，印章也与文俶常用的一款朱白文方印相近。质地是赤泥金笺。1973年，国家文物鉴定委员会专家将该画评定为一级品。

《花卉图》扇页为金笺设色。这幅作品描绘了一块太湖石边生长了一丛虞美人花，一只小粉蝶迎风起舞。署："赵氏文俶"。印章："赵文俶印"（朱白文方印）。虞美人花盛产于江浙一带，每逢春夏交接时遍山盛开。它象征着忠贞的爱情，因而深得女性喜爱。文俶很喜

文俶《花卉图》册

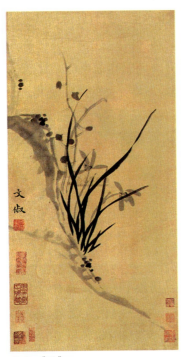
文俶《兰》

文俶《鲎》

欢虞美人,她创作了不少这类题材的作品。她画的虞美人很有个人特色。虞美人的特点是花瓣质薄如绫,花枝柔弱,无风自摇,遇风更飘然欲飞,故文人雅士又称其为"摇摇花"。文俶把握住虞美人的特色,对其造型做了艺术化的处理,着重表现其娇艳而柔弱之姿,因此她笔下的虞美人与自然界中的有一定出入,更突出翻动的花瓣、纤细的花枝,花叶也较原物规整有序,造型显露出图案化的特色。

第十七章
文点，以家传书画自娱

文点（1633—1704），字与也，号南云山樵，文彭之玄孙，文震孟之孙，文秉次子。文点工"古文辞"，善书画，山水能传文徵明家法，用笔细秀，染晕迷离，盖以墨胜也；兼善人物，尤长松竹小品，笔墨极其文雅，松身好点苔。文点清介，不求闻誉。父殁后，文点依墓田以居，弃举子业，以书画自娱，著有《南云集》。《吴县志》《长洲县志》《文氏族谱续集》《曝书亭集》《桐阴论画》《画传编韵》等都有关于文点的简要记载。

据苏州慧庆寺的故事介绍，文点为人极其正直。明末清初的慧庆寺，曾有不少著名画家和文士在这里隐居，颇有风雅气象。文点也常隐居寺内，以卖书画自给，但其卖画不失名士风度。有一富人拿重金要求他三天内做一幅画。文点感到很受侮辱，便"掷金于地"，大怒道："仆非画工，何得以此促迫我！"后来，无论那个富人如何请求，文点最终都没有答应，颇有其远祖文徵明的秉性。

文点肖像

停云馆头谡谡风——文徵明的子孙及追随者

124

文点《晨曦访师图》

当时的江苏巡抚汤斌慕文点高名,特意独自到慧庆寺拜访他,询问文点为政要注意些什么。文点曰:"爱民先务,在去其害。如虎丘采茶,府县吏络绎征办,积弊有年,公能除之,即善政矣。"于是汤斌尽伐其树,虎丘茶便彻底灭绝。从此,文点和汤斌私交很好。有人以祝寿为名,给文点送了千金,想让文点帮忙结交汤斌。文点曰:"汤公以道义交我,我岂负之?若既伤惠,吾复伤廉,奚取为?"文点坚决拒绝了此人,足见其高风亮节。

文点的传世作品并不多见。今藏于上海博物馆的《秋林过雨图》轴,绢本,墨笔,纵146厘米,横62.6厘米,是文点临文徵明的一幅原本,画风苍劲古朴,疏淡悠远。文点以浓淡相宜的墨色描绘了一场秋雨过后的山林美景。那迷蒙的远山,层峦叠嶂,在雨后的气雾中若隐若现。画中依稀可见一股山泉从两山之间流出。在中景里,湖畔人家的村舍掩映在茂密的树丛中,四周被山石环抱。树叶用横点儿点出，山石仅勾轮廓而皴出凹凸，从笔法的形式感上形成鲜明的对比。画幅的前景用笔清爽，重墨勾勒的尖形山石与淡墨勾出的石台形成鲜明对比，且勾、皴、染结合并用。画中营造出的远山飘雾的感觉，以及近处湖面开阔而平静的韵致，给人一种冲和的气息，仿佛闻到草木的清香。

从太仓博物馆收藏的文点《山水》扇页上可以看出，文点依然承其家法。但由于松江画派与娄东画派崛起，文点免不了受其影响，因此从图中可看到，文点山水仍传文氏家法，但已不能严守家法，主要表现在其画构图松散，勾线模糊，用墨过淡，尤其是缺少文徵明画作的神气灵性。

2009年有机构展示了文点所创作的《四季山水》条屏。该作品图文并茂，以水墨为主，只在细处略加施彩，用笔严整坚实，画面空白处理极为讲究，力求表达坚实又清透的整体意境。"春意"图画面并非刻意地突显景物特征，仅以少量的淡绿、微红提示"春"的到来。大量散布的白点落于坚实的墨线上，使画面具有轻松、活泼的气氛，同时提示潜含的生机。"夏意"图颇有自得之

文点《雪岑先生垂纶图》

意。近景丛松浓密，不同于前幅树之疏散。近处水流湍急，又有瀑布垂于中部，气氛较前幅热烈，但在总体上不失清旷。"秋意"图留空最多。画幅中部两棵梧桐最为显眼，标示季节。另有赏月之人凝视水映月影与高空之圆月相对应。天空大片空处使画面有更多可想象的余韵。"冬意"图以勾染为主，在表现山石起伏转承之外，极为注意留显石面的素净，以示冬景特征，并且在画幅的天空处染以淡墨，更显远山近峰的净白。远树略以深色点出，以示枯叶；近树则以白色满点树冠，以示雪花积树。石上白点细而多，以示雪意。值得注意的是此幅之点为正笔点，不同于春景之侧笔点，有凝固之感。

《四季山水》条屏是文点经意之作。无论诗文款字，还是树石、泉流、苔点等均体现了他坚实、雅净和超然的创作追求。其风格基本保持了明人格局，在当时独具一格。虽然对于物象的表现在笔墨上有明显的程式化痕迹，并欠灵动和鲜活，但此作的价值和意义是毋庸置疑的。

文脉传承

文徵明七岁方能立，八九岁仍口齿不清，遭旁人轻视。唯独其父对他抱着深厚的期望。慈父的重视开启了文徵明外钝内秀的灵心慧性。

和文氏先祖父同宗的文天祥的节气与爱国精神，以及文林清正廉明的品性，对文徵明高旷人品的形成产生了不小的影响。父辈交往圈中的好友、同僚又使文徵明有机会幸获良师。吴宽、李应桢、沈周等皆为文林好友。文徵明从之学文、学书、学画。这对文徵明以诗、书、画扬名于世起到了相当重要的作用。

文徵明虽然终生于科举、仕宦不达，但以其卓著的艺术成就使文氏家族扬名天下。因为文徵明自身品行端正，无不良行径，确能为子孙之表率，而且其夫人教子有方，所以其后世亦尤昌盛，子孙们在品德和事业上都有非凡成就，且子孝孙贤。限于篇幅和资料，笔者无法将文氏子孙一一列举，特设以下传人谱系简表。若有遗漏和不当之处，恳请读者指正。

文氏家族文化艺术传人谱系简表
（以文惠为起始）

第一世：文惠。

第二世：文洪、文济。

第三世：文林。同辈者有文森、文彬、文玉清。

第四世：文徵明。同辈者有文奎（徵静）、文室（逸子）。

第五世：文彭、文嘉、文台。同辈者有文伯仁、文仲义、文叔礼。

第六世：文元肇、文元发、文元善。同辈者有文元直、文元方。

第七世：文从周、文从先、文从龙、文拱宸、文震孟、文从升、文震亨、文震缨、文从简、文从古。同辈者有文从昌、文从悌、文从忠、文从信。

第八世：文秉、文乘、文呆、文东、文果、文枏、文俶、文楷。

第九世：文然、文点、文煦、文烈、文熊、文猿、文轼、文辙、文掞、文郯。

第十世：文含。

下篇 文徵明及其追随者们

第一章

文徵明与仇英

仇英，生卒年失记，出生于明弘治年间，卒于嘉靖年间。周道振先生认为，仇英生于弘治十三年（1500），卒于嘉靖三十一年（1552），终年52岁。据徐邦达先生考证，仇英生于弘治十五年（1502），卒于嘉靖三十一年（1552），终年50岁。仇英乃苏州太仓人，字实甫，号十洲。仇英出身在太仓的一户普通人家，七八岁就随父学习漆艺，喜好自学绘画，

仇英肖像

长到十五六岁光景，便孤身一人到苏州城桃花坞一边打工立足谋生，一边运用各种条件学习绘画。

史书中没有记载仇英什么时候认识文徵明，也没有明确记载仇英拜文徵明为师，是文徵明的入门弟子，但是，比仇英大近30岁的文徵明一辈子都在帮助、提携仇英。文徵明对仇英帮助之诚恳，他们俩长辈与小辈、师长与学生之间感情之真挚，是中国绘画史上极少有

的。仇英最终成为吴门画派领袖人物之一，与文徵明的提携与长期帮助密不可分。

正德十二年（1517），一直想将湘君、湘夫人付之于图画上的文徵明，创作欲念又似火一般在心中燃烧起来，但在画面上如何恰当地表达出这两位夫人的情感与内心世界，成了他再三思索的问题。

这时，文徵明突然想到了身边的仇英，觉得仇英虽然年轻，但在人物画方面很有功夫，能画各种题材的人物画，而且在艺术上力求正确、生动与形象，既有天赋，又勤奋努力，何不放手让他试画？这样做不但能扶植年轻人，自己还可从中得到启迪。

想法确定后，文徵明随即将自己的打算告诉了仇英。仇英听了先是一惊：如此重要的人物画，自己能否完成？他感到有点茫然。再一想，文先生有这一想法必有道理，自己何不一试？于是，仇英接受了任务。

顾恺之《女史箴图》

文徵明当然知道仇英最大的缺憾是文化根底浅，缺少历史知识。不了解湘君、湘夫人，就难以画好此图。于是文徵明便耐心地给仇英介绍了这几个人物。

仇英听罢，不由得百感交集。这分明是一则具有浓烈悲剧色彩的故事，若要入画，对人物精神状态的刻画与传神写意的要求很高。另外，人物衣饰的线条运用也会影响作品的成败。

文徵明似乎看透了仇英的心思，将屈原的《离骚》交给仇英，并翻到《九歌》中的《湘君》与《湘夫人》章节，念了一遍，说："不要急于动笔，好好读懂这些章节。读懂了、理解了再动手，就能一气呵成。"

回到家里，仇英开始反复诵读《湘君》和《湘夫人》，发现里边有不少不认识的生字，还有不少不理解的词，便一一记录在纸上，第

二天请教文徵明。文徵明不厌其烦地讲解，直到仇英听明白为止。

仇英反复地问，文徵明则反复地讲。

十余天后，仇英便能将《湘君》《湘夫人》这两节背诵出来，并能充分理解其含义了。

于是，仇英开始构图。由于过于谨慎，仇英考虑得很多：两位夫人如何安置，是并列，还是上下或左右安置？安排这两位夫人行走还是坐着？两位夫人穿什么服饰？着什么颜色？四周环境布置什么为好？仇英觉得，问题多很正常，只有把问题想全了，才能理顺，才会生发良好的构图。

仇英又学习参考了六朝画家顾恺之的《女史箴图》《洛神赋图》等画作，在内容、艺术结构、人物造形、环境描绘、笔墨表现诸方面都获得了很大启示。

在构思时，仇英将两位夫人安置于一前一后，表现出二人正迎风往前赶路，欲追随夫君。走在前面的手执宫扇的夫人回头看着后面的一位夫人，催促其向前。两位夫人神色坚定、沉稳。人物造型与《女史箴图》中的冯媛、班婕妤、女史，《洛神赋图》中的洛神相仿，呈现出高洁、高尚的形象。仇英所采用的线条也是顾恺之所用的高古游丝描。所谓高古游丝描，就是所用线条幼细、绵长、柔劲，没有粗细和轻重的变化，也没有方折。为了突出人物精神风貌，仇英在远处构架起伏逶迤的群山，缓缓向前的湘江，并在岸边画有数丛修竹，衬托两位夫人对夫君沉痛的思念。

做了多次修改后，仇英才郑重地将画交给文徵明。

文徵明仔细审视着仇英的画稿，一会儿点头称许，一会儿紧锁眉头，轻轻地叹一口气。他将仇英唤到身边，表达了自己的看法。

文徵明肯定了仇英的构思，一前一后朝前追赶的态势笔简意远，但是，文徵明否定了背景画法，认为背景可以略去，更突出湘夫人的形象。此外，在雕塑湘夫人形象、眼神与脸部表情上此画尚不够可亲，人物表情过于悲痛……

仇英默默地听着，认真地思索着先生的意见，最后坚定地说："先生，再给我一次机会吧，我一定努力改好！"

顾恺之《洛神赋图》

文徵明点点头，说："不用着急，可以从容些。"

回到家里，仇英反复思索着重画方案，觉得文先生提出略去背景，无非是要突出湘夫人的形态与神情。这样处理，难度自然更大，但人物的形象会更鲜明、突出，要求自然更高！

仇英又重新研究了《女史箴图》《洛神赋图》里的仕女人物的神态乃至服饰。他还反复诵读了《湘君》《湘夫人》等有关章节，深刻领悟其精神内涵。

仇英重新展开宣纸进行绘制时，特别注重湘夫人圆润的面颊和丰腴的身材。画中，两位夫人或转身回眸，或俯首沉思，婀娜多姿，妩媚动人。在线条笔墨上，仇英仍使用高古游丝描；在运笔上追求速度与力度，使人物动感十足。两位湘夫人在左上与右下位置相呼应，身材秀颀，秀美妩媚，哀而宁静，加上身体造型以曲线为主，扩大了视觉的张力。

又反复修改后，仇英才将画作恭恭敬敬地交予文徵明。

文徵明将二稿《湘君湘夫人》端详再三，最终还是否定了此稿。理由是仇英绘制此图时，一味考虑了委托人的需求，而没有充分发挥自己的优点，没有放开手脚，致使画面多处表达得不够淋漓尽致。

最后，《湘君湘夫人图》由文徵明亲自动手完成。该图为纸本，淡设色，纵100.8厘米，横35.6厘米。画面上两位湘夫人一前一后，前者手持羽扇，侧身后顾，似与后者对答，神情生动。人物造型源自顾恺之《女史箴图》《洛神赋图》。图上部大片空白处有文徵明行草《湘君》《湘夫人》两章文字。落款由文徵明书"正德十二年丁丑二月己未停云馆中书"。下有文徵明次子文嘉题识："先君写此时甫四十八岁，故用笔设色之精非他幅可拟追，数当时已六十二寒暑矣。藏者其宝惜。万历六年七月仲子嘉题。"又有文徵明之学生王穉登的题跋："少尝侍文太史。谈及此图云使仇实父设色。两易纸皆不满意。乃自设之以赠王履吉先生。今更三十年始独观此真迹，诚然笔力扛鼎，非仇英辈所得梦见也。"

笔者剖析，文徵明两次否定仇英画稿，是因为画稿似存在严重失

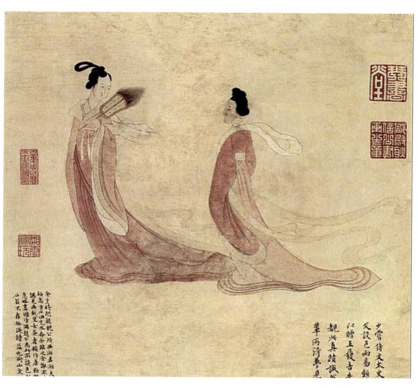

文徵明《湘君湘夫人图》

误。仇英虽为始学者，但其绘画功夫，特别是人物画功底尚且扎实，非一般人所能企及，否则文徵明绝不会邀其画《湘君湘夫人图》这类高雅的图画。现今，我们已无法见到仇英的原稿，并将原稿与文徵明的作品进行比较，但是，无论怎么讲，仇英的两次创作都为文徵明的再创作提供了灵感，在造型、线条、笔墨诸方面都起到了先导作用，这是毋庸置疑的。

事实上，虽然仇英对文徵明的否定无话可说，但笔者断定，他也充满了疑虑。他一方面会责怪自己无能，觉得辜负了文徵明的期望，另一方面也或多或少有着为自己辩解的理由，否则，他绝不会在以后的三十年中，时常画自己的《湘君湘夫人图》。他有一幅《湘君湘夫人图》被美国华盛顿弗利尔美术馆收藏。可以断定，仇英不止画过一幅《湘君湘夫人图》。他以此来证明，自己所画的《湘君湘夫人图》并未差到不能见人的地步。因此，笔者认为，不能轻率地断定仇英当时所绘《湘君湘夫人图》是失败之作。该图也许有某些方面的不足，但只要基本方面是圆满的，便是一幅成功之作。如果仇英当时的人物画不是出类拔萃的，文徵明绝不会请他绘制此图。

仇英正式拜学的老师是周臣。据笔者推测，仇英拜师周臣，应是由文徵明荐介的。文徵明为什么不让仇英拜自己为师，而让仇英拜周臣为师？这还是文徵明谦恭贤达所致。文徵明在与仇英的长期交往中，发现仇英擅长工笔，喜画人物，着色也有特色，线条流畅，偏刚劲有力。周臣是院体画先生，擅长画山水、人物，在这些方面有丰富的经验，所以，文徵明毫不迟疑地将仇英荐介给了周臣。

事隔三年，即正德十五年（1520），文徵明又邀请仇英合作绘制《摹李公麟莲社图》。这次合作成功了。这幅图描绘了莲社（按：晋时慧远高僧于庐山建立白莲社）十八贤士。此画上有题款："庚辰秋日衡山文徵明长洲仇英同摹李伯时莲社图。"此画上还有乾隆皇帝的题跋，其中说明山水是文徵明作的，人物是仇英作的。这幅画还有两个副本，一个由南京博物馆藏，另一个由纽约大收藏家王纪千先生藏。南京博物馆的副本可能是原本，而王纪千先生收藏的是仇英自己画的，有落款"仇英实父制"字样。

文徵明用合作书画的办法来提携仇英，这使仇英能较快地提高自己的画艺。文徵明还在合作的画上题跋，这无形中又提高了仇英的名声和地位。文徵明如此提携后生，足见他爱才惜才的用心和宽广磊落的胸怀。嘉靖十年（1531），文徵明又邀仇英以书画合璧的形式共同创作了《孝经图》卷（《石渠宝笈续编》记载）。此画现已遗失，但据记载，画卷为绢本设色，由仇英作画，文徵明用小楷书录下《孝经》。此画也有题款："仇英临李如璋笔"（李如璋为北京画家）。

文徵明另一个提携仇英的方法就是在仇英的作品上题跋、写点评。这方面的例子可以举出很多，这里选择几幅有代表性的题识来说明。仇英的《春江图》卷是一幅绢本设色画，有仇英本人以隶书题写的"春江图"字样，还有其用楷书写的"仇英实父制"。文徵明在这幅画上写题跋云："嘉靖己亥六月十又三日，偶避暑于竹林精舍，石峰毛君出仇实父所画春江图，精妙入神，索余题之，遂录二作于后。仓卒应命，殊觉芜赘可笑。徵明。"嘉靖十九年（1540），文徵明在仇英的《双骏图》轴上题跋。在这幅画上，文徵明抄录了米芾的《天马赋》，落款为"嘉靖庚子春三月六日，徵明书于停云馆"。嘉靖二十五年（1546）文徵明在仇英重新绘制的《孝经图》卷上题跋云："此卷乃实甫所摹王子正笔也。人物清洒，树石秀雅，台榭森严。画中三绝，兼得之矣。国光兄宝而藏之，出而示予者三。予遂心会其意，为录孝经一过。徒知承命之恭。忘续貂之消何。时嘉靖丙午二月既望。徵明书。"仇英有《职贡图》卷问世，这幅图描绘了唐代十三个外国使者进京路上的情况，上有仇英自题："仇实父为怀云先生制。"怀云指陈官，是仇英的艺术赞助人之一。文徵明在这幅图上题跋云："近见武克温所作《诸夷职贡》，乃是白画。而此卷为仇实父所作。益本于克温而设色者也。观其奇形异状，深得胡环、李赞华之妙。克温不足言矣。壬子九月既望，题于玉磬山房。徵明。"

　　文徵明如此提携仇英，除了因为后生可畏外，还因为仇英的画在不少方面也值得自己学习与借鉴。如仇英的大青绿着色山水于精工艳丽之中不失清秀文雅之气，《桃源仙境图》《玉洞仙源图》《桃村草堂图》等都是代表之作。这类作品之所以能得到像文徵明、董其昌这样的文人名士的赞赏，不仅仅因为作品中蕴藏着秀雅之气，还有一个重要原因是仇英大青绿山水中那至真至美的表现技巧是当时许多画家包括文徵明、董其昌在内企盼而不能得的。文徵明的青绿山水虽然画得也相当不错，但与仇英的青绿山水相比略逊一等。大致来说，文徵明的青绿山水中所蕴含的仍是文人水墨画的意识。而董其昌基本上不画大青绿山水，更多的是用水墨渲染。董其昌曾说过仇英的画："顾其迹亦近苦矣，行年五十方知此一派画，殊不可习，譬之禅定，积劫方成菩萨，非如董、巨、米三家，可一超直入如来地也。"（《画旨》）由此可以推想，董其昌对青绿山水也曾下过功夫，到了五十岁时方才认清自己的艺术性情，才放弃青绿，专心于水墨的研究。他用禅宗南

停云馆头谡谡风——文徵明的子孙及追随者

140

仇英《桃源仙境图》

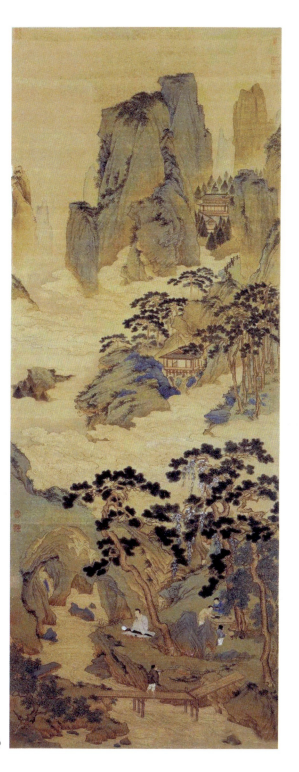

仇英《玉洞仙源图》

顿北渐的特点比喻绘画创作方法，也是很有趣味的。文徵明曾指出："实父虽师东村，而青绿界画乃从赵伯驹胎骨中蜕出。"（《文徵明集》）董其昌也认为"仇英为赵伯驹后身"（《画旨》）。

文徵明还让自己的子孙、弟子与仇英交往、切磋书画技艺，以此来提高仇英的名望与地位。与仇英交往，文徵明做出了榜样。在他的子孙、弟子们看来，作为父辈与老师的文徵明都如此敬重仇英，何况他们呢？他们在与仇英交往的过程中，都觉得仇英确是一位值得交往和学习的艺术大师。于是，他们就通过各种方式，特别是技艺上的相互切磋、学习与仇英建立了深厚的友谊。

嘉靖二十一年（1542），文徵明的长子文彭题识了仇英的《临元人倪瓒像》，在画上录了倪瓒墓志铭。这幅画上还有文徵明题跋——元代张雨为倪瓒写的颂词。仇英这幅画的创作动机体现了其对文人艺术价值的推崇及仰慕，同时也反映了其对苏州一带文人文化传统在精神上的认同。仇英的另一幅画《弹箜篌美人图》轴上有文彭题写的绝句及文徵明的得意门生陈道复的题跋。画左上角文彭的绝句为"落落长松生昼寒，白云深处草堂宽。闲情自是难消遣，为抱箜篌一再弹。文彭题于于舜凝馨阁"。画的上方诗堂有陈道复题跋，云："嘉靖壬寅过后放舟自陈湖草堂抵于虞山。留凡浃句。望南行艎。玉峰之下径造爱梧周子之凝香室。壁上悬此图。乃吾吴门仇实甫笔精妙持甚。可谓前无古人矣。爱梧欲余志数语于上。漫尔奉教。白阳山人道复。"从这个题跋中我们可以看出陈道复对仇英艺术的认识和赞赏。这张画的右镶还有董其昌的题跋，云："仇实父此图便欲突过伯驹前矣。虽文太史当避席也。必有信余言者。癸卯十月观于清鉴阁。董其昌。"

嘉靖二十三年（1544）除夕，文嘉，还有文徵明的弟子王穀祥、陆治访问了仇英在苏州的家。当时，仇英和陆治联合创作了《寒林钟馗图》。后来，文徵明又在画上用行书补了元代周密写的《钟馗》。30年后，文嘉再看到这幅画时写了一个题跋，并叙述以上由来，云："癸卯岁除日，余同王禄之、陆叔平过仇君实父处。实父以所写钟馗见示，禄之赞之不释，随以赠之。叔平时亦乘兴，遂为补景。持示先君观之，沾沾喜，因题其上。夫不满三十刻，而三美具备，亦一时奇觏。今黄淳父得此，可谓得所归矣。追忆曩时，不胜今昔之感，漫题以识慨。时万历癸酉腊月之望。文嘉。"仇英的《赤壁图》卷也同样能说明文徵明父子及文徵明弟子对仇英的提携、赏识和敬佩之情。《赤壁图》卷上有文彭、彭年、文嘉、周天球合书苏轼《前后赤壁赋》，他们以此形式表达对仇英艺术魅力的敬仰。

就在嘉靖二十三年（1544）至嘉靖二十五年（1546）年间，仇英创作了《清明上河图》。这是一幅伟大的巨作，是一幅令文徵明仰慕的大作。

仇英所作《清明上河图》实际正是一幅以北宋张择端原作为蓝本的再创造之画作。

首先，仇英的《清明上河图》在具体安排上有了重大变动。张择端的《清明上河图》的开头是城郊，很是开阔平坦，因为开封城处于四周无山的平原，故写实而绘。而仇英的《清明上河图》的开头有起伏不平的山岗。苏州虽处江南平原，但苏州郊区有不少山岗，这些山岗普遍都有几百米的高度，如灵岩山、天平山等。仇英也是照实而写。张择端的《清明上河图》结尾突然，从闹市一下子回归到较荒凉的郊外就结束了。而仇英的《清明上河图》结尾有一座座富丽堂皇的宫廷建筑，后妃、宫女们在其中做各种不相同的活动，而金明池中有龙舟游弋。有不少读者不理解，一幅反映最底层民众生活的图画，为什么最后却添加与整卷图像并不协调的宫廷建筑、金明池？还不如张择端的那幅《清明上河图》，从平凡回归到平凡，更体现了真情实景。其实，仇英如此处理自有打算。仇英的《清明上河图》反映的是苏州百姓太平、富庶又丰富多彩的生活。在封建王朝的统治下，一般来说，百姓们都会视这种太平盛景来源于皇帝的统治，一方面感谢皇帝，另一方面期望皇帝能持久从政，给百姓们更多更久的实惠与好处。仇英作为一名画家自然也不例外，也会有这些想法，只是他以绘写宫廷建筑作为表达方式，因为直接描画皇帝是绝对不允许的，而绘写宫廷建筑，既能恰如其分地表达感恩思想，又是自己所擅长的，真是一举两得。再说，苏州有史以来，宫廷建筑不少，许多历

停云馆头谡谡风——文徵明的子孙及追随者

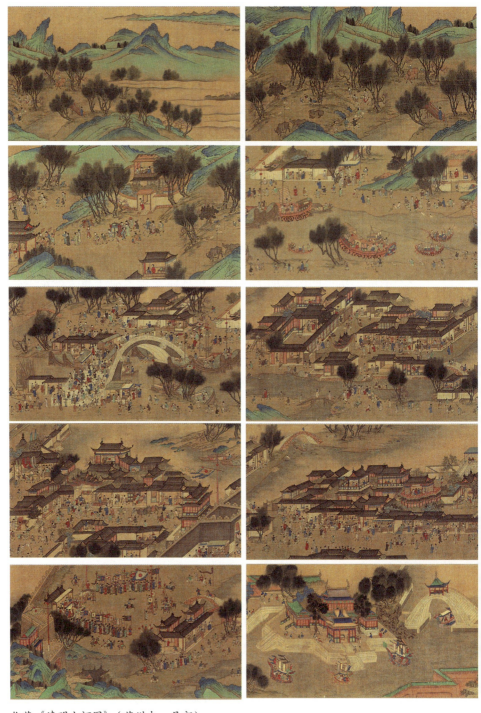

仇英《清明上河图》（苏州本，局部）

史图画及平江府图都曾描绘,仇英自然不会忽视这些。

其次,在描绘对象上,张择端的《清明上河图》描绘的是北宋时期开封城的繁华景象,而仇英的《清明上河图》描绘的是明代中叶苏州城繁华富庶的景况。张择端的《清明上河图》内包含700多个人物,而仇英的《清明上河图》则有近2 000个栩栩如生的人物。这两幅画都是通过对市井生活的细微描写,生动地描绘当时社会承平时期的繁荣景象。张择端的《清明上河图》偏重于对一般热闹场面的记录,图中描写的与记载开封的有关文献内容吻合,与《东京梦华录》中所说的"曹婆婆肉饼""唐家酒店""正店七十二户"等无有不符;而仇英的《清明上河图》则以当时苏州各个阶层的人物的各种活动为中心,较深刻地把这一历史时期的社会动态和人民的生活状况展示出来。

仇英的《清明上河图》采用工笔重彩技法,描绘明代江南苏州盛世,尽展天才画家之风采。全卷结构严谨,布局疏密有致;以青绿山水开卷,又以青绿山水结尾,前后呼应,自然流畅;人物、情节、景致交融贯通,气势如虹;每个人物的高度仅有两厘米左右,但神态各异,栩栩如生,无一雷同;御园、官府、大宅、商街、店铺、拱桥等建筑纵横交错,壮观无比;园林、花鸟、禽兽随景而设,彰显生机;社会阶层活动无所不容,洋洋大观。此外,仇英在建筑、内容、风俗、城乡分野等方面都有重大创新,在创新思想的指导下,具体规划、安排画面。这一方面是社会的发展变化所致,另一方面是因为仇英具有强烈的民本思想。他十分了解最下层的劳动人民的生活,对当时被人看不起的船夫、纤夫、织工、小商小贩等劳动人民怀有深刻的同情心。在作品中,仇英把他们作为苏州的主人,作为繁荣苏州的主力军,来着力地加以刻画。这就是仇英《清明上河图》的思想意义。

仇英的《清明上河图》,从构思上看,大致可以分为四段。第一段描绘苏州城郊的景色。在大运河畔,黛山连绵,果林片片,牛羊成群,许多农人在碧绿的农田里莳秧,也有公子、小姐坐着轿子、骑着骏马在悠然自得地踏青,还有不少人围着临时架起的戏台在看戏,一派祥和、安稳、富饶的景象。第二段描绘大运河通往城内的两岸街景。河里停泊着许多新船。通往两岸的石拱桥上人来人往,岸边的路上有农民、商人、小手工业者,有官吏、读书人、江湖医生、算命先生,还有各种各样的摊贩。第三段描绘城镇街市。这里店肆林立,街市上的各种商业、手工业活动也是五花八门、形形色色。各种店铺、作坊、酒楼、茶馆、当铺都有醒目的牌号。街市上这种热闹情景都被仇英描绘得有条有理,引人入胜。第四段是以界画绘制的宫廷建筑。后妃、宫女们在其中有各种充满生活气息的活动。金明池内有龙舟游弋。

值得注意的是,仇英在作品中添加了许多时代的新意。从建筑来看,张择端的《清明上河图》上,房屋都为硬山顶的平房,偶有几座高耸的层楼。而仇英的《清明上河图》上的民舍在规模上要宏大得多。屋舍层进,门面宽敞,尤其是城内大街上的一排店铺的右面,俨然是一家富豪园宅。仇英有意无意地炫耀着当时苏州园林的宏丽气派。再如画幅中心的高大虹桥,张择端的《清明上河图》真实地描绘出特殊的"叠梁拱"木结构,而仇英的《清明上河图》改成了高大的单拱大石桥,美观而大方。这表现了时代的演进。在城楼部位,仇英添置了曲折延展的城墙,使城乡的界域更为分明,从而体现了苏州城墙美观、大方、坚固、耐用的特色;城内商铺和民舍的排列也更趋于密集和齐整,体现出城市街道和建筑的规划更加趋向正规化、合理化。

展开仇英的《清明上河图》,我们在画的开首可以看到,仇英在这一部位添加了青绿设色的绵亘远山。远山均不高大,但非常秀丽。图中生动地展现了明代中期苏州城的山川、街巷、城墙、桥梁、店铺、房屋、戏台以及餐饮、雅集、演艺、赶集、田作、买卖、测字、渔罟等生活场景,真是包罗万象。

众所周知,《清明上河图》是中国十大传世名画之一,为北宋风俗画,是北宋画家张择端仅见的存世精品,属国宝级文物,今藏于北京故宫博物院。

由于出名,历代对于《清明上河图》的仿品颇多。最出名的要属仇英的模品了。称仇英的《清明上河图》不是仿品而是模品,是因为仇英绘制《清明上河图》时,在借鉴张择端的构思的基础上进行了再构思。他以明代苏州热闹的市井生活和民俗风情为蓝图,精心描绘了当时苏州社会的城乡人民的生活实景。图中人物之多,画面之精细,领域之广阔已远远超过了张择端的作品。图中,当时苏州的标志性建筑清晰可见。茶肆酒楼、书画装裱店、洗染坊以及说书、弹唱等细微处体现的是苏州水乡特有的生活情致。画面动静结合,疏密相间,有聚有散,运笔细腻,设色考究。整幅画完全是一种再创造。

由于人们追逐仇英的作品,当时有一批画家专门精心仿造仇英的作品。光仇英本《清明上河图》就有十余本之多,流传至今,只剩三件了。第一件是《石渠宝笈续编》所载,原藏于乾清宫,今藏于辽宁博物馆的仇英本《清明上河图》。第二件是《石渠宝笈初编》所载,原藏于重华宫,今藏于"台北故宫博物院"的仇英本《清明上河图》。由于此本被《石渠宝笈初编》评定为"次等",美术理论界历来将此本视为伪本。第三件为私人收藏,从未公开面世,鲜为人见,所以,学界一直视辽宁博物馆所藏仇英本《清明上河图》为真迹。

文徵明见到仇英如此大作问世,自然惊喜万分,在画上题识庆贺是免不了的。但文徵明原题识已遗失,现存的是伪作。文徵明在仇英画上题识,一方面是对仇英创作的赞许与肯定,另一方面也确实提高了仇英的知名度。

文徵明及其子孙、弟子是满腔热情地提携、学习和敬佩仇英的。即便后来仇英到收藏家家中长期客居,文徵明及其子孙、弟子对仇英也依然关怀备至,书画合作、题跋、友好往来比先前更加密切。

文徵明与仇英相识有30多年时间。他们之间经常联合创作,情谊之深非同一般。在画风上,文徵明笔法精细,风格优雅,而仇英的笔法风格确实和文徵明极为接近。从这一点可以推断,文徵明的画风深刻地影响了仇英。从文徵明许许多多对仇英作品的题跋中又可以看到,文徵明是真诚地欣赏和佩服仇英的绘画艺术的。据此,我们在考察仇英在吴派艺术历史上的地位与作用时,就可以抛弃单纯的师宗关系,更多地看到仇英一生的绘画成就。

遗憾的是，当笔者论及文徵明父子如何提携、学习仇英时，却没有看到仇英在文徵明父子的作品上题识。有人以为这是因为仇英文化浅薄，不能为之。其实不然。仇英具有30多年的绘画实践，加上他中晚年时长期客居收藏家的家中，阅览的古代作品数量不少，作些题跋之类的文字并不难。仇英没有在文徵明父子的作品上题跋，恐怕主要还是和封建门阀主义有关。仇英出身低微，长期被人瞧不起，因此不敢在他人作品上题跋。

到了晚年，特别是人生的最后几年，文徵明只在室内吟诗、作画、写字，很少外出旅游与活动了。加上旧疾时常复发，文徵明经常一夜无眠。然而，只要他将精力集中到诗文书画上面，便"安然无恙"了。

文徵明晚年唯一的乐趣便是与后生们交往了。仇英在生命最后时段完成的巨幅《职贡图》引起了文徵明的极大兴趣。《职贡图》是仇英客居苏州富商、收藏家陈官家中，用数年时间绘就的精品力作。该图是典型的人物画卷，描绘数队异国人马来中原求取友谊与和平的场景。画中大量多姿多彩的山水使这些人马显得更加斗志昂扬，更有气势。这种人物与山水的自然结合，使仇英的画魅力大增，充满了蓬勃欢乐的意趣。全图画法工细，色彩漂亮鲜艳。

仇英在完成创作之后，常常请文徵明鉴赏，并合璧题字。这次也不例外。当《职贡图》展现在文徵明眼前时，文徵明眼前一亮，觉得仇英的画真是越画越出色了。他毫不迟疑地在画上题字写道："观其奇形异状，深得胡环、李赞华之妙，克温不足言矣。"

最近，笔者发现了仇英晚年时写的一封书信。该书信经专家好友单国霖先生断定为真迹。这封载自黄朋《吴门具眼》的书信，来源于个人收藏家。它提供了许多重要信息，展示了仇英当时的生活状况和文化素养。

书信点开注评如下：

侍下仇英顿首拜复

大内翰川翁大人先生台座下

英本樗散曲材（如柞木弯曲不成材），伏蒙存录（录写他的事迹），屡承我公下念（关照），铭骨刻心，何日忘之？时怀报称，向病困，日抱抑郁而尝终不克果，如饥未副耳。襄辱委画寿图，董完贡上，幸捡收。更有他委，竟教示下。须如命贡纳，万勿转托西池。虽为亲谊，与仆情甚不合，幸留意焉。二更俟续上。病中草率欠恭，伏惟见原。

初六日英再拜具缄

书札左侧又写数行云

闻宅中多合幕荟（药材），九求数服，有叶亦乞见（惠）。

惠素问拜印一薄，万万，化桥道人又承搢（抬）举，又蒙方壶令弟惠银，幸（致私），鼓松万万。（《黄帝内经·素问》简称《素问》，古代中医学著作之一，也是现存最早的中医理论著作）

秦（奉）使舟银一钱。余素。

以上内容由单国霖先生亲自点开、补评。

从这封信札中可见，仇英文笔老到，措辞谦恭，卑称自己是个无用之人，只是蒙大内翰川翁看重，屡屡委托自己作画。希望今后委托，不必再让西池转托。原因在信中已说明，仇英与西池虽有亲戚关系，但相处不融洽，故直接告知并无不妥。另外，信中提到仇英虽然患病，但仍坚持作画。

关于受信人川翁的身份，书札裱边签条有题署"仇十洲致陈苇川书"字样。陈苇川即陈霁。《明诗综》卷三十二中有其小传："霁字子宇，吴县人，弘治丙辰进士，改庶吉士，授编修。忤刘瑾，勒致仕。瑾诛，复馆职，历国子监祭酒。有《玉堂》《成均》《归田》诸稿，毁于火，仅存《苇川集》藏于家。"这位"川翁"主要活动时间在弘治、正德年间，与仇英年纪相差太远，受信人不一定是他。上海博物馆黄朋先生认为，另有一位曾供职于翰林院的"小川"很可能是仇英这封信的受信人。小川名顾从礼，字汝由，即上海顾氏兄弟中之长兄。他与其弟顾从德、顾从义皆活跃于文徵明晚年的书画卷中，是嘉靖中后期崛起的青年书画鉴藏家。在仇英晚年，即1550年左右，顾从礼以内翰兼新锐藏家身份与仇英交往,请其作画,是合情合理的。至于仇英称比自己年轻的人为"翁""大人",则为敬语。在明代如此称呼相当普遍,与年龄无关。

以上信函起码明确地向我们揭示了以下四点:

第一,仇英即便在人生的最后几年,也勤奋创作,一边钻研画艺,一边为各类艺术订件人服务,无暇顾及其他事宜。

第二,仇英写此书信时,极可能就客居苏州收藏大家陈官之宅。由于陈官对其十分友善,极少限制他必须画什么、不画什么,因此,仇英在为陈官服务之余,也积极应接其他客人的订货,十分繁忙,绘画创作几乎从不间断。这与他早几年一样,客居某订件人家,仍保持与其他艺术订件人的往来,甚至接受其他订件。

第三,从他信札的字迹看,仇英写字有功底,字也写得漂亮,但应该称不上是大家,与沈周、文徵明、唐寅相比甚有差距。然而这并不影响他画艺的长进和辉煌的程度。因而可以推断,仇英很少在画上题识或在别人画上题识,书法并非最上乘是原因之一。但仇英文学修养深厚,用字遣词老到,这与他几十年从不间断地自学、刻苦努力密不可分。

第四,仇英在写此书信时已病困"抑郁"。信件虽未具署日期,但可以推断,写书信的时间,与他过世的时间(约1552年)相去并不遥远。至于生什么病,目前尚不可断定。晚年仇英身体并非健壮。尽管他自幼靠体力谋生,体质尚好,但后来长期从事绘画事业,特别是长时期集中于过于工细摹写的画艺,十分辛苦劳累,而他本人又不知道歇息调养。长年累月的辛苦劳累,加上疾病的折磨,对身体的伤害是很大的。

附:单国霖老师从北京发来的评价仇英信札的信函:

林家治先生:

寄来仇英书信一札收到。此函可信。其内容、关系比较复杂,不是作伪者可以杜撰的。此函显示仇英有一定的文化底蕴,遣词用句有一定深度。仔细辨认书法,"仇英"二字与其作品款识相像,书法比较随意，字里行间显现一定功力，但整篇排列有点乱，这与仇英受病情影响有一定关系。从仇英用药"幕荽"来看，患有较严重的风湿病，"向病因，日抱抑郁而尝终不克果"。风湿病对关节损伤很大，所以书写、绘画会受影响。此信可以提供以下信息：

一、仇英患有风湿病（也可能还有其他疾病），久治未瘥；

二、仇英患病期间在家受托作画；

三、仇英文笔不错，有一定底蕴；

四、反映出仇英为人谦卑；

五、通过此信函书法，加之仇英其他款识综合比较，推断其书法虽不如文徵明等几位大家，但也有一定功力。

单国霖

2017年1月30日

文徵明与仇英合作的作品往往令当时的收藏家们视若至宝。令人遗憾的是，仇英因病早逝。这一定令文徵明悲伤至极。目前虽然我们未发现记载，但文徵明出门吊唁仇英的可能性极大。

第二章
文徵明与陈道复

陈道复肖像

陈道复是文徵明的高徒，特别是在青少年时期，得到了文徵明较大的帮助，在文学、书法与绘画诸方面打下了扎实的根基，以至于日后在花鸟画，特别是大写意水墨花鸟画上做出了杰出贡献，深刻地影响了后来的徐渭和许多花鸟画家。"青藤白阳"便是我国花鸟画达到新高峰的代名词。而文徵明与陈道复之间的特殊关系，是本章所要讲述的内容。

陈道复（1483—1544），原名淳，字道复，后以字行，改字复甫，号白阳山人，苏州府长洲县（今江苏苏州）大姚村人。他出身官宦门第与书香世家。祖父陈璚官至南京都察院左副都御史，好文史书画，精鉴赏，收藏颇丰，又与吴宽、王鏊等名流交好。这为陈道复的成长奠定了基础，创造了优良环境。其父陈钥爱好诗文书画，亦精鉴赏，又与沈周、文徵明交好，早年为官，中晚年回归乡里。陈钥潇洒不羁，对陈道复有不可磨灭的影响。陈钥对阴阳方术颇有研究，这与文徵明之父文林极相似。他与文徵明为通家之好，交往二十余年，感情弥笃深厚，几达如胶似漆地步。陈钥去世时，文徵明怀着极悲痛之情写下《祭陈以可文》，文中云："某不佞，龊龊自全。视君高朗，奚啻天渊。然幸不忘通家之好，又重以文字之契。所谓水火其性，而胶漆其谊也。二十年来，气浃情怡。有无通假，过失相规。呜呼以可，今则已矣！孰知我贫？孰相我事？契阔死生，方从此始。呜呼哀哉！方君病革之时，正我失解之日，君犹慰我，执手太息，盖能了死生之际，而略无儿女之戚也。曾一语之不酬，乃千载之永隔。呜呼哀哉！呜呼哀哉！"其间流露之真情感人至深。

陈钥与文徵明深交，让其子陈道复拜学文徵明便是顺理成章之事。至于陈道复具体是从哪一年跟学文徵明的，已无从查考，但可以肯定，陈道复在二十岁至三十岁期间，一直受学于文徵明。文徵明与陈道复既是兄弟关系，又是师生关系。《陈白阳集》中这样记载："既为父祖所钟爱，时太史衡山文公有重望，遣之从游。涵揉磨琢，器业日进，凡经学、古文、词章、书法、篆籀、画、诗咸臻其妙，称入室弟子。"在这十年中，文徵明与陈道复交往甚密。多处可见文徵明关于陈道复的文字记载。如正德元年（1506年）文徵明所作《江山初霁图》上有跋云："三月望后稍霁，弄笔窗间，作江山初霁图。适友生陈淳道复至，因以赠之。"这十年间，文徵明与陈道复不仅经常互访，还时常同游，对坐、出没于名胜古迹间。他们吟诗作画，探讨画理。当然，陈道复追随文徵明学习的目的是走仕途之路，这与家庭传统相关。文徵明悉心教授陈道复同科考有关的经学、史籍、文学。文徵明诗、书、画俱佳，而陈道复耳濡目染，自然备受影响。在文徵明长期悉心栽培下，天资聪颖、勤奋好学的陈道复获得全面发展，打下了扎实的诗文书画根基。

有关陈道复师从文徵明的记载不少。明末陈道复之玄孙陈仁锡所撰《白阳公小记》中说："公师事文衡山先生。"《明史》中云："徵明主风雅数十年，与之游者王宠、陆师道、陈道复、王穀祥、彭年、周天球、钱穀之属，亦皆以词翰名于世。""淳受业徵明，以文行者，善书画，自号白阳山人。"

此外，这种师从关系，以及他们之间的融洽相处，也可以从往还的诗词与书画题跋中寻见。文徵明曾写五言诗《期陈淳不至》，其中有"未敢轻知己"之句。另一首《金陵客楼与陈淳夜话》云："卷书零乱笔纵横，对坐寒窗夜二更。奕世通家叨父行，十年知己愧门生。高楼酒醉灯前雨，孤榻秋深病里情。最是世心忘不得，满头尘土说功名。"诗句足以证明文徵明以知己的态度对待陈道复。

这一时期，陈道复诚恳地接受文徵明的教诲，一心追随文徵明。陈道复作于正德九年的《水仙图》，为泥金扇面，花叶用双钩法，施以淡彩，两株水仙随风摇曳。该画用笔似显生涩，为陈道复早期之作。落款"甲戌大姚陈道复"为行楷书，似文徵明笔迹。另一幅陈道复早期作品《湖石花卉》扇面，居中画一块玲珑湖石，以工整清秀笔触勾勒轮廓，于两侧点缀朱砂色小花，再晕染石之块面。用笔均

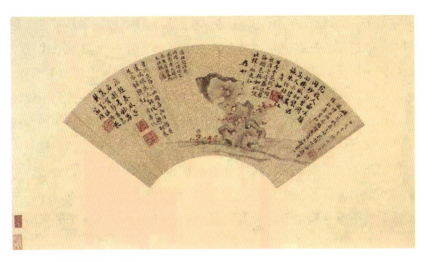

陈道复《湖石花卉》扇面

仿文徵明细笔，精细谨慎，一丝不苟，给人秀丽、含蓄的感觉。落款为"甲戌首夏，陈淳道复"。画上还有文徵明、祝允明、唐寅等所题六诗。陈道复自题书法用小楷，与画风相呼应，一看便知其风出自文徵明。陈道复的早期作品《竹石水仙图》中水仙用精细笔法双钩外形，再以淡彩完成，用笔精细，一丝不苟，与文徵明所描水仙如出一辙，极富文人意趣。应该讲，陈道复在33岁之前，一直追随文徵明，其书画始终深受文徵明影响。

陈道复从文徵明那儿究竟学到了什么？

陈道复一生的绘画题材主要有两大类——花卉和山水。我们先来看陈道复的花卉画。陈道复早在22岁时，即1505年就画出了花卉画《老圃秋容》轴（《式古堂书画汇考》）。直到61岁，他生命的最后一年仍创作了众多的花卉图（《石渠宝笈初编》）。从他传世的画迹分析，花卉题材陪伴他终生，且成就很大。而他花卉画中有一粗一细两种风貌，分明是受到文徵明"粗文"与"细文"笔法深刻影响的具体表现。他创作于正德九年（1514）的《湖石花卉》泥金扇面，画笔十分细秀，设色雅丽，几乎同文徵明花卉画"一胎而出"。陈道复的《竹石桃花图》也是扇面画。画中竹用双钩，花以没骨点染而成。画的右部自书"眼儿媚"词，款署"陈道复"，字体为行书，与文徵明的笔法完全吻合。虽然此画无落款日期，但我们可断定这是陈道复早年之作。这种偏于工丽的作品，反映了陈道复早期对文徵明精致设色的风格有着"必求肖似"的追求。

陈道复大部分传世作品，大多产生于他步入不惑之年以后。50岁后，他的创作精神格外振奋，并一直保持到逝世之前。虽然其已与文徵明决裂，但其书画中时常会出现文徵明的影子。

晚年陈道复依旧保留着文徵明细笔设色的画风。嘉靖十八年（1539）年，陈道复已56岁，作《四季花卉》卷（香港虚白斋藏）。该图笔致细秀，设色娟雅，大有文徵明细笔笔调的风格。卷后陈道复自跋云："嘉靖己亥岁春三月望前二日，余因谢客田舍，时值阴雨连旬，几格生寂，漫调脂粉戏作花枝数种，聊以遣我老怀，观者勿尚多儿态也。"陈道复另一幅《四季花卉》卷，也是采用比较细微的笔调，甚至在敷色上也有文徵明秀润的特色。这无疑都是深受文徵明绘画风格影响的缘故。

总的来说，陈道复的山水画由"粗文"进入"粗沈"，最终进入"二米"（米芾、米友仁父子）的水墨世界。从他传世的山水画作品看，大部分画云山、雨景，较少署年款，所以分析他继承文徵明风格的脉络，只能从他作品的笔墨之中去进行了。

陈道复在嘉靖十六年（1537）春所作《墨笔山水图》轴（《中国绘画史图录》）是一件很能说明其师承关系的代表作品。这幅画下部作坡阜、丛树，有一人站立远眺。中段空白为湖池，对面林木山峦，半为云烟所掩。全图笔苍墨润，情味幽逸。前景的树木交叉，一株作胡椒、梅花点，笔法似文徵明，另一株作横点，笔法又似沈周。图画中坡阜、山石的皴笔，树干的转折，爽朗而又劲峭，笔法介于文徵明与沈周之间。横笔的点苔，更是与沈周的笔法如出一辙。如果将陈道复的这幅图与文徵明的《溪桥策杖图》轴（《中国绘画史图录》）做进一步比较，它们的关系就更加清楚了。这两幅图的笔法极其相似。陈道复的《墨笔山水图》轴应是他晚期成熟的作品。然而，他的师承痕迹仍然十分清楚，足见他深受文徵明画风的影响。

陈道复赴文府学习已形成习惯，偶尔不至，文徵明反会挂念。文徵明作《立春日迟陈白阳不至》诗，表达对陈道复的思念。此类诗还有《夜坐怀陈淳》《简陈道复》《题画寄道复戏需润笔》等，表达了对陈道复的偏爱与思念。

云山、雨景应是陈道复山水画的主题。从这类山水画中我们又可以看出他对米氏风格的追求。如他曾作《仿米云山图》卷（香港黄仲方藏），在这幅画上自题："绘家惟用水墨为难，自宋元来，独米家父子良得其法。大米最为古雅，小米颇称秀润。余每见其遗迹，辄爱玩不能释去，往往欲效颦一二，自恨不能窥其藩篱，未尝不奥恨也。"看来，陈道复确实把玩过米氏真迹。据载，其祖父收藏有米氏的《云山图》。

其实，陈道复追求米氏画风，仍然是深受文徵明和沈周影响的结果，因为文、周两人都是甚爱米氏山水的。

陈道复《瓶莲图》轴

当然，陈道复敢于超脱老师的法度，集众家之长而自成一家，这也正是文徵明最欣赏的地方，因此其才评价陈道复"书画自有门径"。此评语发自文徵明内心。

在受学于文徵明的这一时期，陈道复除专注于学习文徵明外，另两位长者也是他心目中学习的楷模。一位是擅长粗笔山水与花卉的沈周，另一位是草书大家祝允明。沈周与陈道复祖父、父亲交好，因此陈道复自有众多机会耳濡目染，加上家中有诸多沈周书画，学习自然方便。至于祝允明，虽不见史书上明确记载其与陈道复何时往来，但陈道复曾自述："枝山先生，余少时常侍笔研，有师道焉。"陈道复早在31岁前就与祝允明有往来，自然不会放过向祝允明学习草书的机会。有一件作品可以证明陈道复对祝氏书法的追慕以及他们之间不一般的关系。祝允明赠送陈道复的草书《唐宋词》长卷（原周培源藏，今藏于无锡博物馆）卷后有祝允明跋云："卅年前偶为韦富太史书宋词，今夕白阳拈出相示，且欲更草书，遂从之。纸剩，补以李调。"从跋语可知，陈道复出示的祝允明手笔肯定不是草书，他想以此换祝允明草书手稿，而祝允明允之。

二

陈道复的父亲在正德十一年（1506）去世。父亲的去世使陈道复感到如大梁坍塌，其精神受到极大创伤。突然少了应有的管束，许多凡人俗事时常干扰他，使他感到厌烦。陈道复原本就是一位洒脱不羁的人，因为有父亲的管束、家族威望高、人际往来广泛，他才得以静心寄情于书画，安于向文徵明学习。现在，这种平静被打破了。陈道复那洒脱不羁的个性开始显露，对人事、生活的看法逐渐有了较大的改变。他终日焚香隐几，游兴笔砚，往来于高人胜士间，甚至与妓女频繁往来。这与老师文徵明一向严谨的治学态度以及严厉的门风格格不入。冲突终于爆发，两人关系发生裂变。陈道复的玄孙陈仁锡所著《白阳公小记》中有这方面的记载："公师事文衡山先生。衡山性恶妓。公尝有'有癖惟携妓'之句。一日，延衡山于家，歌舞毕集，衡山正色欲罢席。"

　　文徵明作为一个严格的老师，无论在书画艺术的研习上，还是在日常生活作风上，对陈道复都非常严格。当他发现陈道复竟然染有携妓恶习时，心中自然极其反感，因为他对这种不良生活习气是深恶痛绝的，便以罢席的方式来警策陈道复。然而，陈道复非但不能接受，还觉得先生在众人面前让自己丢尽脸面，当场便不顾一切地站起来与文徵明争辩。事情的发展自然越来越坏。此后，陈道复再也不与文徵明往来，还摒弃了许多年来从文徵明那里学到的书画技法，以此作为对文徵明的回应。

　　陈道复在丧父三年之后，北上游于太学，目睹了官场的尔虞我诈、世态炎凉，在四年太学后，被祖父好友、吏部尚书陆完荐留秘阁。陈道复觉得这无法施展自己的政治抱负，便拒留秘阁，返回苏州后隐居陈湖。白阳山和五湖田舍是陈道复终生居住之地。当时陈道复的经济来源就依凭仅存的几顷江田收课。他远离尘嚣，不为琐事所累，过着他自己所言"耳边惟有鸟，门外绝无人。饮咏任吾性，行洲凭此身"的生活。在大自然的怀抱中，他的个性得到解放，灵感得到激发。在这一时期，陈道复创作了许多诗词画作。陈道复曾游历山川、河流、草堂、友人别业宅第，如飞来峰、虎丘、葑溪、溪云堂；也曾游历寺庙、佛堂、精舍、祠巷等，如法华寺、四贤祠、紫阳巷、塔院、槐花精舍等，结交了不少僧人、道士、隐士，以至于中晚年时崇尚佛道出世思想，与世无争，安于贫穷，集中精力于书画。由于陈道复声名远播，来访者甚多。他总是来者不拒，热情款待。

　　陈道复发誓不再学习文徵明，以至于在文氏集中看不到文徵明将中晚年诗词赠予陈道复的记录。但是，文徵明曾说过这样的话："吾道复举业师耳，渠书画自有门径，非吾徒也。"这句话前半句说了文徵明与陈道复的师生关系，后面却说陈道复自有门径，"非吾徒也"，否定了师生关系。陈道复后来的画，特别是花鸟画，有了自己的独创。文徵明看在眼里，自然高兴，这体现了文徵明宽阔的胸怀。

　　陈道复极力想摆脱文徵明的影响，寻找一种合乎自己个性发展的途径，这使陈道复的书画艺术有了很大改变。从内部条件来讲，陈道复喜爱疏简自如，不怎么喜爱清雅、工整，对真正喜爱的大写意花鸟画风格正处于探索阶段，需要不断进行摸索、创造。而从外部条件来讲，陈道复早就将学习的目标放到了沈周身上。沈周的花鸟画画风简洁淡雅、质朴浑厚的特色正是陈道复所久久向往的。而且，其父和祖父与沈周早就有交往，家中并不缺少沈周书画作品。由丧父引发的看破尘俗，使陈道复情绪消沉而崇尚玄学，生活日益放纵。种种变化，使陈道复与文徵明的关系越发疏远。他们之间先密后疏的交往，是陈道复建立自己的画风，开创大写意花鸟画法的重要原因。这一时期，陈道复由于弃文氏工细画法，而近沈周之粗犷简略的画法，创作了许多转型的作品，代表性作品有《菊花图》轴、《墨花钓艇图》卷、《墨花图》卷等。

在转型时期，陈道复既学沈周又有个性创造的事例极多。如我们将陈道复的《菊花图》轴（今藏于上海博物馆）与沈周的《墨菊图》（今藏于台北故宫博物院）两图相比较，可以明显看出陈道复在画法上是学沈周的。所不同的是，沈周偏重于写实，对于菊花叶片、叶脉以及小花苞生长的样子重写实、极用心；陈道复则洒脱，对叶片、叶脉的处理只是草草几笔，用心在追求笔墨韵味。他对图画物象的追求没有了过去的严谨，十分明显地加入了自身的主见与意趣，随心所欲地运用笔墨抒写个人情感，而不过多注重自然形态，这恐怕是他最终成就大写意花鸟画的主要原因。今藏于北京故宫博物院的《墨花钓艇图》卷描绘了梅、兰、竹、菊、秋葵、山茶、水仙、荆榛、松枝、山雀等众多植物和鸟类，还有寒溪、钓艇，计十段图画。每段图画均配五言诗词。其对物象的描绘均取淡雅清秀，不一味求图像的真实，而以疏简笔意画出神态。可以看出，陈道复将勾花点叶法运用得纯熟，用笔灵动。图画结构自如，每段既独立成幅，又能连贯一气。这种非常活跃、出人意料的风格，与其前期紧随文徵明时的严谨画风形成鲜明对比，几乎不可同日而语。陈道复创作的这幅画说明他集多种形态、多种笔墨、多种技法于一身，显示了他多方面的才能与修养，更好地体现了文人画的特征。

文人画一直强调以书法的笔法入画。陈道复奔放疏简的写意风格与带有书法笔意的用笔是决然分不开的。书法用笔作为陈道复绘画笔墨的重要组成部分，对于陈道复花鸟画风格的确立有着不可缺少的鲜明作用。周天球在陈道复《花卉图》卷上有题跋云："书中有画，画中有书。"这充分说明了陈道复花鸟画中所具有的书画融合的特点。

那么，陈道复在书法上的成就究竟是什么呢？那就是在行草书上的突出成就。陈道复的草书从容洒脱，极其奔放，用笔自由幻化，浑然天成。陈道复作草书时，没有程式设想，自由挥洒，随机而变，使草书转化为一种抽象的线条运动。正是草书的书写功底，使陈道复的大写意花鸟画具有了散逸的风格特征，获得了不求形似，但求意趣的豪放不羁的笔墨表现力。如今藏于南京博物院的《洛阳春色图》卷，通景花卉配大草长题，结体欹正相依，字里既有文徵明的舒雅畅达，又有祝允明的奔放奇绝。王世贞对陈道复的书法做了很高的评价。陈道复的狂草苍劲清逸，同样脱出了文徵明的矩步。陈道复的篆体书写也很突出。他能以篆体书写《五经》《周礼》等名篇，足见其篆籀这一古文字体的造诣之深。从某种意义上讲，陈道复就这一项的开拓性，足可享"出蓝之誉"了。且陈道复的篆书用笔略带草意，圆而带尖，体现了追求个性和率意的意识，不仅与其师明显拉开距离，而且对后世，特别是文彭的篆书有特别明显的启示。经文彭努力，加上赵宧光的进一步草化，一种新型篆书——草篆逐渐形成。此外，陈道复的隶书、楷书也相当出色。故后世将祝允明、文徵明、陈道复、王宠并称"吴中四大书家"。

从这里我们可以看到，发誓要与文徵明分道的陈道复在作品中会情不自禁地表现出老师的影响，也可以看到陈道复具有震撼力量的独创性。徐渭在《跋陈白阳卷》中道："陈道复花卉豪一世，草书飞动似之。"这精辟的分析，道出了陈道复成功的秘诀，对后世影响极大。

在转型期，陈道复受佛道影响甚多，觉得人生虚妄，如同梦幻不实。这种虚妄感在他的作品中表现得十分强烈。今藏于广州美术馆的《荔枝图》即陈道复受佛道影响的重要作品之一。他不止于对物象形式的追求，而是积极探索形式背后的意义。这意义便是要为自己的生命寻找真实的"山林"。陈道复经常强调:"浩浩于不意处反见天真。若以法度律我,则非我,就会失真。"这个真,并非是事物状态的真实,而是事物状态后面的情真意切。陈道复有强烈的"人生如寄"的观念。这种思想并不消极,它为人的内心带来平和。这种意识正是陈道复艺术的重要动力。

三

到了晚期,陈道复的主要绘画思想是畅达情怀,具有典型的文人画戏墨心态。他彻底摒弃文氏工整细腻一路,在绘画中加入草书笔法,开创了大写意花鸟画风。晚年,他的作品很多,最具代表性的作品有《梅花水仙图》、《葵石图》轴、《茉莉图》、《瓶莲图》轴等。

在今藏于北京故宫博物院的《梅花水仙图》中,陈道复别出心裁地将梅花枝干安置于画面中央。梅花枝干以苍茫笔触写出,并以飞白表现枝干的苍劲。枝干向四周舒展,时断时续,加以梅花,水墨淋漓。下部的水仙用勾花点叶法画出,与上部的水墨淋漓形成鲜明对比。整幅画疏简雅淡,具有浓郁的文人戏墨写意气息。

在今藏于台北故宫博物院的《茉莉图》中,一枝折枝茉莉独特地由画面底部中央向上延伸,枝叶与花头向左右两侧分开。折枝成弧形,与上部呼应,起到了整体平衡的效果。画的上部是长篇行草书题字,占据了很大篇幅,却又不觉冗长。整幅画的文人画气息十分浓厚。

陈道复晚年画风变得非常简约,常常以极简笔触描写花卉,那种大写意花鸟画所体现的不求形似,更求神似的做法越发明显。像今藏于北京故宫博物院的《葵石图》轴,画面左边有一组湖石,下部一枝葵花倚斜向上,四周围以嫩竹、杂草。一朵葵花有数片叶子陪衬,简洁清爽。陈道复以浓淡相间的行草书笔写出石头形状,又用枯笔皴擦出湖石的起伏,使石头的轮廓显得疏简;以单笔勾出葵花,重墨点心,令花瓣富有书写性,葵叶水墨挥洒自如。整幅图画形象洗练,笔墨放逸,率意十足。这种水墨大写意花卉画,较之沈周、文徵明等人

陈道复《梅花水仙图》

停云馆头飒飒风——文徵明的子孙及追随者

164

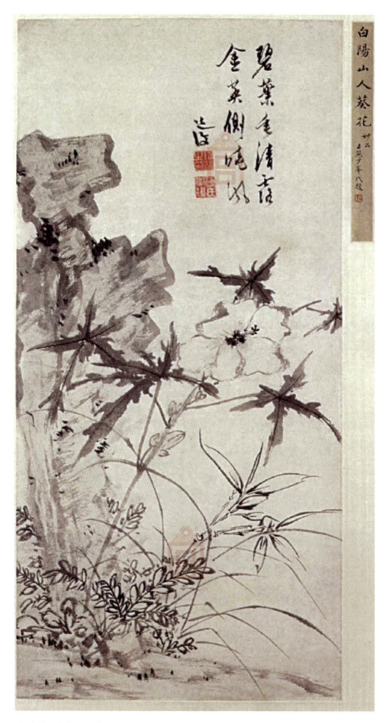

陈道复《葵石图》轴

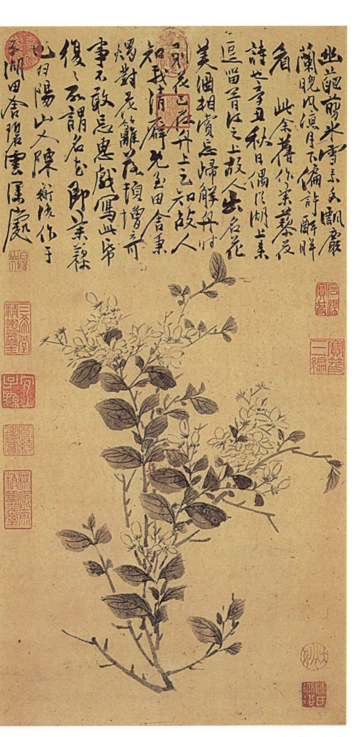

陈道复《茉莉图》

的作品简直有了质的飞跃。

陈道复由向文徵明、沈周学习开始一步步完善，终于将文人写意花鸟画创作推向高潮，无论在笔墨韵味上，还是在风格取向上，都使大写意水墨花鸟画获得了质的飞跃。正如董其昌所说："白阳陈先生深得写生之趣，当代第一名手不虚也。"这表明了陈道复的地位非比寻常。陈道复开创大写意水墨花鸟画后，仿效者、追随者不计其数，其中就包括徐渭。后来二人并称"青藤白阳"。

在山水画方面，陈道复也颇有成就。他在以云山雨景为题材的山水画领域中的成就就远远超过了文徵明，丰富了"二米"技法，形成了自己的新面目。这种新面目的创造主要表现在以下两个方面：一是境界和笔墨的无穷变幻。陈道复时常在山水画中表现出阴、晴、云、雨的过渡，以及乍阴乍雨的变幻。对这类画，他往往取手卷形式。因为境界不同，绘画技法也应做相应变化，所以，陈道复除取法"二米"和高克恭以显笔作横排点、大混点外，还常常结合长划疏皴大笔的抹染，同时又使介点、竖点混合其间。二是陈道复的山水画创造习惯表现在笔墨的泼放和大草的入画上，使画面具有纵横磊落的气象。在他之前，李在等人虽有这方面表现，但终究免不了有刻意的气息。文徵明虽文气十足，但总有过拘谨之感。尽管文徵明爱"二米"的原因在于"能晚略画家意匠，得天然之趣"，但严谨的个性束缚着他，使他在笔墨技法上无法实现解脱。陈道复并不仿效文徵明，他那闲云野鹤般的情怀、放荡不羁的性格，在画中得到了最大限度的展现，创造性便由此而出。总的来说，他的山水画用笔粗放，墨色酣畅，更接近沈周的粗笔山水；笔法奔放率略，墨气潋然酣肆，具有纵横磊落的气格。

当然，陈道复最主要的创作还是在花卉画方面，因为花卉画在陈道复的艺术生涯中占据了很大比重。他的花卉画常常是先工后写，先多敷彩，后来渐渐重于水墨，绝没有截然的界限，所以，他晚年仍有设色而偏细画风的原因也在于此。这就是陈道复创造性地进行花卉画创作的基本思想。

陈道复在大写意花鸟画上的巨大长进，文徵明看在眼里，喜在心上。嘉靖二十三年（1544年），陈道复于春日创作了《四季花卉》卷。在该画卷的卷后有文徵明的一段跋语云："道复游余门，遂擅出蓝之誉。观其所作四时杂花，种种皆有生意，所谓略约点染，而意态自足，诚可爱也。"这幅作品该是陈道复的人生最后之作了，文徵明题跋的当年也是74岁的老人了。作跋时文徵明未落年款，但从所跋语气可以推断，当时陈道复尚未过世。文徵明的跋文清楚地告诉大家，道复"游余门"，有"出蓝之誉"。

晚年的陈道复，心情平静，也曾忆起文徵明对自己的种种好处，心存感激。他在文徵明《山水》卷上题跋道："余幼入太史门墙，才德倾动海外，书画冠绝古今，日无虚刻，笔无草率。"署名"门下士陈道复"。这表明他对业师仍然敬仰不已，并无怠慢之意。

晚年的陈道复，也不想孤独相处，依然与以往的好友来往。文彭、文嘉是他的好友。文彭对陈道复是极佩服的。他甚至认为，陈道复在书画中的才气能使父亲退居一处。文彭在其《博士诗集》中有《江上有怀陈白阳》一诗，诗中有"苦忆故人城市隔，一樽浊酒为谁开"句，说明陈道复不常入城，很难经常与其相见，表达了对陈道复的怀念。而文嘉与陈道复交往也是常事。

在文门弟子中，陆治与王穀祥都是花鸟画家。陆治游于文徵明门下，好赋诗、古文等，善书法，尤通绘画；其工笔写生有黄筌、徐熙遗意；其山水画也受文徵明影响，并吸收宋代画院与青绿山水之长，用笔劲峭，意境清朗，别具新意。陆治晚年贫困，隐居支硎山中，终日寄情书画，种菊自赏，晚年的隐居生活与陈道复颇相似。他们曾交往频繁，后来逐渐平淡。有一日，陆治突然去看望陈道复时，陈道复十分激动。陈道复与王穀祥也有交往。他们的交游应在王穀祥入仕后，自然在拜文徵明为师之后。陈道复对王穀祥的花卉画很推崇。王穀祥对陈道复的花卉画也十分佩服。

书法大家王宠也是陈道复的好友。王宠为吴县人，博学多才，工篆刻，善山水、花鸟，诗文有很高声誉，书法更是名噪一时。王宠擅书小楷，行草尤精妙。陈道复与王宠的交往非常亲密，曾一起游金陵，泛舟湖上，共同作诗，寄情书画。王宠的年谱中，有多处记载与

陈道复《合欢葵》卷

陈道复的友好交往。王宠不到40岁便英年早逝。陈道复痛惋万分。

陈道复创作花卉画曾沿着文徵明、沈周的道路走了一大段，但他绝没有停留于此，这表现在他对于物情、物态的深入，技法、技能的娴熟运用和某些绘画程式的建立上。

一个画派成熟的标志是绘画程式的建立。吴门画派花卉画的程式是折枝花卉的形式，尤其是折枝花卉横卷，更有问画问题的方式。对于陈道复来说，他早已娴熟地掌握了这些程式，并加以大胆地突破。如在他的花卉画中，有一部分尺幅较大的作品，而且都是竖幅，所画大多是湖石和杂花等，往往一气呵成。这是文徵明和沈周都不能做到的。像陈道复的《四时集瑞图屏》（广东博物馆藏）是大作品，竟高丈余，写四季佳木花卉，物繁而不乱，笔强而不霸，气足而不野，色明而不艳，足见其创造性的功力是何等深厚。

陈道复在花卉画上最大的创造出现在50岁之后，有大变法的趋势，主要表现在水墨作品多了，笔墨也日趋放纵。有些作品摆脱了物象的束缚，加强了运笔的速度和力度，可以说是将大草入画了。他在大草书上的深厚功底促成了他的创造。如他于嘉靖十三年（1534）所作的《墨花钓艇图》卷，为纸本、墨笔，每段之间均以自题绝句相隔。所写各类，或勾画，或点染，或连笔如作草，形态简略而风神

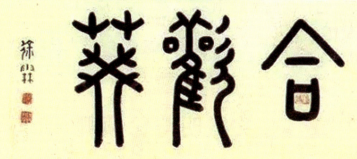

奕奕,令人一时难以揣测其意。这种浪漫的手法是典型的中国文人逸兴的反映。类似的作品陈道复创作了不少。这类作品所表现的情趣和追求开拓了一个新的境界,深深地启发和影响了徐渭。王穉登在《吴郡丹青志》中评价道:"陈太学名淳,字道复,后名道复,更字复父。天才秀发,下笔超异,画山水师米南宫、王叔明、黄子久,不为效颦学步,而萧散闲逸之趣宛然在目。尤妙写生,一花半叶,淡墨敧豪而疏斜历乱,偏其反而咄咄逼真,倾动群类。"这准确概括了陈道复大写意花鸟画的风格面貌。

当然,陈道复的花鸟画中鸟类画得极不生动、得体,所以,他也极少画鸟。这可能跟他的先生文徵明有关,因为文徵明的鸟类姿态也画得勉强。

陈道复晚年清苦的生活、旺盛的诗文书画创作,使他的身体严重透支,日益羸弱。嘉靖二十三年(1544),陈道复因染疾不治卒于家中。

第三章
文徵明与徐祯卿

徐祯卿肖像

徐祯卿（1479—1511），字昌穀，又字昌国，自署清虚先生、广寒子，太仓双凤人，后徙居吴县（今江苏苏州），明代文学家，在我国诗坛上占有特殊地位，因诗作多且佳，被誉为"文雄"。与文徵明、唐寅、祝允明并称"吴中四才子"。

阎秀卿《吴郡二科志》记徐祯卿"天性颖异，家不蓄一书而无所不通。与吴趋唐寅相友善，寅独器许，荐于石田沈周、南濠杨循吉，由是知名。"李梦阳《迪功集序》称"迪功以文赋起吴中，十数年间，鸷翔而虎变，彬彬乎出人士前矣。"徐祯卿16岁著《新倩集》，即知名于吴中，但早年屡试不第。弘治十八年（1505），徐祯卿中进士，官大理寺左寺副，坐失囚，被贬为国子监博士。在京时与李梦阳、何景明、边贡三人游，名亦相亚，并称"弘正四杰"。该四人又与康海、王九思、王廷相三人并称"弘正七子"，即所谓"前七子"。正德六年（1511），徐祯卿卒于京师，年仅32岁。王守仁曾为徐祯卿撰《徐昌榖墓志铭》。徐祯卿虽英年早逝，然著述颇多，有《迪功集》《徐昌榖全集》《翦胜野闻》《新倩集》《异林》《太湖新录》《谈艺录》等存世。

徐祯卿小文徵明9岁。虽然史书上不见徐祯卿拜师入文门的记载，但两人情谊深厚。他们过着文酒雅集、评古论今、切劘诗文、品评古书字画的文人风流生活。他们谈艺论学，相互切磋。徐祯卿为苏州文豪，与文徵明过往甚密，不可能不受影响。故笔者思考再三，专列此章。

少年为诗的徐祯卿，崇尚六朝的繁巧缛丽，又旁参白居易、刘禹锡。登进士第后，与北地李梦阳、何景明等人游，乃悔其少作，转向汉、魏、盛唐的古朴之风。吴中名士讥诮他是"邯郸学步"。李梦阳讥其为"守而未化"。钱谦益在《列朝诗集小传》中则赞誉他"标格清妍，摛词婉约"。王世贞对他的诗有极高的评价："昌榖之于诗也，黄鹄之于鸟，琼瑶之于石，松桂之于木也。"

徐祯卿的《谈艺录》是他研写诗学的精心论著。《四库全书总目》有评点："其平生论诗宗旨，见于《谈艺录》及《与李梦阳第一书》。

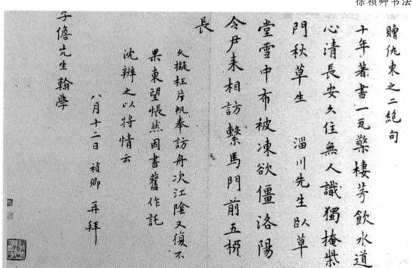

徐祯卿书法

如云：'古《诗》三百，可以博其源；遗篇《十九》可以约其趣；《乐府》雄高，可以励其气；《离骚》深永，可以裨其思。然后法经而植旨，绳古以崇辞。或未尽臻其奥，吾亦罕见其失也。'"

文徵明与徐祯卿是好友，他们结识于弘治十年（1497）。当时文徵明27岁，徐祯卿18岁。二人风尚不甚相同，但不妨碍他们建立深厚的友情。文徵明不喜受时文羁绊，而崇尚率情适性。他赞美徐氏束发而作汉魏五古甚工，认为其"才性特高，年甚少而所见最的"，但是病在"多悲忧感激之语"，这实在是受校官拘束所致，所以文徵明感叹道："于戏！昌毂操其所长，宜被当世赏识；而尚羁束于校官，悽悽褐素，退就诸生之列，使不得一伸吐所有。虽欲强颜排解，作为闲适之辞，得乎？"由此可见，二人性情不同，文徵明主闲适，徐祯卿则较谨守学官规矩。这两种不同的态度，也影响了二人的命运。徐祯卿能羁束于校官，后来考运顺畅，但他的书法也因拘于时风而未能形成自己的风格。不过，他的书迹因他的诗名而受人珍视。

徐祯卿与苏州文人的诗文往还极多。徐祯卿有《立春前一日过征明小斋闲咏二绝》，文徵明也有《立春前一日昌国过访停云馆同赋二首》。这两首诗文当为两人一时酬唱之作。徐祯卿与文徵明往来频繁，或闲坐，或雅集，或出游，且都以诗纪之。弘治十一年（1498）冬，徐祯卿与文徵明追和倪瓒《江南春》。归庄《汇刻江南春词序》记道："倪云林尝作《江南春》三词，手书与王氏兄弟，风流可爱。后百数十年，文徵仲得之，遂补画图而和其韵。一时名彦如启南、昌毂、子畏、希哲、君谦、履吉、九逵诸君子并和之，文、沈乃至三和，联为一卷。词既穷态极致，书法亦各自成家，盖吴中前辈风流，萃于此矣。"

弘治十六年（1503）五月，徐祯卿偕客游西山，有《游洞庭西山》八首，文徵明和之；同年十月，文徵明游东山，有《游洞庭东山诗》七首，徐祯卿也和之，合为《太湖新录》。弘治十七年（1504）沈周赋《落花》诗十首，徐祯卿和文徵明相与叹艳，首和《落花》诗各十首，沈周又反和之，自此吴中文人和者日盛，唱和遂多。文徵明对此事的记载十分详细，他在《文徵明集》补辑小楷

《落花》诗中云："弘治甲子之春，石田先生赋《落花》之诗十篇，首以示壁，壁与友人徐昌榖甫相与叹艳，属而和之。先生喜，从而反和之。"吴中文人间的唱和对徐祯卿影响很大。至中进士后，徐祯卿在与李梦阳论争之时所作《与李献吉论文书》一文中仍对唱和之事津津乐道。

徐祯卿还经常参加苏州的文人雅集。文林赴温州任职前，友人们在胜地虎丘为之饯行。共有8人，各有诗词赠送。参与这次雅集的有仕者，有隐者，有长者，有少者，或穷或达，或衰或盛，但交游无碍，凸显了吴中文人们团结、友好相处的氛围。弘治十七年（1504）春，徐祯卿与文徵明等人竟日在虎丘游玩。文徵明记道："弘治甲子之春，偕林屋先生及子畏、昌榖辈放棹虎丘，登千顷云，相集竟日，把酒临风，不觉有故人之思。"

除了文集雅会，文徵明又常携徐祯卿观赏评点书画。徐祯卿虽不手涉书画，却也颇会欣赏，也为雅事一桩。他经常和文徵明一起观赏书画。弘治十三年（1500），徐祯卿与文徵明在沈律处观其所藏《郑所南国香图卷》、宋徽宗《王济观马图》。两幅图上均有数位吴中名人的题跋。文徵明在《郑所南国香图卷》上有题跋云："徵明往与徐迪功昌国阅此卷于润卿家，各赋小诗其上，是岁弘治十三年庚申也。……追忆卷中诸君，若都太仆玄敬、祝京兆希哲、黄郡博应龙、朱处士尧民、张文学梦晋、蔡太学九逵及昌国，时皆布衣，皆喜谭郡中故实。每有所得，必互相品评以为乐。"

徐祯卿过世虽早，留下的遗著却不少。唱和集《太湖新录》是徐祯卿与文徵明专门唱和的选集，一卷，为弘治十六年两人唱和所作。文徵明为《游洞庭东山诗》作序云："余友徐子昌国近登西山，示余纪游八诗，余读而和之。于是西山之胜，无俟手披足蹑，固已隐然目睫间；而东麓方切倾企。属以事过湖，遂获升而游焉。留仅五日，历有名之迹四。虽不能周览群胜，而一山之胜，固在是矣。一时触目撼怀，往往托之吟讽。归而理咏，得诗七首。辄亦夸示徐子，俾之继响。"

另一本唱和集《江南春词》中亦有文徵明与徐祯卿及其他友人

的踪迹。此卷为沈周、杨循吉、祝允明、文徵明、徐祯卿、唐寅等追和倪瓒所作。徐祯卿和诗二首,名为《江南春词》。《四库全书总目》云:"然文徵明《甫田集》云:'追和倪元镇《江南春》,亦载入诗内。'则当时实皆以诗和之。"

文徵明与徐祯卿交往密切,有段时间曾与唐寅、祝允明、都穆等人倡导"古文辞"。当时,吴中科举盛极。文徵明、唐寅等人,包括徐祯卿在内,都受过时文及程朱理学的伤害,所以,他们对时文与程朱理学的反抗也十分激烈。徐祯卿在《谈艺录》中大幅度地倡导复古,便是对时文及程朱理学最好的批判。文徵明、徐祯卿、祝允明、唐寅等人作为倡导与参与吴中"古文辞"运动的引领人物,这方面的言论很多,也很激烈。

除了对时文与程朱理学的批判之外,最重要的是这些人能及时寻找时文与程朱理学以外的文化资源,常常以博杂之学、汉学来对抗程朱理学,在文学方面又常常以古文来对抗时文,并在吴中地区发起了一次"古文辞"运动。可以这样说,吴中地区的"古文辞"运动是徐祯卿复古思想与"前七子"复古运动的先导。

吴中文人习"古文辞"比"前七子"更早些。而吴宽、王鏊都是"古文辞"爱好者。吴宽少时即不喜欢时文而属意古作,绝不是在入京后受翰林文臣影响。其在少年时期就学"古文辞"了。吴宽、王鏊似乎是吴中文人在京城的代表。他们身在京城,心却系着吴中文人,与大家保持着紧密联系。事实上,他们对吴中文人,特别是年轻文人的习学起着导向作用。

吴中地区的"古文辞"运动,从史书上看应是以祝允明、都穆、文徵明为首创,唐寅、徐祯卿诸人积极响应。文徵明在《题希哲手稿》中云:"右应天倅祝君希哲手稿一轴,诗、赋、杂文共六十三首,皆癸卯、甲辰岁作。于时公年甫二十有四。"

吴中文人确认的"古文辞"范围不太一致,比较宽泛,从先秦至唐宋的古文、诗、赋等均属于"古文辞"范围。"古文辞"重点在文,先秦两汉之文是"古文辞"的基本范围。吴中文人对宋代诗文有不同取向,对元代诗文则基本否定。徐祯卿参与了吴中文人的

"古文辞"运动，这为他参与"前七子"复古运动及倡导复古奠定了基础。

徐祯卿中岁信奉道教，由文学转向道教是他思想上的大转变。他几乎否定一切，转向玄虚、长生与精神上的超越。王阳明入京觐见后，受王阳明心学影响，徐祯卿的思想再度发生转变。关于这一点，王阳明在《徐昌榖墓志铭》中做了较细致的记载。

上述内容说明，徐祯卿在生命最后时期，接受了王阳明的心学。可惜的是，徐祯卿英年早逝，否则，他对心学的研究必会攀上更高境界。

正德六年（1511）徐祯卿卒于京师，年仅32岁。文徵明有《祭徐昌榖文》。那年，文徵明41岁。在以后漫长的人生道路上，徐祯卿留给文徵明的印象是难以忘怀的。

第四章

文徵明与王宠

王宠肖像

王宠（1494—1533），字履仁，又字履吉，号雅宜、雅宜山人。少与兄王守同学于蔡羽，居西山三年，又读书于石湖十五年，非省侍不入城市，后以诸生贡入太学。因病，养疴栖息于常熟白雀寺累年。嘉靖十二年（1533）因肺疾卒。

王宠是个标致的江南男子。王世贞的《艺苑卮言》中云："履吉玉立秀雅，饶酒德，使人爱而思之。"钱穀则说，王宠与陈道复当时并有"美如冠玉，其人如玉"之美誉。何良俊在提及王宠时，特别描述了王宠的谈吐风度："所谈皆前辈旧事，历历如贯珠，议论英发，音吐如钟，仪状标举，神候鲜令，正不知黄叔度、卫叔宝能过之否。"

王宠与文徵明虽无师生之名，但王宠早年已游于文门之下。王宠受文徵明青睐，经过长时间磨炼，终于成功于书法。王宠精于小楷、行书与草书，在吴门书派中，仅次于祝允明、文徵明二位领军人物，是明代书史中绝不可忽视的一员大将。王宠之子王龙冈与唐寅之爱女桃笙结为夫妻，因而唐寅与王宠是亲家关系。王宠著作有《雅宜山人集》《王履吉集》等。

《明史》条目有载，与文徵明游者有王宠、陆师道、陈道复、王穀祥、彭年、周天球、钱穀等人。所谓"游"应是从学。史书上并没有王宠正式拜文徵明为师的记载，但是，从许多记载、题跋、文章中可明确看出，文徵明与王宠的关系远胜一般的师生关系，完全可以用"亲密"两字来形容。

一切应从王宠之父说起。王宠之父王贞是一位小商人，以经营酒肆为业，并有几分风雅，喜收古董，雅玩书画，并主动与文徵明、蔡羽、唐寅等一批文人亲近。这使王宠兄弟有机会接近当时的吴门俊彦文徵明，终身受益。

正德元年（1506），王宠与兄王守以俊选选隶学官，补校官弟子员。两年后，文徵明拜访王贞，见王宠兄弟"秀颖好修，器业并可观"，便折辈行与交，并"引以游处，随所长称之"。

王宠早年经常与文徵明登临虎丘、濯足剑池、唱答诗赋，也曾与文徵明、蔡羽等人共游尹山寺，观文天祥手迹刻石。

正德四年（1509），大学士王鏊致仕回归洞庭东山。文徵明携王宠兄弟前往探望。自此，王宠有幸与苏州俊杰祝允明、唐寅、陈道复等人交往。王贞见文徵明如此厚爱王宠兄弟，十分高兴，就在当年请文徵明为王宠兄弟撰字辞。文徵明自然乐意，就以其名字的含义训之："字守曰履约，字宠曰履仁。"（见周道振辑《文徵明集》）因为文徵明的引游与称赞，王宠的名声随之隆起。

正德五年（1510），王宠通过莆田提学黄如金的介绍，与兄王守一起赴西山从师蔡羽读书，历时三年。

正德十年（1515），文徵明与王宠兄弟、汤珍、吴爟等饮于城西葛氏墓，玩月而归。同年冬日，王宠与文徵明同寓楞伽僧舍。正值飞雪几尺，王宠出佳纸索图，文徵明遂乘兴濡毫，作《关山积雪图》。图上有陆师道题跋："衡翁与王履吉为忘年交，意气投合，真所称金石椒兰。每同寓僧寮道院，必浃月连旬，非砥志人品，则托趣笔墨。"

文徵明赠予王宠的自题长诗中充分体现了文徵明对王宠独处郊野清冷之境深表同情。文徵明在诗中还激励王宠辛勤苦读，争取在未来考试中出人头地，夺得功名。嘉靖六年（1527），文徵明题《松壑飞泉图》赠予王宠。在题记中，文徵明称王宠为"赏音"。

文徵明对王宠的爱护与帮助常常是无微不至的。文徵明收藏甚丰，王宠也经常来观赏。特别是所藏王献之《地黄汤帖》摹本，王宠每次来必索观。见王宠如此喜欢，文徵明便将之赠予王宠。

当然，王宠也为文徵明所藏书画题诗。如《奉题衡山先生所藏宋克画竹》云："斯人（宋克）则已矣，风流今尚存。文君后来彦，清世抱屿璠。"王宠借着对宋克的赞美，充分肯定了文徵明接续宋克的崇高地位。赵孟頫是文徵明所崇拜的艺术家。在文徵明所藏赵孟頫《画马图》上题诗时，王宠也借题发挥，将文徵明比作绝尘而去的骏马。

王宠一直与文徵明、唐寅等吴中才子保持密切联系，他们经常在一起雅集，唱和诗歌，交流书画。尽管王宠后来在石湖治平寺读书长达20年之久，且不大返城，但以文徵明、蔡羽为核心的文人雅士常去石湖雅集。这不仅因为文徵明长子文彭也在石湖读书，还应与苏州人每年春夏之交游石湖风俗有关。

王宠为何要独居石湖？王宠在晚年所作《山中答汤子重书》中，曾多次提及对童年生活环境的厌恶："家本酤徒，生长廛市，入则楣枯塞目，出则蹄足摄履，呼筹握算之声彻昼夜。每一焦烦，心肠沸热，以故山水之好倍于侪辈。"（见《雅宜山人集》卷十）这足可以解释王宠为何要弃城市而居郊外石湖了。

王宠与兄长王守的关系甚好。对于兄弟之间的每次分离，王宠都会长歌当哭。王守亦称与弟"幼共席，砚交师友，蓬蒿环堵，弹琴咏歌，咻咻朝夕相乐也"。少年时的王宠兄弟读书起居形影相随，心心相印。不幸的是他们自幼丧母。幼年丧母更加重了王宠的自卑心理。

王宠33岁那年，即嘉靖六年（1527）春后，在北京翰林院当了三年待诏的文徵明返回故里，于是以文徵明为核心的文艺圈子顿时又活跃起来。这一年，恰逢王贞少时同学袁袠六十寿诞。袁袠（袁方斋）有二子四侄（袞、裘、表、褧、褒、衺，时人将六人呼为"袁氏六俊"），皆俊挺奇拔，与王宠友善。因知王宠交往甚广，袁衺便请王宠征名士诗、赋、词、画为寿。于是，文徵明、文彭、文嘉、文伯仁、陆治、陈道复、许初、汤珍、段金、王穀祥、钱贡、彭昉、王同祖、史经、金用、彭年、王守、徐玄度、沈荆石、蔡羽、陆芝等人为座上客。王宠以小楷书《寿方斋袁君六十颂有序》。可见王宠在当时苏州文艺圈交谊之广、影响力之深厚。

王宠《寿方斋袁君六十颂有序》（小楷）

名单中缺了唐寅与祝允明。若不是因为这两人已相继过世，他们定然是必到之人。王宠与唐寅是亲家关系，王宠之子娶了唐寅之女。唐寅在最后几年，生活上一直得到王宠接济。唐寅过世后，由王宠、祝允明、文徵明出资，将其墓移葬至横塘王家村祖坟。祝允明应为王宠书法上的导师。祝公去世后，王宠为其撰行状。这些足见王宠与两位前辈有着深厚情感。

　　王宠不仅与蔡羽、文徵明、祝允明、唐寅、陈道复等吴门文艺圈中的名人交谊极笃，也深受尚好风雅的苏州郡守胡缵宗的赏识，并被收为门生，以年资由诸生贡入国子。虽然时间不长，但王宠颇感其知遇之恩。

　　其实，王宠与当时的读书人一样，热衷于功名成就。他努力与当

王宠《致长兄札》

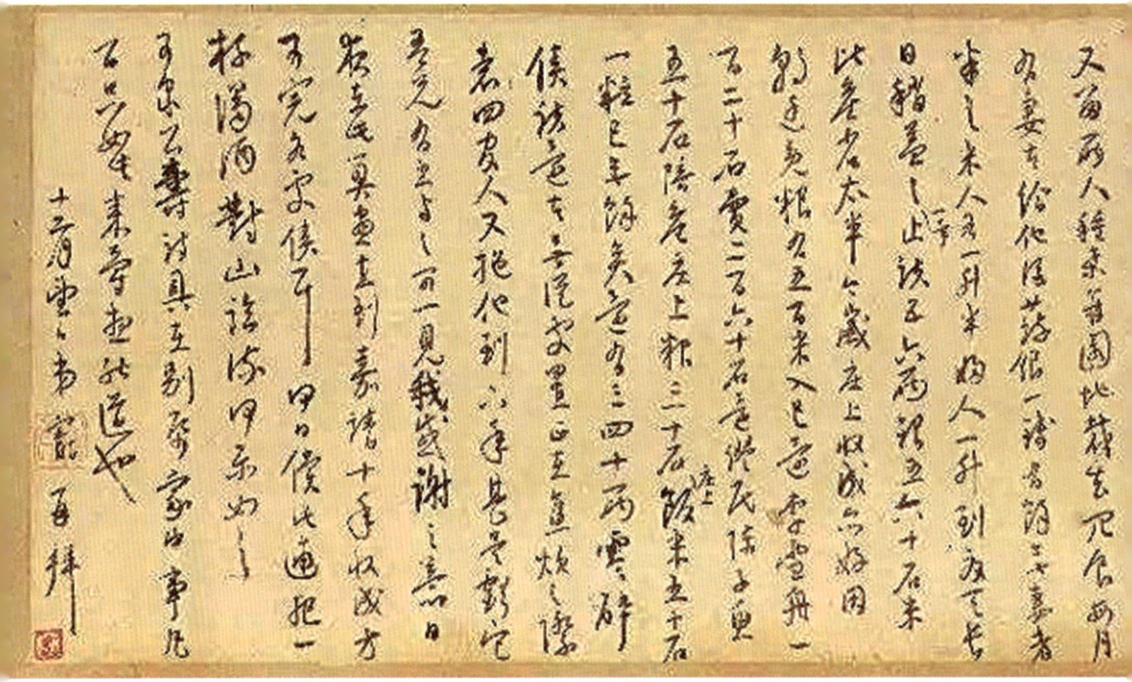

代名公巨卿交往，以冀得到他们的各种关照。但是，王宠一生八应乡试，皆以失败告终，辱在泥途而不得超拔。他的诗歌、文章中，经常显露出不得志的信息。出身贫贱，且不得志，使他的内心充满了焦虑和惶恐。这些焦虑化为一种难以言说的自卑与不安，极大地伤害了王宠的身体。然而王宠是一位很要脸面的人，便故作超脱，以维系他那清淳恬淡的社会形象，因而也产生了奇异的心态。

　　文徵明对王宠兄弟寄予厚望，曾为他们写下"百年有待麟呈瑞，千里欣看雁逐行"（见《文氏五家集》卷六），但文徵明的期许始终未能成为现实。

　　由于长期抱病，王宠屡屡举债。嘉靖五年（1526），王守中进士，但家中经济状况未能有所改观。书法买卖为王宠带来微薄收入，或是资金，或是食物，但终究十分有限。他毕竟不像文徵明，因善书画而获得众多官僚和商贾的垂青。于王宠而言，他仍需要四处举债。嘉靖九年（1530）正月，王宠将赴北京应贡。他写给兄长王守的信中说，还去各式债务，身边剩下七两，盘缠也不够，可见其家中穷窘情景。

长期贫病交加的王宠信仰佛教，这可能是受其姨母影响。从王宠所撰《从母朱硕人墓志铭》中可知，姨母深信佛法，"日扫一室，焚香礼佛，口不茹荤，足不闯户，如是者数十年"。王宠对于佛教的兴趣也与长期读书于治平寺相关。王宠成年后一直居住于城外。苏州城外寺观庙宇鳞次栉比，这些地方是王宠时常逗留之地。从他的诗词文章中可知，他有许多佛僧朋友，与僧人们常有往来诗简、书画投赠。与僧人们的频繁交往，必然刺激王宠认清自身生存状况，从而得出"悟得无生乐，行藏不离禅"的道理。他感悟到只有在深刻的佛法中，才能将自己的荣辱等量齐观，达到"栖迟一丘中，回薄天地足"的至高境界。王宠甚至说自己"曾是楞伽寺里僧"，觉得自己脱离了世俗。

即便在人生的最后阶段，王宠也在碧峰禅师的帮助之下，在常熟白雀寺修了一处休养所。他自然希望在佛的庇护下身体可以康复。

嘉靖十年（1531），王宠第八次应乡试又受挫，原本已患有肺病的身体，加上精神上的打击，愈加衰弱。回苏后，王宠卧床养病，许多朋友聚会都不能参加。文徵明、许舫、袁氏兄弟、蒋子云、王直夫、文寿承、毛九畴等多次前往石湖探望王宠。

虽然王宠一生仕途不达，但其书法成就辉煌。他的书艺成就主要体现在他的小楷、行书及草书上。许多人评判王宠的书法以"以拙取巧"为特征。所谓"以拙取巧"可以表现在四个方面：一是用笔缓懈，二是结字取态，三是起止含蓄，四是间架脱榫。从师承角度来看，王宠早期作品受蔡羽影响较大。蔡羽崇尚晋人韵度，对王宠青年时期甚至一生都有影响。后来王宠结识交往的祝允明、文徵明也都带有崇尚晋韵的审美取向，以至于他在这一方向更加坚定不移。明后期书法家詹景凤在跋王宠草书《千字文》时云："明兴，弘正而下，法书莫盛于吴。然求其能入晋人格辙，则王履吉一人已矣。"在文徵明、唐寅、陈道复等几位好友中，在书法方面对王宠影响最大的当推文徵明。王宠所受的影响不是在形迹上的。他故意避免形迹上的相似，应该说这正是王宠的聪明之处，使他胜过文徵明的许多学生。王宠受文徵明的影响更多的是在人格与艺术气质方面。文徵明高尚的人品熏陶造就了王宠的高旷人品。王宠将之折射到他的书法创作之中，因而能超出诸人。

王宠学古、临古十分勤奋。文徵明曾说："王宠手写经书皆一再过。"大量的抄写使得王宠的小楷熟练至极，常通篇无一懈笔，用笔挺劲，轻重得宜，结字精峭。

王世贞将王宠的书法以庚午、辛卯为界，分为前后两个时期，认为"先生庚、辛以前笔，丰润秀美，字字取姿态，而不能无肉胜。至其末年则风骨遒逸，天真烂漫，交错掩映，有不可形容之妙。"

祝允明在书法上也对王宠产生了很大影响。祝允明通过文徵明，与王宠结为忘年交。王宠对祝允明行草书仰慕至极。文嘉曾趁祝允明拮据时，以酬金向祝允明索要书作，祝允明便在文嘉预备好的茧丝高

王宠《辛巳书事诗》（部分）

丽纸上写下《古诗十九首》。文嘉十分喜欢此作。后来，王宠向文嘉借阅此幅临摹，长达三个多月仍不想归还，后来以义自止（见《停云馆帖》卷十一）。这足以说明王宠对祝氏书法的研习简直到了醉心程度。王宠也写过不少行草书，如《荷花荡六绝句》，似乎并没有为祝氏书法的形貌所缚。这正是王宠的聪明过人之处。王宠在钦慕祝氏草书时，并未追求过分狂放，而是纵而有敛。事实上，王宠学习名家书法，都采取如此态度，因此才能修炼出个人的独特风貌。

王宠认为，祝允明大草雄壮飞动，小楷精密矫健，允为当时第一，以至于祝枝山一落笔，王宠就会大加喝彩。而如此的服膺，王宠并没有加诸文徵明身上。由此看来，文徵明对于王宠的影响主要还是在德行方面。文徵明谨言慎行，对王宠的教诲，王宠自然铭记在心。王宠终其一生于书法都极讲究法度，往往连篇累牍无一懈笔。就书法而言，王宠也接受了文徵明温厚平和、不激不厉的气质，从而不以大起大落、眩形剧势去取悦他人。

王宠也欣赏亲家唐寅的行书，但觉得唐寅主要师法赵孟頫，略参己意。王宠则能直取晋唐，取法乎上，如他39岁为石壁先生所作《自书长卷》（今藏于上海博物馆），"字体遒逸，翩翩欲飞动"，用笔紧密，行间茂密，有一种超脱的静谧之气。

王宠在艺坛高手中独树一帜，在结字、用笔等方面都与他们拉开距离，稍出己意，透露出一种矫矫不群之气，因而得到了时人与后人的推崇。王宠晚年的行草书姿态烂漫，合辙于自然之道。其结字不循常规，常反其道而行之。如"传"字，历来"专"的上部都以收缩为能，但王宠反而拉长这个部分，造成左右反差。又如"术""矣""美""奕""谅"等，本宜舒展，但王宠结字扁阔，字势上下挤压，别有拙趣。为进一步凸现拙趣，王宠还有意泯去尖俏的用笔痕迹，尤其是晚期作品，显现出一种脱尽锋芒与火气的修养，令人从中体验到含蓄的意趣。

正是王宠的"以拙为巧"，造就了他的独特价值。他成功地摆脱了嘉靖时期文徵明的精致流畅对吴门书坛的绝对笼罩，创造了自己的风格，极力张扬苏轼所高标的"守骏莫如跛"的文人意趣。

王宠《古诗十九首》(图一)

王宠《古诗十九首》(图二)

王宠《古诗十九首》（图三）

王宠《古诗十九首》（图四）

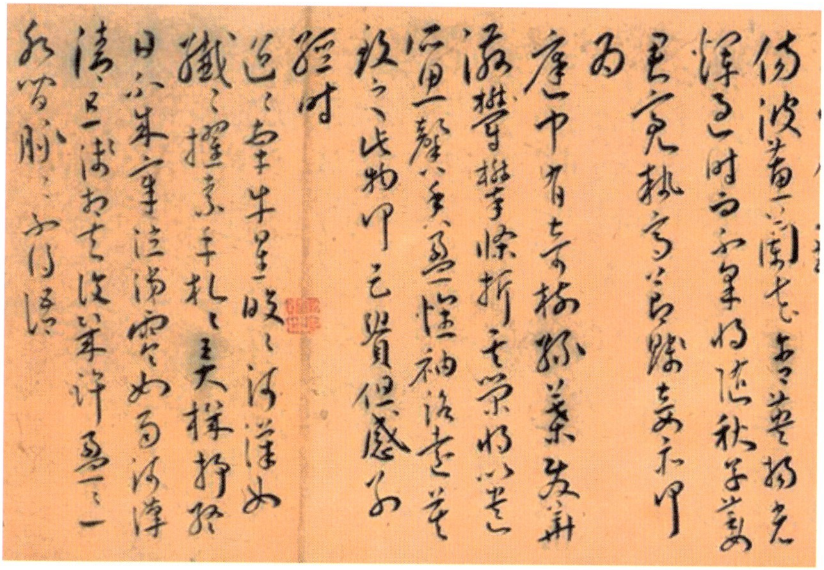

王宠《古诗十九首》（图五）

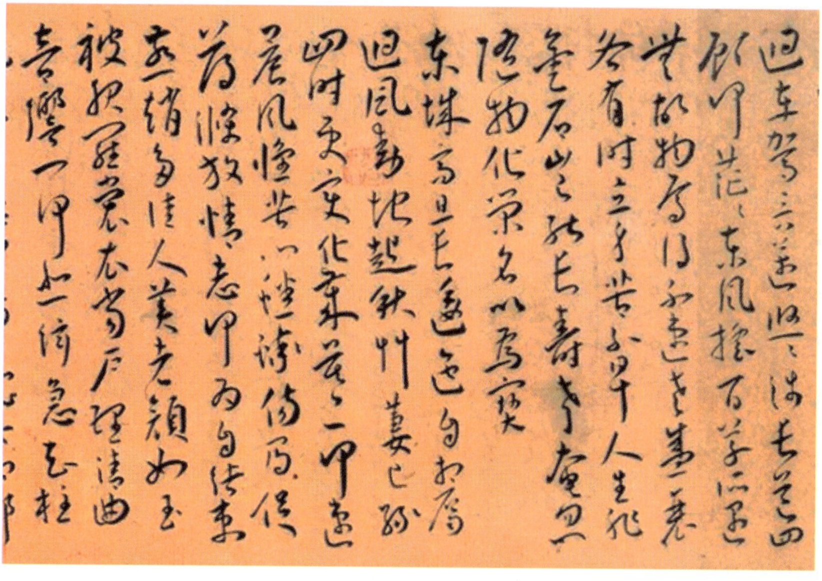

王宠《古诗十九首》（图六）

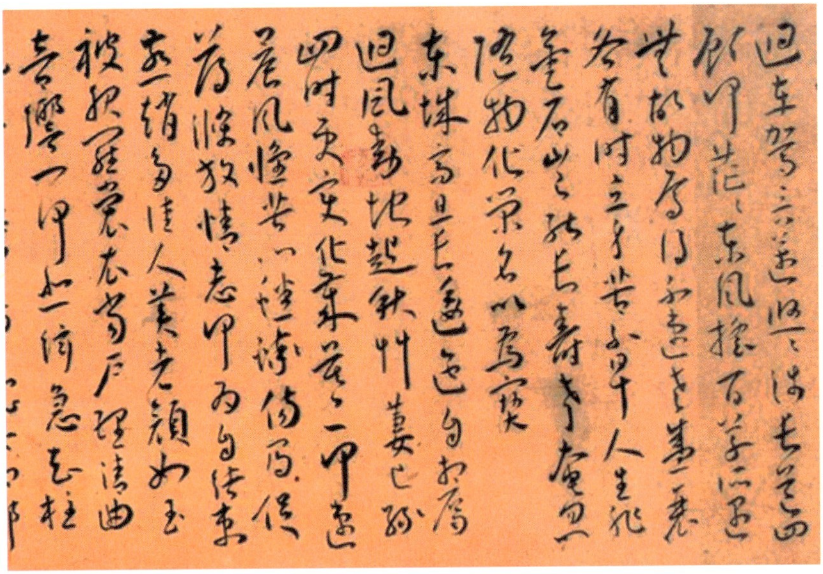

王宠《古诗十九首》(图七)

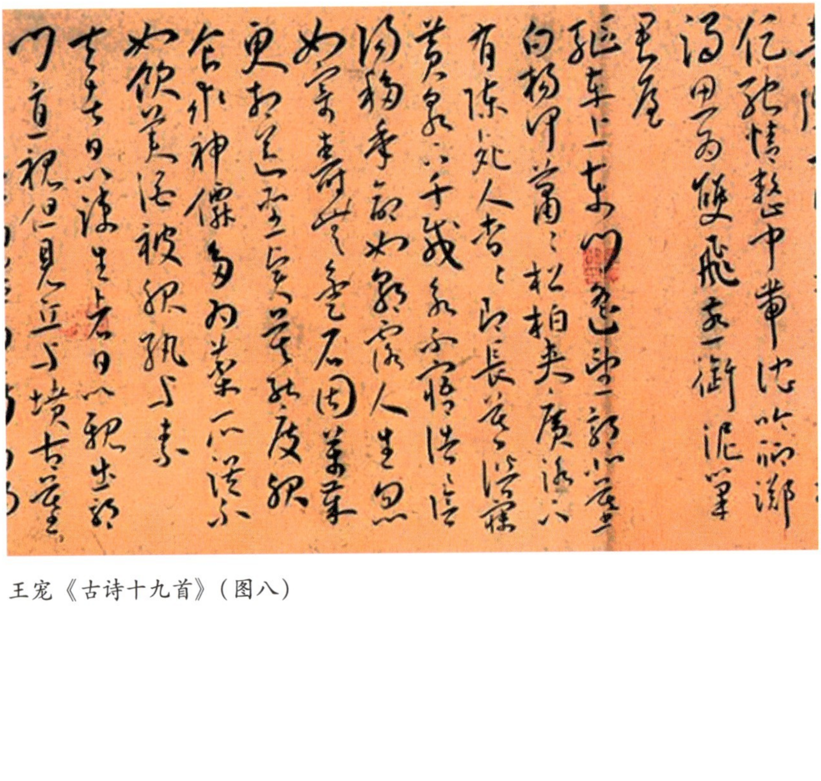

王宠《古诗十九首》(图八)

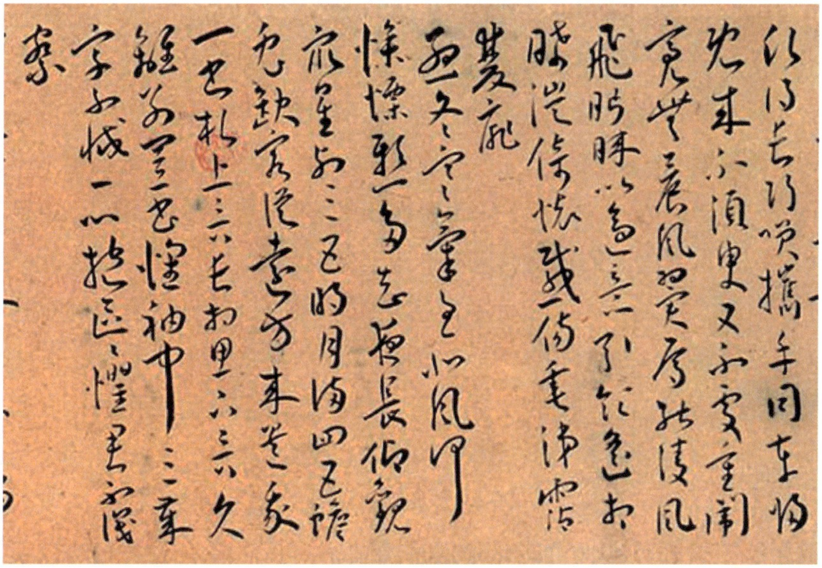

王宠《古诗十九首》(图九)

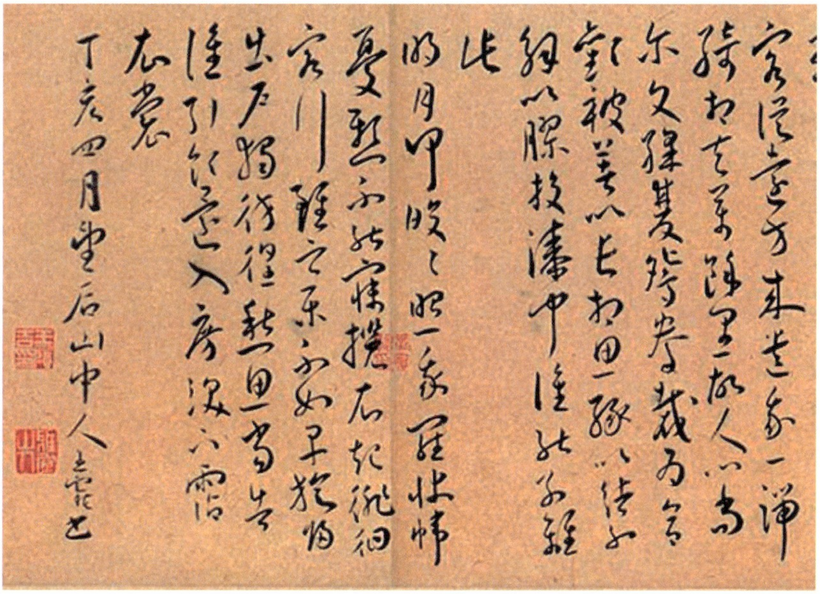

王宠《古诗十九首》(图十)

书迹是心迹的表达。不同的审美心理会形成不同的风格。王宠周围的文友，如祝允明、唐寅、陈道复选择了放浪形骸，汤珍选择忍耐，陆治则选择隐居。王宠虽也隐居，但并不甘心。入仕是他的理想，而贫病交加更使他萌生改变现状的心态，在一次次失败面前从不言败。他压抑内心，造就了一个温润如玉的君子形象，强化了恬退的一面，以层台缓步的用笔向人们传达宁静与优雅。

再看王宠的小楷。祝允明、文徵明精绝的行草都以精谨的小楷为坚实基础。王宠深知这一点，因此亦以取法晋唐为指归。王献之的《洛神赋》、虞世南的《孔子庙堂碑》自是小楷代表作。王宠写楷书时多用笔圆转，表现出以上两家的遗意。然而，王宠早年小楷尚存不足，用笔敦厚，转折处多如脱榫，结构呈纵势，通篇略有脱散之感。这种弊端很可能是他通过刻帖拓本师法晋唐时，过分注意与拓本的形似所产生的"枣木气"所致。后来，通过与文徵明、祝允明、陈道复等人的交往，王宠对楷书用笔有了新的认识。于是，其作品的锋芒开始呈现，行笔速度也有变化，在整体上给人爽利骏快的感觉。

王宠的小楷除学钟繇、虞世南外，还学王羲之。王宠去世前一月，曾临王羲之《孝女曹娥碑》。周天球将此作与祝允明、文徵明、蔡羽等人小楷一并裱在《集明六家书》（今藏于美国华盛顿美术馆）中。在此作中，王宠早年小楷所呈现的"枣木气"已全无。王宠在弱化书写节奏感的同时，更重视字形空间感的刻意营造，也有意识地弱化字形轮廓的统一，消解"行"的格式。这完全可以视为他对字态天真的一种认识。

王宠还临习过孙过庭、怀素和米芾的作品。顾复《平生壮观》中记载了王宠临《书谱》一卷。朱之亦著录《江村楼帖》，记载了祝允明、王宠、陈道复等人仿怀素体。王宠是学虞世南的，但有时会突然写出具颜体风格的字，这让王世贞觉得好奇。其实这不难解释，因为虞世南没有大楷传世，以其体写大楷难免尴尬，王宠便写出了粗壮挺劲的颜体。

王世贞在《艺苑卮言》中认为，吴门书家以祝允明为最，文徵明次之，王宠又次之，三人之外有陈道复。赵宧光在《寒山帚谈》中云："京兆大成，待诏淳适，履吉之韵逸，复甫之清苍，皆第一流书。"后人评价王宠时常常将之与祝允明相提并论。

王宠的风格定型很早且稳定，用笔结字都有显著的个人特色。周天球认为王宠晚年的作品"迨白雀成稿，天藻骈发，而用笔隅角亦都泯矣"。

王宠英年早逝。年寿限制了他的发展，否则，我们可以见到王宠更迥于时人、更高水准的书法作品。

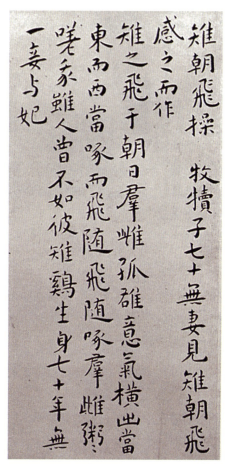

王宠《十宫文册》

第五章
文徵明与陆治

陆治肖像

陆治（1496—1576），字叔平，号包山子，吴县（今江苏苏州）人，诸生，从学于文徵明门下。他曾为岁贡生，但未再继续求取功名，好为诗及"古文辞"。晚年清贫，衣处士服，隐居支硎山下，种菊自赏。他的书画作品的数量与质量都是相当可观的。他的画作广师古法，兼收百家，却不为古法所囿，画风独树一帜。他主张摹古、求新，坚持在摹山绘水中探寻自己的绘画风格和艺术特色，可视作吴门画派在绘画传统中探寻转变的代表人物。陆治擅画花鸟，工笔、写意画均具生趣，得徐熙、黄筌遗意，但不如陈道复之妙。陆治工山水，仿宋人能出己意，自成一家。其作品多焦墨皴擦，风骨峻峭，稍做渲染，时露蹊径。其诗文未结集出版，曾孙陆敏辑有《陆包山遗稿》。

陆治在中国画史上尤其是明代中期画坛，有着不容忽视的历史地位。他游学于文徵明，性情高洁且负文采，具有隐逸情怀，擅长山水与花鸟，用笔劲峭，自成风貌，是吴门中较有新意的画家。明代著名史学家王世贞对陆治多有推崇，对其品性大加赞赏，并为其撰写《陆叔平先生传》。

陆治出生于吴中包山梅梁里，自号"包山子"以纪念故居，人称"包山先生"。祖父陆显，字公著，曾于宣德年间先后任山东定陶县县丞及长山县县丞。可能是身任官职的缘故，陆治祖父开始重视儒学教育，由此陆家累世业儒。陆治父亲陆铭，字汝新，早年曾经历了13次科考，均以失败告终，后曾任浙江遂昌县训导，迁调至乐清当教谕却不赴而退休养老，从此便过着隐居清闲的生活。陆治性情高洁，为世人所重，过世后，文徵明为其作墓志铭，以记其一生事迹。

陆治身为家中长子，在父亲卒后便担负起照料家庭的责任。诸位弟妹都是在其抚育下成家立业的。特别是其弟陆沼，勤学苦读，以府学贡的资质担任古田训导，可谓传承了陆氏家风。

陆治出身士绅之家、书香门第，从小饱读诗书。长大后的陆治眉清目秀，一表人才。他凭借家学和才气在年少时就得宰辅王鏊赏识，并取得诸生资格，与王宠、王穀祥齐名于吴中。陆治虽然早以诸生身份获补给于官府，并尝试应天乡试以考取功名，但举运不佳，数次赴考都没有取得功名。生性耿直的他认为不宜长期接受官府的公费，曾数度向官府请拜不再接受供给。前任苏州郡守明察得知陆治的谦逊德行和文学才华，便向当时的督学御史推举其才能。督学御史得知陆治学识才德之名后，下书慰勉推举陆治为贡士以资表扬。但最终陆治还是无缘科考，又不愿长期接受官府俸食而另择生计。从此以后，陆治对于仕途不以为然，而是全然专心致力古诗词的写作，以书画自娱。陆治自小负文采之资，以聪颖、行为端正、工于经义闻名乡里。他似其父亲一般受人尊敬，像文徵明一样因行为端正而闻名。陆治耿直的性格使他更加克俭勤劳。

嘉靖二年（1523），27岁的陆治在陈湖授馆教课为业。8年后，陆治将父亲所遗留在苏州郡城的两间屋舍创办成祖祠，供子孙追思。他的长姐嫁至吴县多年，寡居而无子女照拂。陆治亲自迎接她回家中奉养，至长姐死后为其归葬，并奉祀于祖祠里。陆氏先祖所留下来的田产数顷，陆治不传于子女而过继给弟弟。其对家人的种种体恤可见一斑。

陆治不仅对家人亲和关切，对待朋友也是关爱有加。有杨姓邻居被诬陷亏空公款，陆治挺身而出为其缴纳。又有旧友顾正叔贫而避徙深山之中，陆治逢岁时节就送其食物。也有友人临终时将身后事交给陆治操办，陆治即为其营葬。可见，陆治志行高洁，为人耿正。

陆治少年时居住于包山，后迁于苏州郡城，直至中年后隐居支硎山下。陆治自幼喜好诗及"古文辞"，善行、楷，尤其心通绘事。善画花鸟、山水。花鸟以工笔见胜，得徐熙、黄筌遗意，勾勒精细，敷色清丽，有妍丽派之称，与陈道复、王宠齐名于时。

中年的陆治厌倦了在达官贵人之间周旋，也很少参加他们的聚会，于是正式辞去贡生，隐居支硎山下。支硎山位于苏州城西南，因东晋高士支遁隐居此地而得名。支硎山中有中峰寺、南峰寺、北峰寺、观音寺以及各色小庵。其中中峰寺最为有名，是支遁的开山道场。唐代文人多与高僧为伍，著名诗人刘禹锡、刘长卿、白居易、陆龟蒙、皮日休等都在支硎山留下了自己的诗篇。明清两代时支硎山更是声名赫赫、香火鼎盛，是许多士人游踪必践之所。明末清初，支硎山中峰寺有来自滇南呈贡的高僧苍雪，他俗姓赵，法号"读彻"。苍雪不仅是一位"明月心常湛"的禅宗大德，也是一位"遗墨满江湖"的雅士，常与董其昌、陈继儒、钱谦益、吴伟业等酬唱。

而陆治就在这支硎山下筑庐，种菊花数千株，并植各种奇花异草。有客人来访时，陆治便迎至百花深处，拿出自酿好酒款待。这样远离世俗、悠然自得的山林生活使陆治能够更加潜心于书画创作。陆治虽隐居此地，但他和吴门友人之间的来往从不间断。他的隐居生活为自我画风的形成奠定了基础。由台北故宫博物院所藏陆治的没有纪年的作品《支硎山图》，可以说是支硎山的写生图。劲峭之笔写出了陡峰之下僧侣们悠然自得的生活。画中山峰用笔细密有劲，以墨线勾勒轮廓，以青绿渲染，令山石层次井然。山峦叠加之间，有寺庙坐落。僧侣们忙着自己的事情，穿梭在这崇山峻岭间。整幅画面呈纵向布局，但视野开阔，意境清雅秀丽，描绘景物虽多，但主次分明、井

陆治《支硎山图》

然有序。这些景象还原了陆治隐居支硎山下时的生活状态，所绘山石风貌也与支硎山花岗岩地貌的独特景观密切相关。由此可见，支硎山独特的山石构造是陆治写实风景的源头，也给他带来了无限的创作灵感。支硎山也是陆治研摩绘画风格的栖息之地，为陆治最终画风的形成起到了不可忽视的导向作用。

陆治与文人的交际活动大多是雅集与游览名胜。他们常常借此机会一同饮酒作乐，谈论诗词歌赋，兴致高昂之时挥洒笔墨，创作书画以记录当时的情怀。陆治与吴中文人来往频繁，其中最主要的莫过于跟文徵明、王世贞的交往。

文徵明长陆治26岁。作为吴门画派的领军人物，文徵明不仅受教于当时致仕太傅王鏊及礼部尚书吴宽，而且在诗、书、画各方面都有独特风格与成就。因此，在苏州地区以文徵明为中心的文人画家团体成了最主流的文人圈，他们一同参加文人画家的雅集聚会。而陆治所交往的也大多是吴门画派中较有声望的文人，其中包括文徵明的部分子孙和追随者。他们在一起探讨诗文书画，或切磋画技，或共同作画，抑或互写题跋。

陆治与文徵明的交往大约是从嘉靖二年（1523）开始的。嘉靖六年（1527）二月，王宠邀请文嘉、文伯仁、陆治、陈道复共同为袁褒（袁方斋）六十大寿作《吴中二十景》，每人各画五则。后纸上由文徵明领首，蔡羽随后为册页赋诗，其中有陆治赋诗一首。陆治父亲陆铭于嘉靖十一年（1532）去世。文徵明推崇其德行，曾为其写墓志铭。三年后，陆治与文徵明首次进行书画合璧作《山水图》。文徵明赋七言诗三首，陆治则铺垫引首句，另有陈道复书"春在毫端"。此后，陆治与文徵明还同题王蒙《会阮图》跋文于嘉靖二十三年（1544）。嘉靖二十五年（1546），沈禹文奉使还朝。沈禹文善诗文词翰，是一个有才学、善结纳的好客之士，故一时贤达皆乐与之游。沈禹文北上谒选时，文徵明与吴中名士王穀祥、钱穀、陆师道、陆治、周天球、谢时臣等各作诗文书画送别。由于因情而作，非勉强应酬，文与诗、字与画无不是精心所撰，彰显各自才情。次年元宵节，文徵明以诗约陆师道于上元夜燕集，还有王守、王穀祥、陆治等人。陆治应陆师道之请绘《元夜燕集图》，以记雅士生活点滴。陆治以构置精巧的院墙堂室、稀疏的树林，以及皴擦点染的细腻笔法，将自身的感受寄于这幅画作之中。

陆治与文徵明的交往以一同出游及吟诗酬唱为主，两人往来十分密切。陆治在嘉靖二十八年（1549）文徵明八十大寿时作《蓊溪图》两帧献给文徵明，以表达对其的崇敬之情。到场作画贺寿的还有谢时臣、钱穀、朱朗、陈栝等，他们与陆治共同合作《诸名贤寿文衡山八十诗画册》，画册共九帧。嘉靖二十九年（1550）夏天，陆治与文徵明一同游天池。陆治为玉田先生写《天池石壁图》。画面给人以气势磅礴的直观感受。陡峭的山崖、锐利的线条与折角组成的山峰，都是在其他画家的山石描绘中极为少见的。陆治运用大量的折线来描绘山峰，刚劲挺拔的笔触一层又一层地叠加，把主景的山峰推到极致。前景的矮峰露出相对柔软的姿态，山石、树木、青苔以青绿与藤黄并用设色。至此，陆治开创出具有自我风貌的风骨峭峻的青绿山水画风。这段时期是陆治独立画风的形成期。独特的笔墨技法和构图形式开始广泛出现在他的作品中。他的绘画风格正在走向成熟。

并无确切的记载可以证明，陆治曾拜师文徵明，是文徵明的入室弟子，但陆治确实学习、追随文徵明。陆治的一生都在追随文徵明的画风，一直都积极地活跃在以文徵明为中心的文人圈。当然，陆治在画风上比较有自我的风貌。陆治在青年时期与文徵明一样，对倪瓒、王蒙等人的画风十分崇敬。此时的文徵明已是吴门画派的中流砥柱，画风严谨成熟。陆治自然很乐意向文徵明靠拢学习。陆治早期的作品较多地秉承了文徵明的画风。

陆治除努力学习文徵明外，也与吴门其他书画家交往。陆治与陈道复早期的来往较为频繁。两人在花鸟画方面均以描绘花卉见长。陆治与陈道复堂弟陈沔也熟识，陆治还写诗赠予陈沔。陆治曾与王穀祥合作《海棠木兰》，两人各画木兰与海棠，并将其合二为一。王穀祥也曾题诗于陆治《山水图》上。文嘉与陆师道曾题陆治《仙山楼阁图》。彭年曾题诗于陆治《水仙海棠图》上。陆治和王宠也十分友好。王宠曾记述陆治冒着大风雪的天气到访的经过，称外面"柴门泥

陆治《葑溪图》两帧

泞一尺深"。陆治与王宠把酒言欢,让病中的王宠十分感动,从而写出了"病中把袂喜欲骞""与君共醉山中雪"这样的诗句。

除绘事外,陆治工"古文辞",诗亦秀雅可诵,为名流所重。他的诗中皆有画境,令人有身临其境的真切感受。这源自他绘画重视写生,对山水有真切细腻的观察,如《国色》诗:

一种天香异,千株国色倾。

应怜花似脸,半醉倚华清。

陆治的书法也楚楚可观,风格介于祝允明与文徵明之间。长于行、楷。

当然,陆治最擅长绘画,工笔花鸟描绘精细,设色清丽。山水继承吴门派传统,兼师宋代院体的青绿山水,所绘景致奇险,用笔或劲峭,或细秀,或爽利,富有变化,意境清朗。陆治晚年甚贫,穿着处士衣。有贵官子弟辗转托人请陆治作画，但陆治画完相赠，坚持不收对方的厚贽，并言："吾为所知，非为贫。"大凡向他求画的人，若求之太甚，他反而不画；若不求他，反而有时得他相赠。在此方面，陆治颇得文徵明的风骨。他晚年与王世贞交情甚笃，曾为王世贞绘《华山图》四十幅、《洞庭十六景》，极受王世贞推崇。

陆治传世的代表作：今藏于台北故宫博物院的《彭泽高踪图》，作于嘉靖二年（1523）；今藏于吉林省博物馆的《竹泉试茗图》轴，作于嘉靖十九年（1540）；今藏于上海博物馆的《元夜宴集图》卷，作于嘉靖二十六年（1547）；《青绿山水图》轴、《云峰林谷图》轴，

陆治《彭泽高踪图》

停云馆头谡谡风——文徵明的子孙及追随者

陆治《幽居乐事图》册（部分）

作于嘉靖三十一年（1552）；今藏于北京故宫博物院的《幽居乐事图》册、《花卉图》册、《花溪渔隐图》册、《竹林长夏图》轴，作于嘉靖十九年（1540）；《三峰春色图》，作于隆庆三年（1569）；等等。

今藏于台北故宫博物院的《榴花小景图》，纸本，设色，纵65.3厘米，横33.3厘米，是陆治花鸟画中颇具特色的一幅。画面左前方有一枝白色的百合花。花体已完全绽放，吐出娇嫩的花蕊，既大方又美丽，花头微微低垂，似乎有点害羞。百合的右侧是红通通的石榴花，中间是三根如剑脊般的菖蒲。画幅左上方题有"隆庆庚午天中节包山陆治写"。天中节又称端午节。此画是一幅节令画。作品为竖构图，布局简单明快，画中三种植物并立而偃仰有致。用笔采用写意手法，笔墨豪放劲健且笔到意随。画法以没骨为主，以朱砂点石榴，以花青染菖蒲，以水墨写百合，以墨笔勾花叶。用色古朴雅丽、清新秀润，并且色、泽、墨、韵都是因物理及阴阳向背的自然形态而变化。

今藏于北京故宫博物院的《幽居乐事图》册，绢本，设色，每页纵29.2厘米，横51.7厘米。此图画法简逸，描绘的是渔父、放鸭、听雨、踏雪等，其中：《渔父》一图画渔父们在水上捕鱼，水波潋滟，细柳飘浮，芦苇摇荡，为一幅优美的渔民生活图景。《放鸭》一图别有情致，河中的鸭子情态各异，画法简率，意境清美。《听雨》画大雨滂沱，狂风大作，雨中一人正撑伞而行，低头躬身，行步艰难。整幅作品将风雨大作的天气生动地表现出来。《踏雪》一图很有情趣，一长者正携书童顶雪在雪地行走，是一幅典型的文人生活趣图；画法粗简，皴染结合，背景晕染得体，画境高寒。《幽居乐事图》册共10页。全册笔墨疏简清逸，线条劲挺，构图多样。每幅皆有浓郁的乡村生活气息，静中有动，意趣横生，是陆治晚年的代表作。

今藏于厦门博物馆的《山斋客话图》，绢本，设色，纵27厘米，横165厘米，系小青绿山水画。此作将古代文人闲情逸致的风情描绘得酣畅淋漓、恰到好处，左上方有楷书题款"包山陆治作"，下钤白文印章四枚。在构思上，此作不拘小节，漫不经心，平淡而极富情致。在笔法上，画中山石兼用斧劈、折带诸皴法。在构图上，此作为横幅，山水绵密入扣，珠联璧合，臻于完美。山间弥漫梅花点点，半腰中的河边草屋、凉亭更添景致。

今藏于台北故宫博物院的《蒲草鸳鸯》扇面，纸本，设色，纵17.3厘米，横50.4厘米。款："包山陆治作"。印："陆氏叔平"。画中一对鸳鸯悠游顾盼，五只雏鸟嬉戏左右，奇石屹立，菖蒲数丛，浮华点点，全以没骨法为之。是幅作品构图疏朗，设色淡雅，别具明净清雅风情，分外宜人。

第六章

文徵明与陆师道

陆师道（1511—1574），字子传，号元洲，更号五湖，长洲（今苏州）人，为文徵明得意门生之一。嘉靖十七年（1538），陆师道高中进士。在廷试时，内阁初拟陆师道为状元，世宗御笔批作二甲第五名，改袁炜为第一。陆师道为礼部主事，后至礼部仪制司，嘉靖二十四年（1545）以母病告归。过14年后再出仕，起祠祭司郎中，官至尚宝少卿，58岁时致仕。工诗歌及"古文辞"，

陆师道肖像

工书法，小楷、古隶皆精，得颜真卿《麻姑仙坛记》法而以色泽润之，遂名噪一时。旁通绘事，且与文徵明为同里，以师礼事之，往来文家，与文彭、文嘉日相从，兴到弄笔，颇得文氏法。诗文书画所谓文氏四绝陆师道皆具备，并能传之。其著作有《左史子汉镌》《五湖集》等。

《姑苏名贤小记》中称陆师道"师事先待诏，刻意为文章及书画，皆入能品"。最服膺文徵明者，唯陆师道一人而已。文徵明重人

伦节概，陆师道亦重人伦节概；文徵明好恬退，陆师道亦好恬退；文徵明好歌行、近体诗，陆师道亦多为歌行、近体诗；文徵明工诸体书，陆师道亦工诸体书；文徵明好丹青，陆师道亦工丹青。

陆师道善作诗歌，用语平易浅白。陈田评其诗云："诗长于摹古……大是佳作。"

陆师道工小楷、篆、隶。王世贞云："子传全得《麻姑坛》法，而以色泽传之，遂为一时书家冠。"又云，"中年小楷《化度》《麻姑》，清丽可爱。"今藏于台北故宫博物院的文徵明《关山积雪图》卷后，有陆师道于嘉靖三十六年（1557）十月所作题跋。由此可看到，他学颜真卿《麻姑仙坛记》的小楷，但其书法似无颜真卿之雄厚，而是充满了清丽的江南气息。他的行书亦清丽、有韵致。

在绘画方面，王世贞评价陆师道："旁晓绘事，简淡，咄咄逼倪元镇。"

陆师道的传世作品有：著录于《石渠宝笈》、作于嘉靖二十三年（1544）的《携卷对山图》轴；作于嘉靖三十一年（1552）的《书画论山水》；今藏于上海博物馆、作于嘉靖四十一年（1562）的《乔柯翠林图》；等等。今藏于北京故

陆师道《携卷对山图》轴

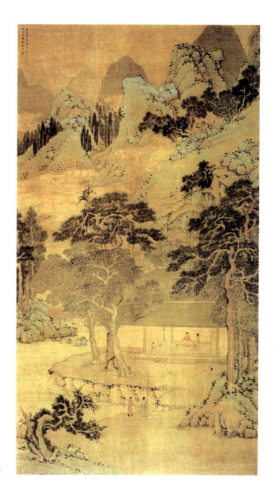

陆师道《乔柯翠林图》

宫博物院的《溪山图》轴,上有陆师道自题诗"石山如画绕朱栏,玉涧飞流拂面寒。欲叩无缘避烦暑,卧游惟向画中看",还有王穀祥、彭年、文彭、文嘉四人题诗。画面前景是湖水、岸柳,水上有一艘小船,岸上有茅亭绿柳。中景山峦耸立,山路盘旋,寺庙隐现。整幅图画意境高远,气势高孤。此画文人气十足,充分地体现了画家的艺术风格和表现力。

文徵明曾多方面提携陆师道,留下的诸多信札可以证明,其主要从以下四个方面给了陆师道机会。

一是诗文酬酢。文徵明于嘉靖二十六年(1547)致函陆师道云:

"上元佳节,不可虚掷。是日敬洁卮酒,请以未刻过临一叙,小诗先意,庶几不爽也。……徵明诗帖子上子传礼部侍史。"

相关诗作在《文徵明集》补辑中皆可找到。如《寄陆子传》诗曰:"上元春色满贫家,酒有新篘月有华。旦暮高轩须早过,佳人会唱落梅花。春风拂路起香埃,铁锁星桥处处开。有约开樽须卜夜,醉乘残月看灯回。"

二是书籍借阅。文徵明有致陆师道书信四札:

第一札:"疡势比日稍损,然未能解脱,夜卧不安,兼苦旧逋迫促,情况殊恶。治内云云,都无头绪。承记念谆谆,独有感藏而已。发还《蒙韵》,重已检领,不悉。徵明顿首子传先生至孝。"

第二札:"昨得乘闲游衍,亦是浮生半日之乐。明日若晴,更得继踵胜饯也。所喻云云,即令人往讯可否,就令奉覆,不次。发来《铁网珊瑚》二册,《史记》二册,重已检领。《珊瑚》一册就上。徵明顿首记上子传礼部侍史。三月二日。"

第三札:"旬日不面,耿耿。比来毒暑,无处可逃,又苦人事煎迫,真在火坑中也。如何如何。比闻庙议已定,颇知其详否?大要从江公之言矣。所要《夷坚志》,随使附上。区区不曾看完,吾兄过目后,就望发还。示教诸诗,捧读健羡。徵明顿首子传礼部侍史。六月廿六白。子朗乃堂六十岁,明日诞辰。"

第四札:"屡承佳贶,无以为报,祇辱之余,独有感藏而已。《南轩》《方山》二集已检领,《学山》附上。不悉。徵明顿首子传直阁道契。"

三是书画应酬。致陆师道书信中云:"昨扇因忙中写误,不可用。今别买一扇具上,请重书原倡以寄。老衰谬妄,勿以为渎也。徵明奉白子传先生侍史。"

四是书画鉴赏。致陆师道书信中云:"惠贶莲房,甚佳,领次感谢。重阳诗抄讫,原册纳上。人日鄙诗,已忘之矣。老懒健忘,可笑可笑。《金元玉卷》谨已检领,不悉。徵明奉覆子传礼部侍史。七月十四日。"

以上信札足以说明文徵明与陆师道亲密的师生关系及友情,以及文徵明对陆师道的提携相助之情。

《七介》诗是陆师道为恩师文徵明八十大寿所写的祝寿诗。陆师道在诗中盛赞文徵明高尚的人品,以及优秀的书画艺术,还至诚感谢文徵明对自己无微不至的关怀和连绵不绝的帮助。

因为与文徵明的师生关系,陆师道也结识了仇英。陆师道曾以行草书跋仇英《清明上河图》,其跋释文如下:"早是伤春梦雨天,可堪芳草更芊芊。内官初赐清明火,上相闲分白打钱。紫陌乱嘶红叱拨,绿杨高映画秋千。游人记得承平事,暗喜风光似昔年。五湖居士陆师道。"

陆师道有子陆士仁,曾大量伪作其父书画。女陆卿子,亦工诗画。

陆师道《溪山图》轴

第七章

文徵明与王穀祥

王穀祥（1501—1568），字禄之，号酉室，长洲（今江苏苏州）人，文徵明之得意门生之一。嘉靖八年（1529），王穀祥高中进士，旋改庶吉士，历官吏部员外郎，后忤尚书汪鋐铉，左迁真定通判。后辞官居家，屡召不出。

王穀祥为人清正，个性刚强，与当道者不合即弃官而归。他自小性敏好学，持躬峻洁，不妄交一人；善作"古文辞"，并擅书画篆刻，极善写生，精研花卉，人品、画格为士林所重。王穀祥中年后绝少落笔，凡人间所传者，皆为赝品。王穀祥曾入文徵明之门，擅画花鸟，介于工笔与写意之间。其画文人气息浓厚，具有一定寓意和古拙朴厚的妙趣。王穀祥也工书法、篆刻，书仿晋人，不随王羲之、王献之之风，用笔自如清新，顿挫有力。《明史·文徵明传》《吴中往哲像赞》《姑苏名贤小记》《名山藏》《艺苑卮言》《图绘宝鉴续纂》《无声诗史》《广印人传》等均有王穀祥小记。

由于博学多才，王穀祥具有鉴赏古籍的能力。钱穀手录王穀祥《南唐书》抄本今藏于国家图书馆。王穀祥跋云："余尝阅宋马令《南唐书》，未及见陆放翁书也。闻陆子虞家藏宋刻本，借而读之，夏日课农田舍，携之箧笥，因手录一帙，计百五十有六叶。昉五月十三日，迄六月十三日，间尝还家数日，置而不录，实二十日而告成。"

王穀祥书法为画名所掩。他的书法主要受吴门书家影响，笔法苍劲有力，结体张弛有度，上下呼应，左右映带，气贯神益。他随文徵明学书画，书风直追"二王"。冯元成评云："王穀祥美姿容，善书画，词致清雅，抄录古文籍至数百千卷，咸精好，令人不忍触手。人以书画求者不辄应，一室之内，琳琅金薤谧如也。"王世贞《艺苑卮言》评曰："王吏部穀祥，正行法赵吴兴，虽老健而乏雅致。"明皇甫汸评云："穀祥书仿晋人，不坠右军、大令之风，篆籀八体，并臻妙品。"

今藏于上海博物馆之王穀祥书《庾信马射赋》小楷，行间茂密，结字变化，千余字无雍塞之感，尾款自言写褚河南笔意，风格已不似赵孟頫，但明显受到文徵明小楷影响。王穀祥所作《七言律诗》扇面、《九歌》等展现了其行书面貌，似受文徵明影响，有晋人风。王穀祥在当时还以篆、隶名世。他的篆、隶爱好显然来自师门，并在嘉靖文人篆刻艺术潮流初兴之时发挥了作用，他也成为当时有数的著名文人篆刻家之一。万历四十年（1612），邹迪光在《金一甫印选小序》中提到他："数十年来，此道惟王禄之、文寿承、何长卿、黄圣期四君稍稍擅长。"

王穀祥作画善写生，故渲染有法度，意致独到，一枝一叶亦有生色，极为士林所重。如今藏于北京故宫博物院的《桂石图》轴，就是一幅有代表性的写生花卉图。该图为纸本、水墨，纵107.5厘米，横31.5厘米。该图在写生的基础上，以水墨绘湖石、桂花，石下有灵芝数茎，细草几丛。树干笔墨苍劲，枝叶细润，层次分明。湖石以淡墨渲染，以浓墨点苔，颇有文派山石特点。自题："凤台风露澹清秋，蟾窟天香万斛浮。最是先枝君折取，笑看得意玉京游。嘉靖己酉秋，穀祥写意并题奉芝室解元先生为左券云。"下钤"禄之""穀""祥"等印。旁有文徵明题诗："忆曾端笏侍明光，仙桂英英照玉堂。此日翰夫亲领路，满身金粟露华香。徵明赠兴言进士。"下钤"徵仲之印""文徵明印"二白文印。王穀祥作画如其人，孤傲自许但平淡适然，无惊人之笔但有深长之韵。《桂石图》轴作写意墨笔，松散离落的桂花平均地占据着空间，既无有

停云馆头谡谡风——文徵明的子孙及追随者

王穀祥《花卉图》卷

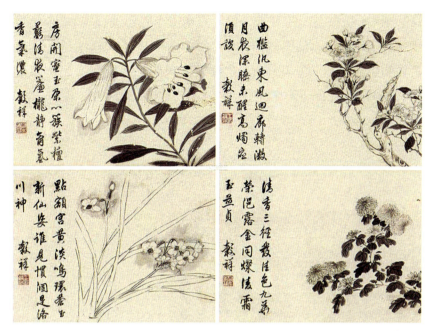

王穀祥《花卉图》册

王穀祥《水仙图》卷

意疏密,也无刻意点画。湖石灵芝,从表面看似无充沛激情,更无水墨蕴含的魅力,但细细品味,有种实中见虚、平中见奇的感觉,具有开宗立派的号召力。这是一种至深的境界,足见王穀祥写生功力深厚无比。

王穀祥的传世作品主要有:今藏于广州美术馆的《花卉图》卷,作于嘉靖二十年(1541);今藏于北京故宫博物院的《花卉图》册、《松梅兰石图》轴,作于嘉靖三十六年(1557);今藏于中国美术馆的《水仙图》卷,作于嘉靖三十八(1559);今藏于上海博物馆的《翠竹黄花图》;今藏于美国明尼亚波利斯艺术馆的《红白梅花图》卷(碎片拼);等等。

王穀祥《翠竹黄花图》

第八章

文徵明与彭年

彭年（1505—1566），字孔嘉，号隆池山人，长洲（今江苏苏州）人。性颖异，嗜读书，才高学博，却不乐仕进。

彭年少从文徵明游。文章工腴，尤长记传，以词翰闻名，诗宗盛唐，旁及白居易。彭年与顾育德、陆中行并称"吴中三高"。

彭年家徒四壁，虽然多与贤豪长者交游，却不肯出一言干禄乞食。人若有馈赠，若非生平文

彭年肖像

字交，一概峻辞，终于因饿贫至死。彭年有诗《奉同衡翁太史诸公游子慎山》云："始觉花源近，还经药畹深。石床留醒酒，玉洞待鸣琴。复径迷难出，穿云不易寻。只应余冻雪，六月自阴森。"这首诗写游山情景，自有清气。徐伯臣评其诗："孔嘉诗中含沉郁之思，外披组绩之华，声调和平，词致畅越，可谓风流自命者也。"彭年的著作有《林山录》《隆池山樵诗集》。《明史》中有其小传，《吴中往哲像赞》《艺苑卮言》中有其简要介绍。

彭年精晓书法。王世贞《吴中往哲像赞》评彭年云："书初法晋

人,已为楷,其小者信本,大者清臣,行、草则子瞻。"由此可见,彭年书法远师晋唐,楷书主法欧阳询、颜真卿,行书则以法苏轼为基调。这样他就避开了文徵明的面貌,在文氏弟子中是较为远离师风的一位。王世贞认为他的作品《广五子诗楷书册》"能于率更斟酌,温润秀劲,光彩射人,盖中年最合作笔也。"彭年的传世作品如《致曲泉先生尺牍》《诗册》《饮中八仙歌》等都为行书,学苏轼而兼己意,颇具文人书卷气质。从楷书《致茸山札》中我们可窥见其学欧阳询楷书痕迹,亦兼己意。

今藏于台北故宫博物院的彭年《行书诗翰册》,纸本,共7开,每开纵26厘米,横33.5厘米,钤有"孔嘉""隆池山人"两印。从此册页中我们可明显看到彭年学习苏轼用笔、结字、章法的特征,但与苏轼之书法又不尽相同。在用笔上,彭年比苏轼快捷、矫健,尽力

彭年《致曲泉先生尺牍》　　彭年《诗册》

轻起轻收，讲求笔法的多变、飘逸，追求书法整体感觉的轻松和线条的灵动。在结字上，彭书比苏字略显横势紧缩、纵势拉长，也略显方正。在章法上，彭书与苏字的风格相似，行距分明，字距紧凑，注重整体形式的和谐变化，可谓错落有致、自然轻松。由此可知，此时的彭年已做到"学古而化古"，此作品显然在中年后创作，书法已趋于成熟。

彭年的诗文也通俗易懂、平易近人。这里选录彭年《庚戌秋书事八首》之四首如下：

其一

江南枫落雁初还，塞北霜飞久折绵。敢望旌旗临细柳，早闻烽火达甘泉。

关门自失居庸险，斧钺宜专制阃权。于石当年曾破虏，只今勋业许谁先。

彭年《行书诗翰册》

其二

六镇防秋车骑多,总戎游击往来过。锁兵未报屯田策,献捷虚传奏凯歌。

幕下太官供玉馔,边头羸卒抱霜戈。辽军岂异田横士,好问投醪事若何。

其三

百万通仓国计存,勤王兵甲急宜屯。庙堂每忽安边略,胡虏方骄入塞魂。

白草自肥南牧马,黄河不断北来猿。弯弧欲射旄头落,藿食犹惭远帝阍。

其四

月满胡天杀气凝,建牙吹角汉家营。五陵霜露松楸近,千里风尘辇谷惊。

累月未传青海箭,何人为扫黑山兵。朱门金穴笙歌沸,野哭那闻动地声。

彭年虽游于文徵明门下,但他不习绘画,未以丹青闻名。他去世后,家人卖了他的诗文草稿,才筹得安葬费用。这恐怕与购买者将诗文草稿视为彭年的书法作品,所以肯付较高价格有关。

第九章

文徵明与钱榖

钱榖肖像

钱榖（1508—1587），字叔宝，自号罄室，吴县（今江苏苏州）人。钱榖少孤贫，失学，迨壮始知读书，家无典籍，游文徵明门下，日取架上书读之，以其余功点染水墨，便学心通，以书画名于世，但书画对于他来说只是业余之事。他倾力于读书、抄书。晚葺故庐，读书于其中。闻有异书，虽病必强起，匍匐请观。手自抄写，几于充栋，穷日夜校勘，至老不衰。传世著作有《长洲志》《吴中人物志》《悬罄室杂录》《三国类钞》《南北史摭言》《隐逸集》，辑有《吴都文粹续集》等。《冯元成集》《列朝诗集小传》《苏州府志》《明画录》《无声诗史》《明史》等都有记述有关钱榖的文字。

钱榖性格刚强，不能容人，律己甚严，一丝不苟。平日烧香洗砚，悠然自得，颇有吴中先民之风。钱榖从文徵明学习山水绘画。文徵明曾创作著名的《惠山茶会图》，而钱榖《惠山煮泉图》轴与之有异曲同工之妙。《惠山煮泉图》轴为纸本，浅设色，纵66.6厘米，横33.1厘米。此图为钱穀于隆庆四年（1570）所作。画中记录钱穀与僧、道、儒等身份的友人于无锡惠山汲泉煮茗的雅事。上有乾隆皇帝第六次南巡，驻跸惠山时所题诗句："腊月景和畅，同人试煮泉。有僧亦有道，汲方逊汲圆。此地诚远俗，无尘便是仙。当前一印证，似与共周旋。"图中树木多以干笔皴擦，人物偶用几处浓墨点缀，浓淡表现恰到好处，笔法灵巧，展现了晚明文人潇洒怡然的生活情景。

钱穀常与文徵明、唐寅、文彭、文嘉、彭年诸人去无锡惠山和虎丘同游，品茗聚集。文人重喝茶，更重一个"品"字，将此作为一种风雅的修行，讲究茶叶、水品、茶侣、喝茶的环境，当然也讲究茶器。一套茶具包括茶洗、茶炉、茶瓶、茶壶、茶盏等。明代茶壶推透气性、吸水性好，且不掩茶香的紫砂壶为上。茶盏以白色为主，便于欣赏茶色。小巧素雅的茶器无形中传递出一种品茶的心情与境界。由于钱穀擅于长物，众文人都乐于与钱穀为伴。

文徵明对于钱穀的提携是多方面的。文徵明经常借书、送书给他，让他增长各方面知识，如文徵明给钱穀的一封书札云："《书历》一册，《散历》三册，奉钱叔宝贤契收用。徵明肃拜。"

文徵明画债较多，有时就请钱穀当代笔人，以提携钱穀。钱穀的扇画出了名，经常有人求钱穀绘制，连文徵明也常请钱穀作画，以此作为礼品送人。文徵明长子文彭也请钱穀作三扇："需今日动手为妙，欲作人事也。至恳至恳。繁简但凭尊裁。"这里所说的"人事"，就是酬酢之意。王稺登则要求钱穀画作的落款题："《善权洞图》，写奉少溪宫詹五十之寿。"这里提到的少溪，即项元汴之兄项笃寿，显然此画乃为祝寿所求。后来，连文徵明的孙子文肇祉也请钱穀作扇画，要求"用心一画白燕"。文肇祉《致钱穀》信中提及，因钱穀迟迟没有动笔，文肇祉有些不悦："所烦扇如何迟滞不说起？……就是老兄出名，且来商量停当如何？"彭年在给钱穀的信中也提到对方曾许以绢画两幅与后山换茶，望钱穀立即着手，不可使朋友折本。而钱穀往往会因为拖延时间而表示歉疚。看来，当时人们对扇画颇为珍视，而擅长扇画的钱穀也出足了风头。

今藏于辽宁省博物馆的《竹亭对棋图》,纸本,设色,纵62.1厘米,横32.3厘米。该图为钱榖于嘉靖四十五年(1566)所作,时年五十九岁。图中草亭临水拥翠,亭中二人对弈,二仆侍奉。亭后芭蕉、修竹茂密葱茏。一童子双手持物过桥而来。亭前隔水,松树古朴苍盛。此作画风细密秀美,得文氏真传。款:"丙寅中秋日,钱榖"。钤朱文"叔""宝"二印。

钱榖《竹亭对棋图》

钱榖传世的主要绘画作品有:今藏于北京故宫博物院的《雪山策蹇图》轴、《虎丘前山图》轴、《晴雪长松图》轴、《兰竹图》卷及《董姬像》册页;今藏于美国克里夫兰美术馆的《渔乐图》;今藏于北京首都博物馆的《赤壁赋图、文徵明行书赤壁赋》合卷;今藏于中国美术馆的《竹林觅句图》;今藏于法国巴黎吉美博物馆的《避暑图》;等等。

今藏于上海博物馆的《山家勺水图》轴,纸本,设色,纵85.1厘米,横30.4厘米。全图着力渲染山林夏景的润泽明净,加上农人溪边舀水的情景,突出了独具地区特色的山家野趣。《山家勺水图》轴与其他同类题材作品相比,显得更富有生活情趣,反映了文人对远离城市喧嚣,放任自在地生活的向往。

钱榖亦善书法。冯时可在《冯元成集》中评钱榖:"善书,行法眉山,篆法二李,小楷法虞、欧,每得其妙于法外,识者以为真

停云馆头谡谡风——文徵明的子孙及追随者

220

钱穀《雪山策蹇图》轴

钱穀《晴雪长松图》轴

有渴骥奔猊，漏痕折钗之势。然为画掩，世罕知者。"

作为寒士的钱穀，其藏书、抄书、著书之多，堪称明代典型人物。钱穀手抄之书，一丝不苟，为后来许多藏家所重。钱穀家贫，故文徵明为题室名"悬罄"。"悬罄"就是空无所有的意思。

钱穀有子钱允治，字功甫，好书一如其父。钱曾《读书敏求记》说："功甫老屋三间，藏书充栋。白日检书，必秉烛，缘梯上下。所藏多人间罕见之本。"《列朝诗传》则称："年八十余，隆冬病疡，映日钞书，薄暮不止。"

文徵明与王穉登

王穉登肖像

王穉登（1535—1612），字伯穀、百穀，号玉遮山人、半偈长者、青羊君、广长庵主、广长暗主、松坛道人、长生馆主、解嘲客卿等，长洲（今江苏苏州）人。

王穉登是文徵明最后几位弟子中的一个，向文徵明学习书画。在"明四大家"后，钱谦益推其为吴门艺坛领袖，屠隆视其为知己，袁宏道、江盈科尊其为征君。《明史》云："……吴中自文徵明后，风雅无定属。穉登尝及徵明门，遥接其风，主词翰之席者三十余年。"

嘉靖四十三年（1564），王穉登至北京，在一次考试中拔得头筹，名震都下。以青词（又称绿章，是道教举行斋醮时献给上天的奏章祝文）得宠的大学士袁炜偶然读到王穉登的诗文，欣然色喜，于是，悬榻召见王穉登，引为上客，辟为记室。王穉登以诸生身份，被推荐进入翰林院史馆担任校书，参与校对《永乐大典》重录本。辑《燕市集》。《燕市集》中有《初值史馆》一诗："闭门春树绿，丞相辟书来。列馆周王籍，诸生鲁国才。经将鱼字校，观以虎名开。

深愧文章薄，无以答上台。"王穉登对袁炜的知遇之恩感激不已。

王穉登受到如此器重，是件令旁人感到意外和诧异之事。袁炜极少称赏门客，甚至稍不称意就恶言向之，对王穉登却礼遇有加。袁炜对王穉登如此青睐，和王穉登的个性才能不无关系。与王穉登相交二十年之久的李维桢形容他："吐佳言如屑，四座属耳忘疲。"屠隆赞其"舌底纵横绕电光"。可见王穉登口才极佳，擅长言论说辩，自我表现能力强。

王穉登诗文中经常提及战国时期一些著名人物的典故，流露出对司马相如、杨雄等人的倾慕。从他的诗文集、书信集中可知，其交际姿态谦和柔婉，迎合赞语多，违逆之言少，能主动倾听，善解人意。他又精于书法，通于鉴赏，稗官野史多有涉猎，与人交流时旁征博引，常常成为谈话的中心。或许袁炜看中的正是其"粉饰太平"的能力。如最为袁炜所称道的《袁相公阁试瓶中紫牡丹诗》："名花开近掖垣边，一朵风吹映日鲜。色借相君衣上紫，香分太极殿中烟。杯含仙艳春为酒，翰染天葩锦作篇。何幸书生叨共赏，不才深愧沐恩偏。"此诗借牡丹的国色天香，暗喻自己与其他门客能够出入相府，全仗丞相的荣耀恩宠，极尽奉承之能事。王穉登诗文书画素养全面，这正是疲于皇帝索稿、宫廷社交的馆阁重臣所需要的。袁炜对王穉登抱有很高期望，委以撰写青词的重任，无奈代草之作不称旨。王穉登无法发挥所长，不能为袁公排忧解难，内心自感惭愧。但这似乎并不影响袁炜的态度，袁炜反而时常召见王穉登，与之赋诗唱和，甚至亲自教授解经。据李维桢所言，当时"申少师时行、王文肃锡爵、余文敏有丁初入翰林，文荣数举先生文视之：'吾得王生与若辈同称门下士，幸甚。'"可见王穉登之名响遍馆阁公卿，名动京城。

其间，王穉登患上"消渴症"（糖尿病），贫病交加，无人照应。袁炜为他请医问病，嘘寒问暖，赠送药酒。王穉登深为感动，有《答袁相公问病二首》，更有"书生薄命元同妾，丞相怜才不论官"之句。对于袁炜的知遇之恩，王穉登感恩戴德确实发自内心。

入京半年后，原本有机会担任内史，但年轻气盛的王穉登希望通过京试这一正途考入翰林院。然而就在京试前夕,父亲去世的丧讯传来。王穉登悲恸至极,想即刻返家奔丧。包括袁炜在内的许多人都劝他等考试结束再返家,但他固执己见。然而,王穉登怎么也没料到,这次离京,与他失之交臂的不仅仅是一次考试机会。在王穉登居家为父丁忧、闭门谢客的第二年,袁炜失势离开馆阁,三月病重辞职归乡,六月即亡。王穉登听闻袁炜病逝,于嘉靖四十五年(1566)五月,不远千里持病前往宁波吊唁,并作悼诗祭文,感怀知遇之恩。

王穉登20岁时结识长其65岁的文徵明,于是成为文徵明最小的弟子,时文徵明已是85岁的老人了。文徵明殁后,其弟子辈继续活跃于吴门。至王穉登中岁时,这些文氏弟子也相继问老。嘉靖至万历年间,布衣、山人以诗名者十数人,而以王穉登声华最显赫。执吴门词翰牛耳三十多年的王穉登"妙于书及篆隶",书法远从唐代欧阳询、李邕得径,近则从文徵明、黄姬水、周天球等前辈吸收养分,所以世称其为吴门派之殿军。总之,王穉登集书法大家、文学家、美术理论家于一身,是当时一致公认的大才子。传世著作有《吴郡丹青志》《奕史》

王穉登《知希斋诗》轴

《吴社编》《尊生斋》等。

在王穉登所处时代,吴门一带书家大抵承袭祝允明、文徵明衣钵,抛弃了开创者"绝去学今人书""直溯本源"的艺术主张,书风日趋靡弱,只能在本派门墙中打转。故虽有王穉登"振华启秀,嘘枯吹生",企图重振门风,但其书法之才能已远不能与祝允明、文徵明、陈道复、王宠相比,即使与王世懋、张凤翼兄弟相比,亦显得平庸,故詹景凤言其"借令造极""大致徵仲门庑耳"是比较客观的。

王穉登当是晚明影响较大的布衣诗人。其诗文在嘉靖时期有很高的知名度。现存《晋陵集》《金昌集》《燕市集》《清苕集》《青雀集》

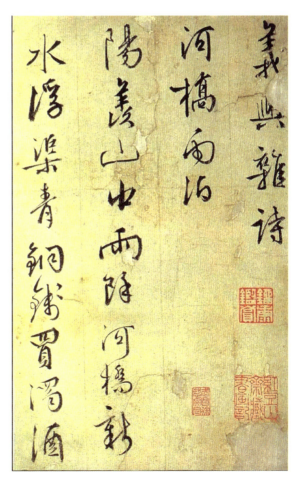

王穉登《义兴杂诗》册

等中存有大量诗歌，内容涉及怀古、游赏、写景、咏物、寄赠、酬唱、爱情等多个方面。清人王夫之《明诗评选》选其诗20首并给予了高度评价。王穉登对七律、五律、歌赋都很在行，诗风近"公安派"。《万历野获编》云："近年词客寥落，惟百縠巍然鲁灵光，其诗纤秀，为人所爱，亦兼受讥弹。"王穉登处在两代青黄不接之时，顺理成章地遥接了文徵明的衣钵。周天球继领吴中书画，王穉登则主词翰之席三十年之久。

王穉登是晚明山人这一特殊群体的代表性人物，其影响力可以说同大山人陈继儒不相上下。然而与陈继儒相比，王穉登身上更具矛盾性和复杂性，正如其自撰墓志铭中所说："有若余之不肖，上不能为寒蝉之洁，下不屑为壤虫之污，盖行己在清浊之间而已。"王穉登这样一个名满天下却又备受讥弹、显赫于当时又寂寞于身后，处于名士与山人中间灰色地带的人物，备受后人关注与探索。

回到苏州的王穉登移家金昌，便快速融入吴文化圈，加上跟从文徵明习书画，陆续结交了许多志同道合的吴地文人，如文彭、黄姬水、梁辰鱼、皇甫汸兄弟、张凤翼兄弟等。同时通过吴履谦、顾大有等缙绅的资助，书商童子鸣的宣传，《采真篇》《雨航记》相继出版。《金昌集》中收录有他和岳山人、方山人、景山人、陆山人、姜山人等十余位山人的交游诗。除了文徵明外，王穉登对吴门早逝的"雅宜山人"王宠也十分敬重，访其故居及祠堂，有缅怀赞诗，云："石谷泠泠春竹青，雨寒花白上虚厅。江山不改徵君宅，霄汉长悬处士星。异代空悲难问字，百年终见重遗经。中丞亦是河东凤，千载苹蘩共一庭。"（《王履吉先生祠》）吴门前辈们在诗文书画上取得的成就及逍遥隐逸的处世姿态深刻地影响着王穉登人生观、价值观的形成。

王穉登《吴郡丹青志》一卷，属画史传、品评之作，录元季至明中叶吴郡画家凡二十人，分神、妙、能、逸品及遗耆、栖旅、闺秀等名目，不详叙画家生平、画派、画法，亦不录作品，只赞画风，间亦有指出瑕疵者。由于王穉登不是画家，品评有不妥之处，但无论如何，该书都为今天研究明代绘画提供了重要资料。

王穉登各种传世之作及遗迹不少。如今藏于北京故宫博物院的《录宋人语》，纸本，行书，纵117.3厘米，横44.5厘米。此书法劲健雅致，婉转秀美，结构、用笔均师文徵明书法而又有一定的变化。线条婉转尖峭，运笔流畅曲折，体势修长连缀。

王穉登《录宋人语》

王穉登晚年经历了生活上的困顿，但是这并没有影响他对书法艺术的热爱，相反地，其佳作多出在此时。他给友人屠本畯的书信中说："仆老无他嗜，益嗜书苑。"王穉登晚年把研习书法当成一种嗜好，可见其痴迷程度。《行书知希斋诗》《和申少师除夜元日二首》《行书旧作》《行书诗翰》《行书见思阁诗》等，这些优秀的书法都是万历二十七年（1599）以后的作品。王穉登晚年与申时行友善，每岁除夕、元日，他们都唱酬赋诗，如此往复二十余年不阙，既有诗文上的交流，也有书法上的互相学习。王穉登晚年书法作品除了中堂、条屏形式外，还受到晚明书扇之风影响，因此扇面书法在他书法作品中占有相当大的比例。

　　王穉登50岁后的书画活动特别频繁，常常与官宦、收藏家、文人墨客切磋、讨论，评点古人与时人书画作品之优劣，鉴定作品的真伪，并以此为乐。如：为所得宋秘阁《黄庭经》题跋；为文徵明小楷《千字文》卷、《存菊图》作跋；为文嘉《二洞纪游图册》题跋；题《祝京兆张体自诗》卷；题五代赵驸马《神骏图》（赵文敏书合璧）；题赵孟頫《头陀寺碑》；为李邕《李北海尺牍》卷题跋；重装所得王羲之《快雪时晴帖》。直至万历四十年（1612），他还题仇英所临《夜宴图》、赋《九歌图》于白玉楼，孜孜不倦于书画活动中。

　　王穉登又善写诗，其诗写得很是漂亮。这里列其诗一首：

《长安春雪曲》

　　　　暖玉琵琶寒月肤，
　　　　一般如雪映罗襦。
　　　　抱来只选《阳春》曲，
　　　　弹作盘中大小珠。

　　王穉登晚年的生活并不如意，经济渐为窘迫，经常要人接济才可度日。他曾写信给在朝任起居注的沈以仁，向其求助描述道："今方锔踏穷巷中，佣书兀兀以糊其口，十日九饥，面色如菜，不如吹箫卖浆，能令妻子饱死。"

王穉登曾卖住宅，用来养家糊口，但亦未至如他所言之艰难境地，因为他也佣书，买卖古董字画。

王穉登一生多病，晚年尤严重。七十三岁时著《苦言》，记述自己生病、吃药的经历。《苦言》序言："传有之曰：甘言疢也，苦言药也。此非谓病夫之言苦也，病而言抑又苦矣。余生善病，今年犬马齿七十有三，不意病痢在死法中，死而复生。"

经济上的窘迫、身体上的多病，加上人情冷暖，令王穉登晚年选择笃信佛教。其实，万历元年（1573）后，王穉登游寺庙的次数已明显增多。王穉登所著的《法因集》四卷，均为替寺庙撰写的化缘文字。他对这些文字异常珍惜，专门收集整理成册。除了《法因集》外，他在《竹箭编》中也编辑有大量游览寺院及拜访僧人的诗文。看得出，这些诗文绝不是一时心血来潮的匆忙之作，而是王穉登在经历了人生起伏、病痛的折磨及世态炎凉后，为了平和心境，决然选择与佛结缘的心迹。

万历十二年（1584），王穉登五十岁时，王世贞为其作《为半偈庵主王百穀作五十像偈》：

汝不从像生，亦不偕像留。云胡自西来，住此支那境。云胡坏色袍，藤竺皂方履。云胡头陀行，而不除须发。云胡示淫欲，亦不堕深染。稽首两足尊，我今已知非。觅非不可得，非非亦非是。名障与利障，乃至绮语障。一切悉芟薙，亦不求声闻。纯行菩提道，昔如来说法。四十有九年，而无法可说。今汝称半偈，维摩不二门，半偈义不负。

从此偈中我们可略知王穉登名号的来历，以及他笃信佛教又不忘凡尘的状态。

第十一章
文徵明与居节

居节肖像

居节（1527—1586 后），字士贞，又作贞士，号商谷、西昌逸士，吴县（今江苏苏州）人。居节少时即师从文徵明，尤学文氏之诗书画，是文氏门人中最出色的弟子之一。其先从文嘉学画，文徵明见其运笔独特，惊喜之余，遂授以法。居节所作山水意象简远，有文人韵致。字与诗亦自师门来。居节不乐仕进，尚气节，虽贫困，但只以丹青自娱，不屑仰事侯门。他家原隶属于织造局。织监孙隆闻其盛名而召见，但居节不肯前往。孙隆大为震怒，通令拘辑，致居节从此家破。晚年，居节在苏州虎丘南村僦屋数间，虽环堵萧然，但仍静宁自适。所交多山中衲子，与世俗落落寡合。往往每过辰时未举火，仍吟啸自若。或绝粮，则旦起写《疏松远岫图》一幅，令童子易米以饮。其《雨中》诗云：

习性未能忘，摊书日满床。

四邻分树色，一径借溪光。

听雨支高枕，下帘留晚香。

萧闲生意在，庭草过人长。

六十岁时居节因穷饿而死。《明画录》卷四有云："年六十，竟以穷死。"

居节能诗，传世著作有《牧豕集》。后人珍视其画，认为居节可与朱朗、侯懋功相颉颃。

居节的声名不如文彭、文嘉、王穀祥、周天球、陆治、钱榖等人显赫，却能克绍恩师艺风，善画能诗，有相当高的艺术水平。

明末李日华的《味水轩日记》在万历四十年（1612）十月二十七日记录："二十七日，蚤有日色，俄阴寒。客谈居商谷隐居不干世事，每闭门索句，既成，淋漓染翰，务以自快。最工小楷，书人扇头，蠕蠕如黑蚁，较文衡山殊不多逊，特名不振耳。余因忆十年前得商谷小景一幅于亡友戴子文。野亭疏柳，湖水渺弥，意极淡远。其自题云：点染青山四十年，寸缣不改旧风烟。散人漫窃江湖号，未买松陵一钓船。此余四十年前所作，子久持示，因题此。甲申二月望，居节年五十有八矣。"甲申指万历十二年（1584）。

《石渠宝笈》著录有文徵明《湖山新霁图》卷。该图上有文徵明自题云："居生士贞，以佳纸请余为横幅小景，适有人以赵魏公《水村图》相示，秀润可爱，因用其笔意写此。连日宾客纷扰，应酬之余，时作时辍，更旬乃就。老年返顿，聊用遣兴耳。若以为不工，则非老人之所计也。"系之诗曰："老人长日不能闲，时寄幽情楮墨间。岂是胸中有丘壑，聊从笔底见江山。"其后有文嘉、王世贞、周天球、王穉登等人题跋。周天球跋云："居士贞名节，嘉靖辛丑从文二休承学，因得侍衡山先生研几。先生爱其少慧，且工于翰事。每窥先生暇，辄以书画请，先生辄应之，故士贞所得良富。然其中之绝佳者，惟此《湖山新霁图》耳。……万历丙子冬十二月六日，周天球题。"

从周天球所题可以看出，居节于嘉靖二十年（1541）入文徵明次子文嘉之门学习，由于天资聪颖，得到文徵明的喜爱，从而登堂入室，升格为文徵明的门生。如以嘉靖六年（1527）出生计，此时居节十五岁，到文徵明创作《湖山新霁图》的嘉靖二十二年（1543），居节已成为文徵明的得意弟子，日常随侍左右。到1544年，居节十八岁，经过几年跟随名师学习，他创作出李日华所点评的《点染青山图》是很自然的了。

居节的山水画有宋人之风，大体师法文徵明细笔一路山水。无论山石的皴法，还是林木、坡草的点苔，皆含蓄内敛，工稳秀逸。其笔墨在整体上有着突出的文雅之气。如今藏于镇江市博物馆的居节《潮满春江图》，纸本，水墨，纵47.5厘米，横26.2厘米。该图中部空白，以虚带实，意为茫茫江水。下部陂陀断续，野树参差，小舟停

居节《潮满春江图》

靠。上部层峦叠嶂，云岚缥缈。除山头用重墨外，远山、近山均施淡墨，意境清旷。画上自题七绝一首："潮满春江澹不流，东风扇暖柳初柔。夕阳遥见青山色，吹破浮云落小舟。"

《绿树千峰图》轴是藏于北京故宫博物院的居节存世山水图。画上有楷书自题："绿树崇冈宛转通，千峰叠翠拥芙蓉。不知访道携谁去，要听山风吟晚松。嘉靖甲午上元日题于山阴之紫薇分署。居节。"钤有"士贞""居节印""居生"等印。此作构图繁复，以高远、深远之法描绘崇山峻岭，干笔淡墨，皴染得法，刻画细致，具标准的文派风格，艺术水平非常成熟，书法亦清隽文秀。但有专家考证，题跋中"嘉靖甲"三字被人为改动，正确时间应为"隆庆庚午"。

居节《赏雪图》为纸本立轴，浅绛设色，绘冬日雪景。右上方有题识"嘉靖甲寅腊月既望居节写"，并钤"士鼎"朱文印。左下方有鉴藏印两枚："墨池清兴"朱文印、"理在人心"白文印。右下方钤"佩裳心赏"朱文印。此图描绘山间雪景，创造出一种理想的文人冬日隐居场景。近景为一片平湖断岸。右下方一棵松树虽为霜雪所覆，但

居节《赏雪图》

仍然孤直挺立。一个渔翁身披蓑衣，头戴斗笠，手持钓竿行于小桥之上。循着渔翁前行的方向，只见断岩石壁之旁，一条小路蜿蜒而去，消失在岩石之后。岩石上的几株枯树以干渴自由的笔墨写成，其势偃蹇而枝干劲挺，很恰当地表现了枯树的瘦硬与寥落。凋零未尽的几株灌木枯草，虽然清冷，却无肃杀之气，反而体现了顽强而遗世独立的清冷品格。旁边是临岸而建的两间茅屋水榭。一位高士坐于正厅内椅子上向外瞭望，俨然在观赏雪景。一童子侍立其旁，一手捂着嘴打哈欠，掩饰不住困倦之意。一旁有小屋，窗中半露的桌案上摆放着古玩器物，昭示了屋主人高雅的品位。后面山峦盘曲而上。山多矶头，愈高愈危。山崖挺立，颇有高远之致。居节在学习文徵明的基础上，上溯宋元之风。山峰的浑厚，树木的枯劲，皆得益于范宽一派。各峰耸立的清空淡远之致又得黄公望《九峰雪霁图》之意味。

居节在绘画史上的名气要高于其书法名气。其传世作品虽然有限，但皆得文徵明衣钵。笔墨以干淡为主，皴染繁细，且自始至终变化不是很大。贯穿始终的是一种稳健、文秀的面貌。

居节的《山水图》扇面，整个画面分近景与远景两部。近景主要集中在画面的左边，山岩之侧，丛树挺拔。稍向右，便有三株大树拔地而起，而树下有一亭一人。隔着茫茫水面，山峦层层叠叠，峻峭挺拔，颇见力度。远山用花青和淡墨仅染出轮廓，有无限远去之意。近景树石用笔劲健。树法繁密，似文徵明之风，透出一种文静和雅致的味道。如果说画面的前半部分是类文徵明的细劲、秀丽，那么远景山水的画法不可不说是居节尚气节的清高和骨气的表现。也正是这种略显枯硬的画法，让他的山水画在吴派绘画风格的基础上又具有了宋人雄浑、劲健、简率的风格。

今藏于上海博物馆的居节《万松小筑图》轴，纸本，墨笔，纵61.5厘米，横29.5厘米。画面上方以淡笔勾勒山形，以点染显示草树，以晕染显示远山。中部右侧以细笔写松树簇拥。松树丛中露出小楼一栋，似有一年长文士在楼上远眺等候。松树丛前部有石基房舍一座。有童子立于堂内待客。图左侧有一座石桥架于水上。另一文士正过桥而来，当是楼上主人邀约之客。图下部以勾线、点苔和晕染写出

居节《万松小筑图》轴

坡地和岸地。画面清淡素雅,极力渲染万松小筑环境之幽雅清静。上有自题诗一首:"万松围合小楼深,长日清风动素琴。落尽粉花人不扫,石桥流水带山阴。"

居节作画甚有奇气。如今藏于上海博物馆的《松下观泉图》中,居节将整个画面纵断成两截,只露山峦峰头和山脚崖岸,中段却以横云贯之。从高峰顶上直流而下的泉水,透过云雾,直奔山脚。这种暗连的手法,又将山脉连贯了起来。这种以险制胜的技巧,说明居节虽得文徵明手传,但在画面上能经常表达自己的想法。

居节的传世之作还有作于隆庆二年（1568）的《品泉诗意图》、作于万历十一年（1583）的《云岚松色图》、作于万历九年（1581）的《松壑高闲图》等。

居节的小楷《诗稿》册写于隆庆六年（1572），系居节书，呈太常袁相公刊定者，残存五、七言诗共21首。原为手卷，首段已残，仅存尾部。小楷清逸脱俗，得晋人神韵。运笔遒丽萧疏。妙在刚柔相济，避让虚和，点画松灵，毫端蓄意，钩挑委婉。

行书《致鸿冥手札》是居节写给朋友的信札。作为文徵明的弟子，居节的行书带有很强的文徵明风格，平正婉和，清润端方，点画精到，温润秀劲，稳重老成，法变严谨而意态生动。

居节诗风萧闲，有山林清气。朱彝尊称其诗"绳削斤斤，不失晚唐家数"。现列举数首居节诗如下：

雨后过云公问茶事

雨洗千山出，氤氲绿满空。开门飞燕子，吹面落花风。野色行人外，经声流水中。因来问茶事，不觉过云东。

居节的这首诗意象空灵，禅意十足。诗中表现出的无我无待的意境，令人为之心折。

半塘寺一上人小楼

何处闻清磬，春云度半塘。茶香连小院，楼影带修廊。不染莲花净，闲贪佛日长。晚山如有意，飞翠满绳床。

居节喜佛门安静的岁月，喜欢不染尘俗的莲花，纵使睡绳床，也甘之如饴。

听雨遣怀二首

琴樽几杖静柴门，抱瓮忘机老灌园。不遇曾闻七十说，出关空著五千言。高云暮色霜前雁，独树孤烟原上村。零落楚兰愁未采，一江风雨泣秋魂。

一番秋事老芙蕖，萧飒寒生暮雨余。村巷犬声如吠豹，邻家灯影有归渔。重阳酒熟萸初紫，五柳霜清叶未疏。卖赋虚名吾岂有，向来多病似相如。

居节纵使穷困愁苦，也从不抱怨命运的不公，而是内心沉静，依然用诗意的眼光看待一切。这种胸襟与气度，也是能够创作不朽书画的根本。

秋　日

槿花委露渚莲愁，无复红妆荡小舟。浓淡云山堪入画，萧闲门径自宜秋。当时载酒人如鹤，昨夜吹箫月满楼。鸿雁欲来江欲冷，白苹风起思悠悠。

居节的这首诗让人似乎看到了一幅萧瑟至极的湖山图，勾起了绵绵思绪。

中甫过斋中烹茗清谈试笔写图因题其上三首（其一）

落尽花藤涧水香，松风如水昼初长。幽人自是山中相，鹤氅黄冠坐夕阳。

居节在这首诗中描写的这些景物虽不为凡夫俗子所欣赏，却是居节的知音。

第十二章
文徵明与朱朗

朱朗,生卒年失记。字子朗,号青溪,又作清溪,长洲(今江苏苏州)人。工诗,擅画青绿山水,为文徵明入室弟子。朱朗笔法模仿其师,作品多书文徵明款。文徵明之赝本画作及应酬代笔之作,多出自其手。朱朗亦擅长写生花卉,作品鲜妍有致。《画史会要》《苏州府志》《吴县志》《无声诗史》《明画录》《珊瑚网》等均有其小传。

朱朗仿其师文徵明的笔迹竟惟妙惟肖。文徵明是大画家,闻名遐迩,求画者自然纷至沓来。文徵明无奈,只得让弟子朱朗代笔。时间长了,外界都知道朱朗是文徵明的代笔。某日,某客居苏州的金陵人亦闻声遣书童携礼金去朱朗家,求购一幅假的文徵明画。不料,那书童竟阴差阳错地找到了文徵明的家,奉上礼金,说明来意。文徵明一愣,哭笑不得,继而笑而受之,并幽默地问:"我画真衡山,聊当假子朗,可乎?"文徵明为弟子作假画,一时间传遍苏州城。

在文徵明众多后学弟子中,居节和朱朗皆为名见于经传,且在书画上都有较高造诣者。然而二人对待绘画的态度不同,颇耐人寻味。

关于居节,前文已有交代。关于朱朗,除前文所述外,《明画录》还记道:"学画于文徵明,乃以写生花卉擅名,鲜妍有致。其山水与徵明酷似,多托名以传。"

居节和朱朗皆为文氏高足弟子,前者"画品绝得徵仲心传","书画皆肖",后者亦"山水与徵明酷似",但二人的品格以及对待绘画创作的态度大相径庭。居节是一位传统的理想主义者，恪守文人画超然淡泊、不尚功利的价值学原则。而朱朗是一位世俗的现实主义者，所谓"徵仲应酬之作，间出子朗手"，表明其并不遵守文人画的价值学原则。

居节、朱朗二人的品格和对待绘画的态度不同，导致其日后生存状态的差异：居节尚气节，造成家破，继而"唯以丹青自娱"，最终"年六十，竟以穷死"；至于朱朗，虽然史料中语焉不详，但其生存状况和最后结局起码不至于太窘迫。

时至明代中后期，传统文人画"畅神""适意""墨戏自娱"的原则已面临严峻挑战，而以画谋利，甚至"作画只为稻粱谋"的倾向则有了存在的依据。众所周知，明代的文人画家不同于宋元时代的文人画家，他们中间的多数人居住在繁华的城市，既无仕途俸禄可领，又无田庄租税可收，除了拥有较多的学识外，在经济上与一般市民并无本质区别。在这种背景下，要想生存和维持较为优越的生活方式，唯一的途径就只有出卖自己的学识，以手中的一管柔笔来换取日常生活之需。

当时，像朱朗这样以仿造文徵明书画谋生的字画匠不少。文徵明也继承其师沈周的风范，对于那些以谋生为目的的作伪行为并不加以制止，甚至还加以认可和支持。然而这种善举使急功近利的字画匠不再愿意将时间和精力放在深研古帖与古画上，而是直接师法文氏。吴门画派与书派也因此逐渐走向衰落。朱朗多作青绿山水，峰岫皴法不清，树无摇动之势，板刻之病恐不免耳。

近墨堂书法研究基金会藏有文彭的《致朱朗札》。此信札写于嘉靖四十一年（1562）四月。信中文彭提到和朱朗相别一年，得知朱氏母亲与正室相继去世，由于身在远处，无法致意为歉。转入正文，言及之前寄有长册数幅，此次再寄去画绢六幅，要求画风不拘于青绿、水墨、浅绛。文彭之所以会求朱朗代笔，是因为"京中士夫但欲求画，无以应之"。文彭强调代笔"不可十分草草"，则是因为"其佳者又不知，而太简略者则又以为不佳耳"。信中后段提到在北京"顾氏昆玉、罗小华、王九曲，俱已相见过矣，但不知去后何如耳"。

朱朗等人所作《药草山房图》

其中罗小华即罗龙文,曾投严嵩之子严世蕃为幕客,是贿赂严家的通道。嘉靖四十一年(1562)严嵩倒台,罗龙文亦受波及。嘉靖四十四年(1565),文嘉受命清点严家籍没书画,于隆庆二年(1568)撰成《钤山堂书画记》,而"钤山堂"为严嵩的堂号。文彭向朱朗提到此人,可见罗龙文和吴门人士的往来不疏,故清点严嵩籍没书画时,无官职在身的文嘉确实是鉴定严嵩所藏书画的最佳人选。由于文彭《致朱朗札》写于罗龙文被牵连前不久,故殊为可贵。

今藏于上海博物馆的《药草山房图》为文嘉、钱榖、朱朗所作。嘉靖十九年(1540),文彭、文嘉、周天球、朱朗、钱榖、沈大谟、石岳、陆芝等人共赴蔡叔品的"药草山房"举行雅集。会中,文嘉、钱榖、朱朗三人合作画了《药草山房图》。此画若无题跋说明,容易被视为个人创作。可见朱朗在绘画上完全继承了文派风格。文徵明去世后,朱朗又甚得文彭倚重,继续为文家粉饰门面。上述文彭写给朱朗的信札便充分说明了这一点。

除为文徵明所作大量赝本之外,朱朗的作品主要还有:嘉靖三十八年(1559)所作《为绍谷作山水图》轴、万历十四年(1586)所作《芝仙祝寿图》卷,均著录于《古代书画过目汇考》。嘉靖二十八年(1549)所作《齐门图》轴,著录于《诸名贤寿文衡山八十诗画册》等。今藏于北京故宫博物院的《后赤壁赋图》卷,纸本,墨笔加浅绛色,以长卷形式展示山水。在此画作中,朱朗用熟练的技法,将"江流有声,断岸千尺,山高月小,水落石出"的实景以写意笔法绘出,很好地表达了苏轼原赋主旨。

朱朗《墨松》扇面

朱朗《松溪泛舟图》扇面

朱朗《斗鸡图》扇面

第十三章
文徵明与周天球

周天球肖像

周天球（1514—1595），字公瑕，号幼海（一作幻海）、群玉山樵、六止居士，诸生。15岁时便从文徵明游，全面而深入学习诗文书画。周天球工诗，但未见结集出版。隆庆年间，周天球曾游京城，一时词客皆为其让座，但大抵诗名为书名所掩。在绘画方面，周天球画兰、石、墨花颇佳，写兰尤得郑思肖标格。

周天球为诸生时，即笃志古学，并善大小篆隶、行草，后不乐仕进，从文徵明游，深得文徵明赏识。文徵明去世后，一时丰碑大碣皆出自周天球之手。冯时可在《冯元成集》中云："公瑕善大小篆、古隶、行、楷，皆模范文太史，晚能自得蹊径，一时丰碑大碣，无不出其手。"

周天球是文徵明的重要传人之一。周天球善楷书而非行草。写楷书是一种静态的书写，写行草则是一种动态的过程。动态的挥洒需要才，静态的排布需要学。周天球有书学而无书才，既难以潇洒倜傥，也难以挥洒自如，却在写意花卉画上得心应手。其实，书与画并非如此等同对应，更重要的是书画之间还有很重要的诗文学识的修养、胸襟在起作用。仅以书法的特点去度周天球之所长，就有点以偏概全了。

周天球的书法传世作品，如今藏于台北故宫博物院的《杜少陵诗四首》册、今藏于上海博物馆的《苏轼前赤壁赋》卷，都是其成熟期的代表作品。其用笔、结字均酷似文徵明，通篇结构严谨，无懈怠之笔，然波澜不惊，用力平均。 正如邢侗在《来禽馆集》卷二十一

周天球《苏轼前赤壁赋》卷

中所评:"天球秃颖取者,堂堂正正,所乏佳趣。"其行书亦有其师笔意。周天球《苏轼前赤壁赋》卷古健遒伟,圆劲幽雅,有爽快磊落之姿。行笔朗朗,流畅精熟,理法超妙,浑然天成。此书法显示出周天球具有很强的对书法线条的驾驭能力与很高的书法审美修养。从美学角度看,此书法虚实相生,深具篆意,诗韵深邃,蕴藉缥缈,无疑是明代书法典型之作。

《明画录》谓:"墨兰自赵松雪后失传,惟天球独得其妙。"周天球的传世之作还有:今藏于北京故宫博物院的《丛兰竹石图》卷,作于隆庆四年(1570),卷尾有自题行书"幽兰赋";《墨兰图》轴,作于万历八年(1580),左下款署"庚辰冬日天球作",图上有薛明

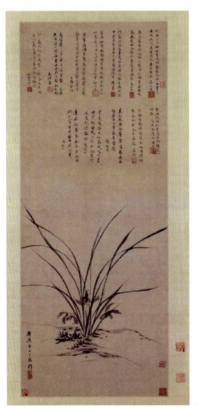

周天球《墨兰图》轴

益、文从先、陆士仁、杜大绶、王穉登、文从龙、胡师闵、周士、浦融、陈雨见、文宠光、文虹光12人题跋；今藏于南京博物院的《兰花图》轴，作于万历七年（1579）；今藏于上海博物馆的《兰花图》扇，作于万历十五年（1587）；今藏于辽宁省博物馆的《水仙竹枝图》卷；等等。

今藏于北京故宫博物院的《墨兰图》轴，纸本，墨笔，纵105.1厘米，横33.1厘米。画面以飞白写坡石。幽兰左右舒展，兰叶细长，转折柔和，有迎风飘动之感，清新秀雅，颇得文人画意趣。周天球画兰深受文徵明影响，又得郑思肖标格，复能自辟蹊径，运笔流畅，著叶不多而疏密有致。用墨重于气势，淡而分明，花叶清晰，以态写质，显现冲淡平和气格。此图下钤"周公瑕氏""止园居士"白文印，是周天球晚年墨戏之作。线条的飘逸与舒展表明周天球不愧为江南名士，以长短斜直线隔出的空间展示出一种清健、峻拔的气格。一侧笔卧刷，简洁地勾勒出坡面大形，皴出脉理。整个画面具有强烈的视觉感染力。而画幅上端十二家题诗整齐排列，似乎也是在有意调节这兰花飘洒的散。

周天球《丛兰竹石图》卷

第十四章
文徵明与项元汴

项元汴肖像

项元汴（1525—1590），字子京。他与文徵明父子有往来，并成为文徵明晚年的入门弟子。他能成为著名的收藏大家，全仰仗文徵明的威望与吴门画派的巨大影响。刘凤在《续吴先贤赞》中说，吴门以销售书画闻名于世，书画作品只要文徵明说是真迹，价格即可翻上几倍。

文徵明大项元汴 55 岁，应有祖辈之谓。项元汴是如何认识文徵明的？据考，项家与文家应是世交，两家人从父辈开始便有了交往。项家与文徵明的来往，应是从项元汴的父亲项铨开始的，时间有据可查的是嘉靖二十四年（1545）。

有一次，项元汴的二哥项笃寿托李子成请文徵明作行书《春兴二首》卷。当时，文徵明年届七十六岁，身体不佳，未能及时完成作品，便写信表示歉意，答应尽快完成，在信中特意提及项笃寿弟弟项元汴，称其高雅。这说明文徵明之前曾见过项元汴。后来，文徵明

项元汴《兰竹图》

完成该作,送达项府。此作现藏于北京市文物公司。这是文徵明与项府深入交往的起始。此后,项笃寿还收藏过文徵明的《松阴高士图》。不久,项笃寿荣登进士,步入仕途,与文徵明的交往便不见了事迹。嘉靖三十年(1551),文徵明又应项府之邀,为项镇撰写墓志铭,残碑至今犹在。

项元汴跋梁楷
《右军书扇图》

接下来与文徵明交往的自然是项元汴。项元汴并不热衷仕途，尤喜爱收藏，靠父辈的积蓄和自己的理财营生，积累了雄厚的资本，为收藏创造了必不可少的条件。生意场上的成功激发了项元汴对收藏的热情，但他终究阅历浅薄，眼光稚嫩。他多么需要像文徵明这样的大家来指点与帮助。

从嘉靖三十五年（1556）至三十八年（1559），项元汴便是停云馆的常客。三十出头的项元汴面对画坛巨擘，自然显得局促不安。文徵明友好地接纳了他，并不厌其烦地教授他收藏方面的知识。文徵明的接纳与教诲，为项元汴的收藏事业打下了扎实的根基。

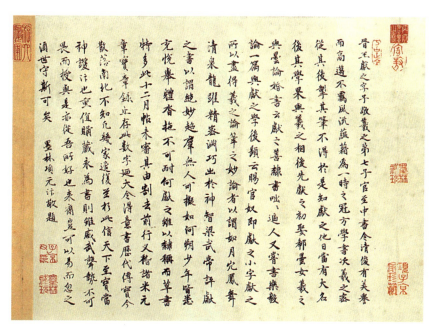

项元汴跋《中秋帖》

在文徵明的帮助下,项元汴的观画、赏画、作画的境界日益获得提升。项元汴藏有沈周《画韩愈画记图》,图上便有文徵明于嘉靖三十七年(1558)八月廿又四日为项元汴书的题款,题记内容是文徵明在收藏方面对项元汴的叮嘱和教诲。

在文徵明的悉心帮助之下,项元汴在逐步熟识书画收藏鉴赏的同时,也进入了当时吴门画派书画家的社交圈子之中,这为他的收藏鉴赏、书画创作提供了许多有利条件。在长期的交往中,项元汴深知文徵明有恩于自己,对文徵明自然万分敬重。

若干年后,项元汴成为收藏界翘楚时,依然对文徵明的书画鉴赏功力推崇不已。据统计,项元汴收藏文徵明书画至少有30幅之多,其中有不少是文徵明应项元汴之请特意而作的。如嘉靖三十六年(1557)六月十五日,应项元汴之邀,文徵明创作了小楷《古诗十九首》与陶渊明《田园诗》四首。除了情意上的馈赠之作外,项元汴更多的还是从文徵明手中购求作品。其所购不仅有文徵明自己的书画作品，还有文家的一些历代珍藏。项元汴的许多旧藏上有文徵明的藏印。项元汴从文徵明收藏宝库中购买珍品的实际情况可以说明，文、项两家相处十分亲密，时常一起分享、品赏。由此我们可以看出年纪轻轻的项元汴作为一名收藏家的精到，因为能收藏到文家的珍贵藏品是非常不容易的。

根据封治国所编《项元汴年谱》，嘉靖三十五年（1556）至三十八年（1559）中，项元汴所收藏的文徵明父子一些重要书画作品如下：

嘉靖三十五年（1556）：秋，项元汴获藏张雨《自书诗册》。

嘉靖三十六年（1557）：三月二十四日，文徵明为项元汴书《北山移文》；同年春，项元汴获藏吴镇《竹谱》；六月，项元汴过停云馆，以润笔四金向文徵明索书，文徵明则作小楷《古诗十九首》及陶渊明《田园诗》。

嘉靖三十七年（1558）：六月三日，文彭于项元汴书斋书沈约《修竹弹甘蕉文》；六月九日，文彭为项元汴书《头责子羽文》；闰七月十三日，文徵明为项元汴书《独乐园记》；八月二十四日，文徵明为项元汴书沈周《韩愈画记》；九月二十三日，文彭跋项元汴藏《宋度宗手敕赵子固》；仲冬二十日，文彭跋项元汴藏陆游手简二通。

嘉靖三十八年（1559）：正月二十五日，文彭为项元汴书王勃《采莲曲》；腊月，文彭过项元汴书斋，作草书《雅琴篇》；秋，文彭跋项元汴藏怀素老子《清净经》。

从上述内容可以看到，文徵明对于这位后生的索书画之邀几乎是有求必应的；而且，项元汴在与文徵明交往的同时，也开始与其子有了来往。

文徵明对项元汴的喜爱，更能从吴宽手抄《明太祖文》上的项氏题跋可以看出："此册得之于东吴文徵明伯子文寿承处，乃先自衡山先生常出示于予。捐馆后，其孙持以属余，恐辞去而遂失先生所珍，且先朝典故所存，不可不重袭而藏之，敬用永宝无忽。就李丘民项元汴谨识。"

"衡山先生常出示于予"说明项元汴受到文徵明的重视。吴宽是文徵明终身敬慕的前辈，而"吴抄"更久负盛名，文徵明时常将它展示给项元汴看，足以说明文徵明对项元汴的喜爱与信任。对项元汴而言，这部抄本不仅是吴宽"端楷整栗"的书法作品，也象征着他和晚年文徵明的一段友谊，更是足以骄傲的资本。他能见到文徵明的许多珍藏，也大大开阔了自己的收藏视野。

广东省博物馆珍藏的一封文徵明写给项元汴的信札是目前发现的唯一一封，写于嘉靖三十六年（1557）三月二十四日，书云："昨承惠访，病中多慢。别后方窃愧念，而诲帖荐临，糕果加币，珍异稠叠。祇辱之余，益深惭感。即审还舍，跋涉无恙，起居安胜为慰。区区衰病如昨，无足道者。委书《北山移文》并二绫轴，草草具上，拙劣芜谬，不足以副盛意也。使还，率尔奉复。徵明肃拜上覆墨林太学茂才。三月廿六日。"此信札可视作文徵明书法的一件标准器，意义非同寻常。项元汴向文氏索书《北山移文》，其动机也无非寓意于物，标榜自我乃真隐士、真山人。在这里，书写的内容似乎正好隐藏着价值体系的契合。这倒不是二人气味相投，而是项元汴深谙如何塑造自我。对文徵明而言，对方的动机他虽心知肚明，但也无可奈何。

在文氏的创作中，此类应酬性作品不胜枚举。替项元汴所书《北山移文》同样属于商品交易。文徵明在复信中直言不讳地提到了"糕果加币"等商品交换用语。

项元汴与文徵明的交往当然带有相当的功利性质，但绝不等同于简单的商品交易。文徵明与项元汴的交往包含了前辈对后辈的希望与鼓励。文徵明连续为项元汴书写《独乐园记》与《画记》，似乎就超出了普通的应酬。而项元汴请文徵明书写《古诗十九首》及《田园诗》时，费银四两，根本谈不上丰厚的润笔。无论如何，在文徵明眼里，项元汴始终不是一位商人，而是一位年轻的艺术家，一位大有发展前途的收藏家。

项元汴在长时间交往中较好地把握了与文徵明交往的尺度，而文徵明也在有意识地培养和引导这位望族子弟。事实上，文徵明的艺术趣味深刻地影响了项元汴。尽管项元汴在索书画过程中花费了金钱，但他并不具备西方艺术史研究中的赞助人地位。白谦慎曾利用傅山和

文徵明《真赏斋图》

戴延栻的交往个案，鲜明地指出：恰恰是艺术家的趣味影响收藏家，而非收藏家的趣味影响艺术家。白谦慎的观点也恰好说明了文徵明与项元汴的关系。

项元汴的收藏不仅限于书画作品，也有不少宋版本的古书。从《天禄琳琅书目》著录的宋版书递藏链分析，我们能清楚地看到项元汴兄弟对文徵明趣味的继承：

《唐宋名贤历代确论》：文徵明—项元汴、项笃寿。

《容斋三笔》：文徵明—项元汴、项笃寿。

《楚辞》：文徵明—文彭—项元汴、项笃寿—项梦原。

《六臣注文选》：文徵明—项笃寿。

《汉书》：文徵明—项元汴。

对于文徵明的藏书，项元汴兄弟照单全收，这不仅大大提升了天籁阁的藏品质量，还是对文氏收藏趣味的延续与模仿。

项元汴收藏文徵明最后时期的两件作品是文徵明于八十岁和八十八岁时分别为华夏创作的两件《真赏斋图》。文徵明与华夏交谊深厚，华夏的真赏斋也是文徵明时常造访之地。文徵明两度作画并用小楷书《真赏斋铭有叙》，用意非同一般，不但为华夏立传，而且鲜明地表达了自己的鉴藏观，即"真赏"两字。

书画作为象征性的文化物品，在相当程度上反映了收藏者的志趣。明中后期，由于大量富商市贾加入书画鉴藏的行列，射利和斗侈的竞争愈演愈烈。张应文在《清秘藏》中所提到的"吴中四大姓作清玩会"便是一场典型的炫富盛会。

正如莫是龙所言，文徵明在《真赏斋铭有叙》的讲述中也勾画了他心目中的真赏者。与晚明图绘中的好古之风不同，文徵明的《真赏斋图》丝毫没有表现鼎彝杂陈、触目琳琅的景象，似乎有意回避"贾肆"，于是，文徵明的笔下呈现一片文人的净土。文徵明清醒地看到一场声势浩大的逐利之争在身边上演，他对书画市场的随意状况表现出一种无奈的态度。这种无奈，并不表示文徵明丧失了理想与标准，他的理想与标准通过华夏的真赏斋得以倾诉。项元汴当然了解华夏与文徵明不寻常的友谊，同时，项元汴也必定能感觉到社会对富豪收藏家的鄙视与非议。他通过文徵明来书写《北山移文》，以表达自己的考槃之志。如此，拥有《真赏斋图》，又何尝不能说明自己乃真赏之士呢？

在人人皆可竞逐争购的大环境中，项元汴需要做的，不仅是获得更多的昂贵书画与典籍，还必须得到更能展现其文化身份的象征性消费物。《真赏斋图》正具有难得的象征意义，它不仅出自文徵明亲笔，还体现了真正的收藏家品格。

项元汴千方百计从华夏手中收藏到这两件作品时，似乎也感觉到自己继承了一名真赏者的权威地位。两本《真赏斋图》，一本归项元汴，一本归项笃寿，它们都幸运地被保存下来，今分藏于上海博物馆和中国国家博物馆。

文徵明去世后，项元汴便更积极地与文彭、文嘉打起了交道。他将二人视作自己收藏的"一双眼睛"，请他们俩担任顾问。许多重要收藏品必须经过他们俩品鉴、默许，才能进入天籁阁。

文彭在书画鉴赏方面极有建树，虽然在书画成就上不及父亲，但他独辟蹊径，工于篆刻，开书家治印之先河。文彭乃文徵明之长子，长项元汴27岁，在年龄上可谓父辈。文彭像其父亲一样悉心关照项元汴的收藏事业。旅顺博物馆珍藏的20通文彭写给项元汴的书札，便能很好地说明这一点。

旅顺博物馆所藏文彭《行书尺牍》卷为纸本，纵27.2厘米，横600.6厘米。书札中钤有数枚印章。第二通书札中钤有"天籁阁"朱文长方印一枚及"拙翁""集虚""项元汴印""墨林山人"等印章。第一、二通书札接裱处有上下半印"子京"等。另外其他书札中除有上述印章外，还分别有"皆大欢喜""虚堂生白""字香人号迂斋""墨林生""拙翁""项叔子""雪邨""项子京""子京"等印章。

文彭与项元汴的关系主要是在书画鉴定、购买、评论等方面。文彭写给项元汴的上述书札，大约是文彭六十岁前后的作品。从文彭与项元汴的书札中，我们可以知道他们交往的一些细节。

首先是书画评论方面。如文彭给项元汴的第四通书札中主要评论了由文徵明主编，文彭、文嘉摹勒的《停云馆帖》。该帖自嘉靖十六年（1537）至嘉靖三十五年（1560）逐年增刻，共十六卷。第八卷是元名人书卷。在这通书札中，文彭对《停云馆帖》中所收元代名家的书法做的点评还是有见地的。在第十四通书札中，文彭的评论说出了古人书法的主要特点。

其次是书画鉴定方面。

文彭书札的文字都十分简练，一事一议，绝少寒暄。由于一位是明代书画鉴赏大师，另一位是当时收藏名家，因此书札所涉内容对研究中国书画史有重要的参考价值。另外，文彭又是明代后期吴门书派的代表人物，因此书札本身就有较高的价值。

从上述内容可知，文彭经常教诲项元汴如何识别书画的真伪，如何鉴定名人字画。遇到珍品时，即便价贵，他也会鼓励项元汴买下。此外，从旅顺博物馆所藏书札编号看，数量远不止现有的20通，足见文彭对项元汴的帮助是长期的、贴心的。

当然，文彭与项元汴交往最密切的一段时光，应是文彭在嘉兴任秀水训导的9年。当时项元汴的收藏事业已初具规模，他正需要文彭的指点，以防因眼拙而乱交"学费"。文彭自然乐意充当项元汴的艺术顾问。

文彭利用自己在鉴赏上的真知灼见为项元汴去伪存真，教授了项元汴许多鉴宝之法。项元汴曾收藏到南宋大家马远的一幅纸本作品。从以往来看，马远作品所用载体材料多为绢丝，纸本作品少之又少。项元汴不确定此作品的真伪，便求助于文彭。文彭自然欣然前往，用自己丰富的实践经验，很快从马远的南宋院体画家这一特殊身份入手进行反复辨析。宋代设翰林图画院，选派优秀画家为宫廷服务。作品为迎合宫廷需要，多以花鸟、山水、宫廷生活及宗教内容为题材，讲究法度，重视形神兼备，风格华丽、细腻。南宋时宫廷院画达到了中国古代宫廷画顶峰，而马远便是当时最出类拔萃的宫廷画家之一。文彭从作品的题跋中看到有"臣马远"三字，便知此作是马远画给皇帝欣赏的作品，伪作者断然不敢如此书写，于是断言项元汴所藏这幅马远的作品为真迹。项元汴听完文彭这一番有力的分析，不安的心才放了下来。

随着项元汴收藏水平的不断提高，他对所藏作品的要求自然也越来越高，可是因受世风的影响，在判断作品的优劣上常常会出现偏差。文彭很快发觉项元汴身上的这种不足，并毫不客气地提了出来。项元汴曾收藏了赵孟頫的一幅中锋书法作品，却因为此作没有后人题识而心存疑虑，便向文彭请教。文彭仔细看过该作品，便从作品本身的特色寻找价值，指出这是赵孟頫率然所书，是确实无误的真迹。文彭的点评不仅为作品正名，也使项元汴再次受益匪浅。有时文彭直接为项元汴指出哪些作品好、哪些作品一般。在写给项元汴的信中，文彭就直言赵孟頫之作"笔亦精妙"，柯九思、康里子山之作"皆可观"，李存与解缙之作"欠佳耳"。文彭的正确评价无疑为项元汴以后收购书画作品提供了可靠依据。

在文彭倾力、耐心而细致的教导下，项元汴的收藏鉴赏水平有了迅速提高，有时连文彭也不得不钦佩这位小兄弟的博学与眼光。一次，项元汴请文彭为自己所藏《陆放翁手简二通》题跋。文彭仔细翻阅这两通手简，不由得心生惭愧，因为自己虽然熟知陆游，但是对这两通手简可谓一无所知。文彭毫不留情地在跋文中自嘲浅薄可笑，并寄希望于项元汴的"博雅好古，蓄书极富"，相信他定能考证出手简相关内容。

文彭在项家创作了不少佳作。如他曾在项元汴的退密斋书草书《傲园杂兴诗》。该作由项元汴收藏并加千文编号，今藏于天津博物馆。文彭还为项元汴作草书《雅琴篇》卷，又书《采莲曲》等。文彭是治印大家，开一代篆刻风气。项元汴的一百多方印章都出自文彭之手，自然都成了天籁阁的收藏之物。清学者朱彝尊云："往时长洲文博士，刻石颇有松雪风。墨林天籁阁书画，以别真伪钤始终。"

文彭除了充当艺术顾问外，还常常作为中间人为项元汴牵线搭桥。此举当然十分有益于项元汴的收藏活动。现藏于旅顺博物馆的《文三桥与墨林十九札》中就详尽地记录了文彭为项元汴买卖藏品充当中间人的情况。一位姓许的藏家带几方旧砚台与王羲之《思想帖》拜会文彭，求寻识货买家。文彭见王羲之《思想帖》上有赵孟頫跋尾，便知此可谓稀世珍宝了，连忙请项元汴过来观赏、收购。又有卖家持蔡襄《茶录》请文彭脱手。文彭清楚《茶录》是继陆羽《茶经》后又一重要著作，就又请项元汴过来观赏、收购。文彭还十分在意项元汴对于自己所推荐的作品的看法，时常遣书问询。文彭承袭父亲文徵明之名，又在当时首开文人治印的风气，且以独到的鉴赏眼光在收藏圈中享有盛名，因此无论卖家还是买家都很相信文彭这个中间人。

文彭对项元汴收藏事业的关心可谓事无巨细。他为项氏介绍能工巧匠对藏品进行修补装池。文人欣赏书画除看作品本身外，其装裱也为入目之物。精致的装裱往往可以更加烘托出作品的神妙之处。项元汴收藏巨大，对于手艺精湛的装裱师求之若渴。文彭自然热心为其牵线。旅顺博物馆所藏文彭书札中，有一札的内容便是文彭向项元汴介绍装裱能手汤淮的高超技艺，并推荐汤淮到项府当装裱工。

文彭离世后，项元汴与文氏家族的友谊依然延续不断。文嘉替代了兄长的位置，成为项元汴在艺术收藏方面的朋友与导师。在绘画上，文嘉全面继承了父亲文徵明的衣钵，成为文徵明后吴门画派最具代表性的画家之一。其画作极具文雅典丽的文人画传统韵致，多以古诗和当地的风景为题材，笔道凝练，用色极冷。因从小与书画打交道，并且与苏州地区收藏家往来密切，所以文嘉也像其父兄一样在书画鉴赏上独具慧眼。这使项元汴十分欣赏又佩服。万历六年（1578）六月八日，正值项元汴53岁生日，文嘉专门创作《寿墨林山水图》赠予项元汴。

嘉靖年间，文嘉受朝廷之邀，清查被籍没的严嵩的数千件珍贵书画文物，历时三个月，编写了《钤山堂书画记》。后《钤山堂书画记》成为明代主要书画目录之一，文嘉也因此成为全国收藏界名声显赫的鉴赏家。项元汴坚信，凡文嘉鉴定过的书画文物，必成定局，因而，对于收藏到的重要书画作品，项元汴必请文嘉进一步鉴赏、题识。

赵孟頫的书法作品，项元汴一向倍加推崇。他从温州收藏家王氏手中购得赵孟頫的《高上大洞玉经》卷。这是赵孟頫壮年时期所写小楷经卷，全卷近4700字，功夫十足，笔力遒劲，可谓皇皇巨制，字里行间流露出赵氏对佛学的虔诚之心，是中国小楷创作中极具代表性的作品。项元汴爱不释手，忙将这一消息告知文嘉。文嘉接讯，也盼望能早些一睹作品的风采。待读毕，文嘉不禁心潮澎湃，握笔欣然题跋。文嘉在跋文中高度评价了赵孟頫这件小楷的艺术价值，运用自己出类拔萃的书画鉴赏知识与经验，道明虽然此卷在用笔上与赵孟頫平时书写的作品略有不同，但是其用笔的精髓依然在作品中深有体现。正是这样的不同寻常，才更加显示了《高上大洞玉经》卷的艺术价值。文嘉的点拨进一步加深了项元汴对这一作品的理解与喜爱。

项元汴与文嘉往来，除了品赏书画艺术作品外，还会欣赏不少民间手工艺精品。通过文嘉，项元汴常常邀请有名望的工匠为自己打造文玩，紫砂名壶就是重点之一。项元汴曾命人制作过许多紫砂名壶，其中不少已成稀世绝品。明代制壶大师李茂林打造的僧帽壶，造型端庄，气格高古。壶肩上刻有十六字篆文："浮霜冷月霁雨霄清流芳润渴止暑消冰"。壶底镌有"万历丁丑子京先生索文嘉铭"十二字楷书铭文。这只壶成了中国紫砂壶史上的一件珍贵文物。

文氏兄弟不仅为项元汴的收藏做指导，还经常通过为其藏品题跋的方式来提高项氏藏品的价值，提升项元汴在收藏领域的地位。在文氏父子两代人20多年的精心栽培下，项元汴终于以其过人的天资和虚心咨学的态度成为文徵明后真正的中国收藏界巨匠。

第十五章
文徵明与谢时臣

谢时臣肖像

谢时臣（1487—1567），字思忠，号樗仙，又号姑苏台下逸人、樗仙子、虎丘山人、樗仙翁、中吴谢老。吴县（今江苏苏州）人。有关谢时臣生平的文献资料极少，《吴县志》上没有他的资料。《苏州府志》上仅有少许文字记载他，且也是抄录自《图绘宝鉴续编》，讲的是他的画诣，无涉于个人生平。他的父母及所从事的职业都不清楚。关于他的家庭与家人，唯一可知的是，谢时臣的妹妹嫁给当时的闽浙巡抚秋崖公，而其子朱贞孚长大后对书画、诗文也很有兴趣，画风受到舅舅谢时臣的影响。

谢时臣从未参加过科举考试。其有二十余首题画诗被保留下来，但这些题画诗仅止于与画境有关的记事以及对画境的描述，除此之外，谢时臣并没有任何文集、诗集或墓志铭传世。

谢时臣的书画、诗文并不一般，留下的高质量的画迹也不少，但他为什么会被埋没？究其原因：谢时臣是一位画风体现出鲜明的兼容性、中间性的画家。明代中期,文人画思想极盛。苏州地区是文人画的枢纽。谢时臣生于长洲,虽是"业儒而丹青",但其诗文并不突出,其画又非正统的文人画,与当地吴派的趣味并不相投,自然不受文人画论家的重视。具体而言,他的画风具有模糊的多重性,兼具明代浙、吴两派的特色,很难归类。因此,他虽然生前具有一定声名,但死后逐渐被鉴赏评论家冷落,甚至被画史"遗忘",其绘画艺术也得不到应有的重视与中肯的评价。而像谢时臣这种情况的画家绝非个例。鉴赏评论家们不应该站在宗派论的立场看待明代绘画史、看待吴门画派,应当重视诸多画风兼具的画家的成就与地位。

文徵明在八十岁后,与谢时臣交往密切。嘉靖二十八年(1549),文徵明过八十岁大寿。四方文士相继拜寿来贺。陈栝、陆治、钱穀、谢时臣等人都参与了这次盛会,共同创作了《诸名贤寿文衡山八十诗画册》,其中谢时臣画了《衡山图》《宝带桥图》,表示对这位德高望重的先辈的敬意。嘉靖二十九年(1550)三月,谢时臣把他在十余年前创作的仿画十二幅山水册展示给文徵明看。文徵明看后称赞谢时臣游历广博,认为:"此画虽其学力所至,要亦得于江山之助也。若余裹足里门,名山胜地,未有一迹,虽亦勉强涂抹,不过效昔人陈迹,愧于思忠多矣。"嘉靖三十四年(1555),谢时臣画《柴桑清隐图》。此画由谢时臣自描,配文徵明佳染。同年,在谢时臣的另一幅画上,文徵明题了陶渊明《归去来兮辞》。从上述内容来看,谢时臣与文徵明之间似乎仅是画友关系。

谢时臣的《仿李成寒林平野》长卷后有文彭与陆芝的题跋。文彭题跋道:"家君书此诗付樗仙,不为无意,而樗仙能补图于前,殆犹叔敖之不死,而中郎之复存也。"陆芝跋文道:"衡翁先生海内山斗,推动樗仙,每极口赞扬。"以文徵明宽大的胸怀,其赞扬后生是常有的事。但这些题跋并不能证明文徵明与谢时臣的师生关系,仅能说明文徵明对谢时臣的认可。

从嘉靖十三年(1534)至嘉靖三十四年(1555),谢时臣时常与文徵明往来。仅凭此,谢时臣即是文徵明的私淑弟子。虽不在文徵明门下,但受文徵明影响极大。

谢时臣虽不是文徵明直接弟子,但他交往的都是吴门画派的文人画家。他与文徵明的弟子们始终保持着良好的关系。他常在画上自署为"吴门谢时臣",并经常在画上题诗。谢时臣的《仿卢鸿草堂十志图》册是他与吴派画家们交往的最早记录。嘉靖五年(1526)腊月十五、十六日,在文家停云馆里,吴中善画的画家,包括文徵明

谢时臣《仿卢鸿草堂十志图》册(部分)

及其子文彭、文嘉、侄文伯仁，还有陈道复、陆治、王榖祥等人，观赏了谢时臣的摹本并为十图录写志词。此后，谢时臣与陈道复、钱榖、周天球、文嘉、文彭等始终有交往。这充分说明谢时臣以获得文人画家的认同为荣，并为改变自己的身份而努力。很明显，他获得了他们的接纳。因此，说谢时臣是一位具有文人情怀的职业画家亦不为过。

谢时臣还同唐寅、周臣、徐渭等人交友往来。从现存题跋与诗文中可知，唐寅曾与谢时臣同游宜兴张公洞，后寄诗给谢时臣。唐寅还为谢时臣的《西江图》题诗。周臣则与谢时臣唱和于浙江唐栖的丁氏别业。嘉靖七年（1528），谢时臣为周臣的《锦溪图》撰写跋文。潘正炜的《听帆楼书画记》中记载周臣的《冒雪骑驴》册页后有谢时臣的跋文："策蹇寻诗去，寒引步遥口。灞桥风雪里，佳兴于谁知。吴门谢时臣撰。"谢时臣在杭州结识了徐渭。之后，徐渭对谢时臣一直念念不忘。

除了文徵明、唐寅、周臣、徐渭外，谢时臣还有一位好友不能不提及，那就是毛伯温。谢时臣与毛伯温相识在正德年间，毛伯温任绍兴府推官时。在谢时臣心目中，毛伯温无论在文采翰墨上，还是在不居宠利的志节上，都不亚于几百年前的卢鸿，而毛伯温的砺石草堂也可与卢鸿的嵩山草堂媲美，因而谢时臣画了《仿卢鸿草堂十志图》赠予毛伯温。跋中有一句话："予辱公门下契久，敢赘于此……"看来谢时臣曾追随毛伯温。毛伯温虽有进士身份，但非画家，因此，二人并非画艺上的师生关系。

那么，谢时臣画风究竟出自何处？由于史料不全，谢时臣早期学画的经历及师承关系皆付诸阙如。今天我们要追溯其画风的来源，分析其作品的特色，只有就其现存的画迹进行分析研判。谢时臣现存的一些画跋，以及明清以来文人绘画鉴赏家、批评家对他的评论，也能为我们认识谢时臣的画风提供重要资料。明代一般的看法是，谢时臣的画风得自沈周、吴镇，主要特点是饶有古意。与他同时代的画家陈道复云："业儒而丹青，故其所作往往近古，其人物尤精。"根据清代裴景福及黄易对谢时臣的描述，"笔墨勾勒，山石略加渲染，林木悉率意，白描人物全用唐法""用唐人勾勒法"，谢时臣的画在工笔人物方面具有唐代风格，但山石、林木的笔墨较率意，流露出苍老的味道。苍老与沈周的风格是接近的。彭年、李日华、汪砢玉及以上诸明人皆认为沈周是谢时臣画风的主要影响者，而沈周学吴镇又最力。

谢时臣的画作具文人风格，所以高濂在列举明代士大夫画家名单时也将谢时臣列入。但明末的画论家发现谢时臣的画风不限于沈周风格。清人对谢时臣的看法基本承袭前代观点。方薰曾提到谢时臣风格的承袭："谢樗仙……皆羽翼文、沈者……文氏后嗣，俱斐然成章，不堕家法。"

谢时臣的出身与家庭背景已无史料可查，但根据他的艺术活动和旅游之地，我们可推测他出身富裕家庭。他通晓诗书，谙熟史事，意味着他早年接受过儒家的教育。后来，他的家庭可能破产了，因而他作为一个职业画家，必须要以鬻画来维系生计。

谢时臣洋溢着文人画家所具有的雅兴，这能从他选择居所的态度上得到证实。谢时臣晚年固定的住所似乎并不在苏州城内，而是在城外的某处山上。他在许多画跋中，常常简略地提到一座山斋。这座山斋是他的居所。陈道复曾在某年夏日，赴谢时臣宅邸避暑饮酒并留诗

谢时臣《虎丘图》

为纪："避暑仙人宅，清凉自足夸。碧幢垂井树，锦障拂檐花。画笔入神品，诗囊集大家。却怜尘土梦，一醉是生涯。"从诗文看，谢时臣的"仙人宅"绿意盎然，清凉舒适，适于避暑。这个山斋极可能在虎丘山或姑苏山上，因为谢时臣在画中常自署或钤印"虎丘山人""姑苏台下逸人"。画家以居所为名号是十分常见的事。

除了苏州的名胜外，谢时臣曾远游浙江、荆楚等地，这对其画风影响甚大。

谢时臣赴浙江不止一次。按周臣在世的时间推测，在嘉靖十四年（1535）前，谢时臣赴了唐栖。还有一次赴浙是在嘉靖二十三年（1544），也是谢时臣游踪最远、日涉最广的一次。他由苏州到杭州，在杭州停留一段时间后，随即南下，遍游括苍、天台、雁荡诸山。

除了几次赴浙外，谢时臣另有一次荆楚远游。这次行程如下：由苏州出发，北上至镇江，再沿长江溯流而上，经安徽、江西，直抵武昌。在这一段浩荡的旅程中，谢时臣经历了不少雄伟的大山、浩瀚的江河。诚如文徵明所说："思忠往岁尝客杭州，又尝东游天台、雁荡，南历湖湘，皆天下极胜之处。"这种及目壮观的山水对谢时臣的画风产生了巨大影响。

画史上说谢时臣"善画，颇有胆气，长卷巨幛，纵横自如"，"尤善画水，江河湖海，种种皆妙"。他的一些大幅作品，如《高江急峡图》《巫峡云涛图》《乾坤四大景》等，气势磅礴。这自然与他好旅游、接触大自然密不可分。《乾坤四大景》之一的《匡庐瀑布》，曾先后为汪砢玉、吴荣光所收藏。谢时臣晚年以巫峡为题材的画多达五幅。由此可以推测，谢时臣曾到过巫峡，而且巫峡给他留下了极其深刻的印象。

谢时臣晚年还有两次短途旅程。谢时臣六十六岁时曾在吴县附近旅行。时隔九年，七十五岁的谢时臣又赴扬州与老友欢晤。这是谢时臣最后一次出游。时梅柳缄春，四郊飞雪。于扬州客舍，谢时臣得与方井先生聚首，以叙三十年久别之情。

谢时臣喜爱接触大自然。他以充沛的体力游历壮丽山河。其晚年的巨幅构图，实源于此。

停云馆头谡谡风——文徵明的子孙及追随者

264

谢时臣《巫峡云涛图》

第十六章
文徵明与王世贞

王世贞肖像

王世贞（1526—1590），字元美，号凤洲，又号弇州山人，嘉靖二十六年（1547）进士，自幼才华出众。初任刑部主事，与李攀龙、谢榛、宗臣、梁有誉、吴国伦、徐中行等唱和，继承并鼓吹"前七子"复古理论。史称该七人为"后七子"。王世贞官至太仆卿、南京刑部尚书。为官正直，不附权贵。其父王忬以滦河失事，被严嵩构陷下狱。王世贞与其弟王世懋日伏严嵩门外求宽免，而王忬终被处死。兄弟号泣扶柩归。隆庆初，兄弟伏阙讼父冤。

王世贞好为古文诗词，善书法，又擅长书理、画理与鉴藏。晚岁许多时间在故乡太仓，建有弇州花园。他的传世著作很多，主要有《弇州山人四部稿》《弇山堂别集》《古今法书苑》《王氏书画苑》《觚不觚录》《三朝首辅录》《弇园识小录》《朝野异闻》《艺苑卮言》等。

文徵明与王世贞的关系，既不是亲戚关系，也不是师徒关系。俩

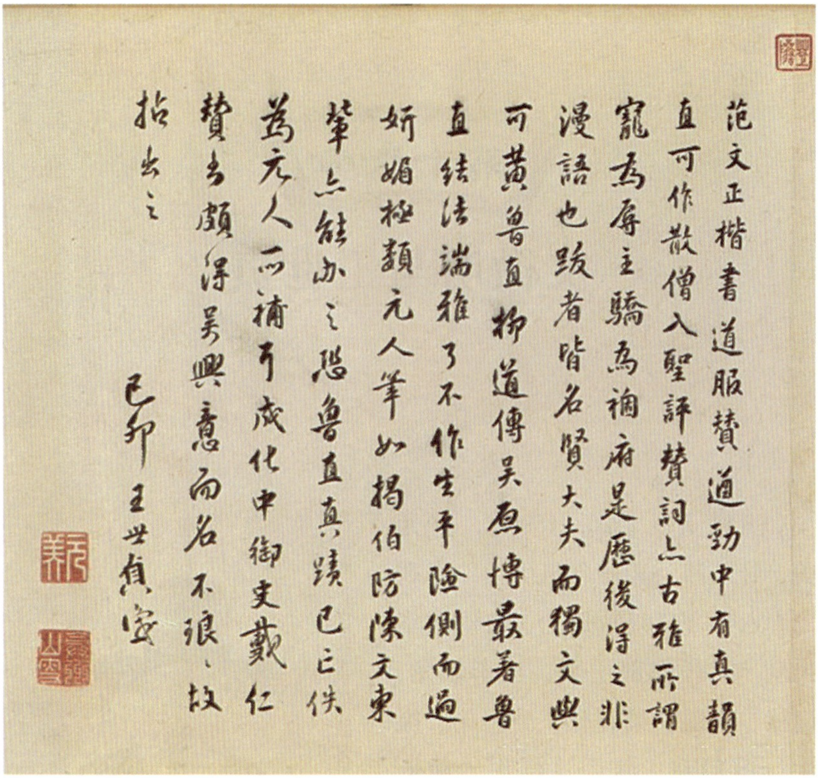

王世贞跋范仲淹《道服赞》

人年龄相差56岁。王世贞十分尊重和敬仰文徵明，虚心向文徵明学习书法、绘画，收藏了大量文徵明的书画作品，比较恰当地评点了文徵明的书画作品。可以这样说，在历代对文徵明书画作品的评论中，王世贞的评论不仅数量最多，评点也最恰当、完备。在与文徵明的相处中，王世贞受到了文徵明巨大的影响，所以他才能写出那么多艺评，收藏文徵明众多作品，并能为文徵明一生写传记。就凭这特殊的关系，称王世贞是文徵明的弟子毫不为过。

但是，王世贞对文徵明最早是持贬薄态度的，看不起文徵明的诗文，后来才发觉自己错了。为文徵明写传记，也是他改错的一种行为。

王世贞年少成名，经常游走于京城官宦缙绅之间，又热衷于全国性文学社盟。这不凡经历，足以让他与偏安江南的苏州文坛产生隔阂。尽管王世贞十分清楚文徵明的社会声望，也看到了苏州文化引领全国风雅的主导地位，但在王世贞眼里，以文徵明为首的文人团体成员大多是布衣、山人。而王氏家族自祖父王倬始便积累了雄厚的政治资源。受此影响，王世贞自然更加在意官宦之间的交游。王世贞的人生格局已经远超苏州之外，倘若没有发生关于父亲王忬的家难，没有长期在家的丁忧生活，他或许不会经历与苏州文坛、与文徵明的交游生活。只有身临其境，他才能真正体会到文徵明的实际影响。对于自己早年轻率贬低文徵明的言论，王世贞十分后悔，他在《艺苑卮言》卷六中说："吾少年时不经事，意轻其诗文。虽与酬酢，而甚卤莽。年来从其次孙请，为作传，亦足称忏悔文耳。"

王世贞于隆庆元年（1567）三月，在为彭年作《明故徵士彭先生及配朱硕人合葬墓志铭》时，以"天下模楷"称赞文徵明，将文徵明在苏州文坛的地位推向了巅峰。

根据目前文献资料，文徵明与王世贞见面最早在嘉靖二十三年（1544）春，当时的王世贞在京师的春闱中落第，回到吴中。年已七十五岁的文徵明顺道访问了王世贞，与之一起赏鉴书画，并在题跋中写道："嘉靖甲辰春日，偶过元美斋头，出示唐人墨迹，精绝可爱，不胜景仰。"

题跋中提到"偶过"，说明这次拜访不是预先约定的。可以断定，在这之前两人已有接触。王世贞出示唐人墨迹，证明他早年便开始收藏，而文徵明自然是十分赏识，并极力支持。当王世贞索要文徵明的墨宝时，文徵明欣然为之，足见文徵明对王世贞的厚爱与谦恭态度。

王世贞入仕后，有相当一段时间在外地忙碌，回乡里的机会很少，但只要有机会返回江南，便会同文徵明见面。在嘉靖三十二年（1553）这一年，王世贞曾数次同文徵明会面。之后，海寇猝发。王世贞仓皇来苏避难，长达数月之久，与文徵明及文彭、文嘉、其他苏州文化界人士见面叙友谊。

在苏州避难期间，王世贞升为刑部郎中。在送行之际，文徵明特

王世贞
《弇州山人尺牍》

为其作画扇并书诗。王世贞日后追忆道:"右扇卷甲之六,皆徵仲画也,凡二十面。前一面乃癸丑秋送余北上者,时年八十四矣,尚能作蝇头小楷,题七言见赠。"文徵明赠画扇,还在扇面上以蝇头小楷写七言诗,其对王世贞的深情厚谊溢于笔墨之中。

这些交游,不仅增加了文徵明与王世贞之间的友情,也在书画技艺和为人处世方面深刻影响了王世贞。王世贞在文嘉八十岁诞辰时,写诗《赠休承八十》。诗中提及王世贞与文氏两代人的交往,反映了王世贞与文氏家族深厚的情谊。诗云:

> 我昔避地吴间居，是时太史八十余，
> 何人不爱虎头画，若个能轻龙爪书。
> 两郎亭亭两玉立，无论箕裘世谁及。
> 倏忽流光一弹指，仲君最少今八十。
> 停云馆头谡谡风，见君再见太史公。
> 墨池流出天地派，彩笔补尽烟霞功。
> 衰劣惭余比蒲柳，辱君父子呼小友，
> 拟向洪崖借一瓢，君当满贮长春酒。

王世贞在诗中深切感念文徵明，缅怀文徵明对自己的极力提携与栽培。

令人钦佩的是，王世贞在后半生对文徵明的书画作品进行了不遗余力地收藏、整理、评论，深入总结了文徵明的成就，高度评述了文徵明的历史地位。可以说，这是一项史无前例的巨大工作。王世贞由此也奠定了自己在文徵明之后江南文坛新盟主的地位。

王世贞对文徵明的书画作品十分喜爱，收藏量极为丰厚。王世贞尤爱书法，也擅长书法，所以对文徵明的书法作品收藏尤多。王世贞收藏的文徵明的书法作品中不仅有题跋类的书迹，也有大量卷、册、扇页。仅文徵明的楷书作品，王世贞就收藏了诸多并整理成册。

王世贞对文徵明分别写于三十五岁、六十四岁、六十七岁、八十四岁、八十八岁不同时期的楷体书法给予了高度评价——或精谨可爱，或精细秀美，或结力遒劲，或极有小法，清晰地勾勒出文徵明早年、盛年、晚年楷书风格发展变化的轨迹。

对于文徵明其他各体书法，王世贞也给予了极高评价。他在文徵明的四体《千字文》中题识云："文待诏以小楷名海内，其所沾沾者隶耳。独篆笔不轻为人下，然亦自入能品。此卷《千文》四体，楷法绝精工，有《黄庭》《遗教》笔意；行体苍润，可称《玉版》《圣教》；隶亦妙得《受禅》三昧；篆书斤斤阳冰门风，而皆有小法，尤可宝也。自兴嗣成此文后，独元时赵承旨及待诏能备此众体。惜少章草耳。"

文徵明是王世贞在苏州所能亲身结交、亲受点拨的第一流书画大家、鉴藏艺术大家。正因如此，王世贞才有可能对文徵明的作品、品格做出全面而中肯的评价，并从中深深受益。

王世贞对文徵明的书画成就的高度评价绝不是盲目臆断的，而是经过了全面而深入的考察、研究而得出的中肯而全面的结论。

在《艺苑卮言》中王世贞云："天下法书归吾吴，而京兆允明为最，文待诏徵明、王贡士宠次之。""文以法胜，王以韵胜，不可优劣等也。"

王世贞研究文徵明绘画，很快发现文徵明对元代书画大家赵孟頫十分用心，最后肯定文徵明达到了足以与赵孟頫比肩的高度。王世贞

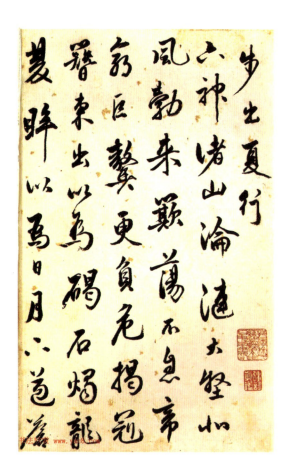

王世贞行草《乐府词》

将文徵明与赵孟頫相提并论,除了因为敬仰文徵明之外,恐怕也有彰显地域书画水平的意图,但他对二人的分析是恰如其分的。

总之,王世贞认为,文徵明在书法上稍逊祝允明,在绘画上稍逊沈周,但在全面修养和综合能力方面自然独占鳌头,无愧是吴门画派的领袖人物。

王世贞在品评文徵明的成就上做出了卓越贡献,也为研究苏州地域书画的发展和明代书画史做出了无可替代的重要贡献。

文徵明去世后,王世贞极力与文彭、文嘉往来,还与周天球、钱榖、彭年、黄姬水、王穉登、张凤翼等人频繁交往,这证明了他对文徵明影响巨大的现实坦然接受的态度。

对于戏曲,王世贞也有研究。后人曾刻印他的《曲藻》问世。王世贞认为戏曲成功与否在于是否动人。他称赞《荆钗记》,因为它"近俗而时动人";他批评《香囊记》,因为它"近雅而不动人"。

王世贞论书亦论画,他充分认识到了书画理论对书画的反馈作用。通过今藏于上海博物馆的文徵明《人日诗卷》后王世贞的题跋,以及王世贞《致贞山尊兄尺牍》、行草《乐府词》等手迹,我们可看到王世贞酣畅的书法用笔,以及他吐露的清秀典雅的书卷气息。

第十七章

其 他

◆ 蔡羽 ◆

蔡羽（？—1541），字九逵，号左虚子、林屋山人，明代著名文学家、书法家、书法理论家，"吴门十才子"之一，是古代吴中自学成才的著名人物。今苏州沧浪亭五百名贤祠中有蔡羽像。蔡羽善书法，长于楷、行，以秃笔取劲，姿尽骨全。蔡羽自小丧父，由母亲吴氏教学书文，12岁就能操笔作文，有奇气，稍长以后，便把家里的书全读完了。后师从王鏊，工诗词，好古文，自负甚高，作文必告秦、两汉。有人说他的诗如唐代"诗鬼"李贺，他却说："吾辛苦作诗，求出魏、晋上，乃今为李贺耶？吾愧死矣！"于是更加发奋。亦精于《易经》。蔡羽为文高超，不囿于八股文，因此应试四十年不授。著有《林屋集》《南馆集》等。

蔡羽的绘画亦有一定功力，所作《缥缈峰图》卷上有沈周题识"解衣般礴日对湖山诸峰，描写形似尽见云烟变幻之状"。然该作已流失。蔡羽与文徵明等年龄相仿，属沈周晚辈，在诗文书画等方面当受沈周影响。

蔡羽同文徵明、唐寅、徐祯卿等都有交往。蔡羽以兄事文徵明，与文徵明交往数十年，除酬唱之外，还常常同游。蔡羽曾先后与文徵明、唐寅、徐祯卿登胥门西成桥看月；曾在深秋与文徵明、吴爟及王氏兄弟泛舟游横山；也曾与文徵明、唐寅、徐祯卿放棹虎丘，登千顷云，相集竟日。嘉靖二年（1523），蔡羽与文徵明一同北上，沿途酬唱颇多。文徵明有《泊鲁桥次九逵韵》《钜野次九逵韵》《次韵九逵阻雨》诸作。正德十五年（1520），文徵明与蔡羽经年不见，忽而怀思，赋诗并绘一小图寄之。可见两人的感情之深厚。

自负甚高的蔡羽，与时调不合。为此，好友文徵明深为惋惜，在所撰《翰林蔡先生墓志》中云："先生虽稍后出，而所造实深，自视甚高。常所评骘，虽唐宋名家，犹有所择。其隐然自负之意，殆不肯碌碌后人，而潦倒场屋，曾不得盱衡抗首，一侪诸公间，而以小官困顿死。呜呼！岂不有命哉！"

从这段记述中可以发现，蔡羽的文才受到乡里文士的肯定，却未获得考官的青睐。不过，从其"屡挫益锐，而卒无所成"，我们仍可见他有欲通过科举考试入仕的执着。经过40年14次考试的失败，蔡羽终于能以太学生的身份入京备选，被久闻其名的天官卿讶异地问道："此吾少日所闻蔡某，今犹滞选调耶？"于是蔡羽得天官卿特别荐举，终于被授予南京翰林院孔目一职，得遂入朝的夙愿。蔡羽的入仕历程，确实坎坷多难。

蔡羽雅好古文，在当时士子仅奉四子书为金科玉律的风气中，蔡羽为文能上溯先秦、两汉，而且充满自信，意气飞扬，"意必己出"，这才出现了"每一篇出，人争传以为式"的盛况。文徵明指出蔡羽的诗风经历过三次转折：早期年少多情，难免崇尚纤缛；中年涵养丰富，风格归于雅驯；晚年历练丰富，诗风能于沉着中见奇丽。

蔡羽的书法上溯"二王"，并对王宠早期书法产生影响。蔡羽与文徵明关系密切，因此，他对吴门书坛亦具有壮大阵容的作用。蔡羽传世真迹甚少，尤显珍贵。目前所知有：北京故宫博物院所藏行书《临解缙诗》、楷书《保竹说》卷、《游金陵诗》扇页，南京博物院所藏草书《论书法语》（又名《书说》）卷，上海博物馆所藏行书扇面，台北故宫博物院所藏行草手札，等等。其中，《书说》

卷既是一件珍贵的书法真迹，又是一篇论述古代书法的论文，主要论述用笔之道。在文中，蔡羽提出的对"断"与"连"、"虚"与"实"、"疾"与"徐"、"奇"与"正"、"疏"与"密"、"华"与"秃"等在用笔时经常遇到的各种对立因素的处理原则，富有哲学的思辨性。因此，陆时化在《吴越所见书画录》中称《书说》卷"隐括历代论书，参互执中，申以己见，议正而道赅，句古而字奇。与欧阳《八法》、过庭《书谱》并为不朽"。

蔡羽与陆治分住于西山缥缈峰南北，同为明代著名文人，分别在中国书法史和绘画史上有相当的影响。故宫博物院曾出版8开《明陆治蔡羽书画合璧》一套。现琴台屋舍为2006年新建，并被辟为蔡羽、陆治纪念馆。蔡九逵像赞碑赞其为"少孤能文，华而不靡，秩卑望隆，士林仰跂"。

陆士仁

陆士仁，生卒年不详，字文近，号澄湖，一作承湖，长洲（今江苏苏州）人。文徵明门生陆师道之子。补博士弟子员，后屡试不中。乃北游燕京，返至齐鲁，登泰山览胜。归后绝意功名。能传家学，书画俱宗文徵明，小楷更佳。其山水雅洁有父风。陆士仁亦能花鸟，画法谨饬。兴到即拂绢素作画，自荆（浩）、关（仝）以下，无不规仿。

陆士仁生前的摹写能力极强。也许是为了显示对文徵明书画的极其宗仰，也许是为了生活所需，他仿制了大量文徵明书画，所摹文徵明之书画几可乱真。晚年过隐匿生活。《画史会要》《无声诗史》《明画录》《苏州府志》等有陆士仁简要记述。

陆士仁的传世作品主要有：于隆庆五年（1571）创作的《松溪仙馆图》卷；今藏于北京故宫博物院、作于隆庆七年（1573）的《梨花斑鸠图》轴；作于万历三十三年（1605）的《兰亭修禊图》扇面；等等。今藏于广东省博物馆的《柳禽图》轴，纸本，设色，纵98厘米，横31厘米。此图中，一鹡鸰栖于疏叶柔枝之上，具安详之态。水石磊落，水草参差。鸲鹆以水墨点皴法画成，形神俱得。枝叶用笔洒脱，用色淡雅。画上有画家自题诗一首，云："水边杨柳绿如丝，好鸟频来宿一枝。惟有春风最相惜，殷勤更向手中吹。陆士仁为皈如禅兄。"画上钤"承湖"朱文连珠印。图上还有薛明益、文震孟的题诗。今藏于北京故宫博物院的四体《千字文》卷，纸本，纵26.6厘米，横230厘米，共176行。此作为用篆、隶、草、楷四种书体所书，自万历四十二年（1614）始写，至万历四十四年（1616）完成，历时三年。此卷书法工整稳健，圆劲古雅；结字运笔因体取势，篆书温纯古拙，隶书沉着质朴，草、楷书起笔尖微精健，更似文徵明用笔之法。

张凤翼

张凤翼（1527—1613），字伯起，号灵墟，又称灵墟先生、泠然居士，长洲（今江苏苏州）人。《苏州府志》载："凤翼生五岁犹不能言，一日见大父扫除，遂谓姆：'汝当代扫。'闻者异之。少长，日益开敏。"张凤翼年三十八岁中举人。后四次会举，不第。万历八年（1580）始绝望于功名，不赴考试。文徵明八十一岁时，折辈与张凤翼订交。张凤翼好填词、善书。沈瓒《近事丛残》中云："张孝廉伯起，文学品格独迈时流，而耻以诗文字翰结交贵人。乃榜其门曰：'本宅缺少纸笔，凡有以扇求楷书满面者，银一钱；行书八句者三分；特撰寿诗寿文，每轴各若干。'人争求之，自庚辰至今，三十年不改。"张凤翼晚岁鬻书自给。

张凤翼当时还是一位著名的戏剧家，19岁时尝著有传奇《红拂记》等。在众多的戏剧中，张凤翼塑造了许多英雄、侠客、情种、孝子等形象，表达的主题主要有忠孝、侠义、建功立业等。其戏曲作品的艺术特征主要体现在五个方面：奇妙独特的构思，引人入胜的情节，绵密精致的结构，清雅灵动的曲词，灵活当行的韵律。钱谦益在《列朝诗集》中说："伯起与余从祖春池府君同举于嘉靖甲子，余弱冠与二三少年，酒阑冲入其家宴，酒酣烛炮，伯起具宾主，亲行酒炙，执手问讯，其言蔼如也。先生风流至今犹可思也。"张凤翼著有《红拂记》《祝发记》《窃符记》《灌园记》《㸔廖记》《虎符记》，合刻为《阳春六集》。其中以《红拂记》最为流行，今佚。《祝发记》为庆其母八十岁而写。

张凤翼能诗，亦工琵琶，曾与其子同演高明《琵琶记》。张凤翼曾为施耐庵《水浒传》作序，开中国知识分子为虚构小说写序之先河，对《水浒传》各种版本颇有批评之语。

张凤翼亦善书法。王世贞在《艺苑卮言》中说："张贡生小楷拟《曹娥》，精雅有致，微伤矜局"，"伯起平生临二王最多，退笔成冢，虽天趣小竭而规度森然。"从今所见张凤翼册页作品可以看出，其作确有典型"二王"风范，法度严谨，甚得晋人韵味，尤以写给钱穀的《致馨室道丈尺牍》为佳。其大幅书作有今藏于北京故宫博物院的《自书诗》轴，用笔遒劲而沉着，章法亦大胆，然似不及小幅作品生动。正如王世贞所评，不足之处在于缺乏意趣。

张凤翼的诗介于"后七子"复古派与"公安派"之间，能取二派之长而避其短。此处选辑几首：

西苑志感

芙蓉别殿未央西，炉气晨飘雉尾齐。
出洛神龟将宝篆，衔花驯鹿绕金闺。
近臣拾翠供玄草，使者乘骢访碧鸡。
一自六龙天上去，几回清禁改璇题。

梨花

重门寂寂锁香云，雨滴空阶坐夜分。
老去微之风调在，折来何处与双文。

题柳

千丝千树拂天津，三起三眠出上林。
何似小桃低曲处，一枝斜覆玉窗深。

张凤翼有弟张献翼、张燕翼,"并有才名"。

被列入"江苏省十大名人故居抢救保护工程"的张凤翼故居维修工程已完成。张凤翼故居是张凤翼兄弟三人的旧居,也是他们从事戏曲活动的场所,是苏州现存为数不多的重要明代建筑遗存,有较高的历史、艺术和科学研究价值。

主要参考文献

1. 张廷玉，等. 明史［M］. 北京：中华书局，1974.
2. 徐沁. 明画录［M］. 上海：华东师范大学出版社，2009.
3. 文徵明. 文徵明集：上［M］. 周道振，辑校. 上海：上海古籍出版社，1987.
4. 文徵明. 文徵明集：下［M］. 周道振，辑校. 上海：上海古籍出版社，1987.
5. 何良俊. 四友斋丛说［M］. 北京：中华书局，1959.
6. 张丑. 清河书画舫［M］. 上海：上海古籍出版社，2011.
7. 吴宽. 家藏集［M］. 上海：上海古籍出版社，1991.
8. 都穆. 寓意编［M］. 北京：中华书局，1985.
9. 文震亨. 长物志［M］. 北京：商务印书馆，1936.
10. 王世贞. 艺苑卮言［M］. 陆洁栋，周明初，批注. 南京：凤凰出版社，2009.
11. 王原祁，等. 佩文斋书画谱［M］. 北京：中国书店，1984.
12. 周道振. 文徵明书画简表［M］. 北京：人民美术出版社，1985.
13. 葛鸿桢. 吴中才子：文徵明的生平及其艺术［M］. 上海：上海书画出版社，2005.
14. 王进. 文徵明画传［M］. 济南：山东画报出版社，2004.
15. 萧平. 陈淳［M］. 长春：吉林美术出版社，1996.
16. 阮荣春. 沈周［M］. 长春：吉林美术出版社，1996.
17. 故宫博物院. 吴门画派研究［M］. 北京：紫禁城出版社，1993.
18. 徐邦达. 历代书画家传记考辨［M］. 上海：上海人民美术出版社，1983.